KB117121

아이덴티티, 나의 터닝포인트

Identity, My turning point

성공의 꿈을 실현하는 자기계발 리더십 코칭

헨리 킴 지음

해피&북스

아이덴티티,
나의 터닝포인트

초판1쇄   2022년 8월 30일
지은이   헨리 킴
펴낸이   이규종
펴낸곳   해피&북스
등록번호   제2020-000033호(1985.10.29.)
등록된곳   서울시 마포구 토정로 222
          한국출판콘텐츠센터 422-3
전화   (02) 323-4060,6401-7004
팩스   (02) 323-6416
이메일   elman1985@hanmail.net
          www.elman.kr

ISBN   979-11-969714-9-6

값 19,000 원

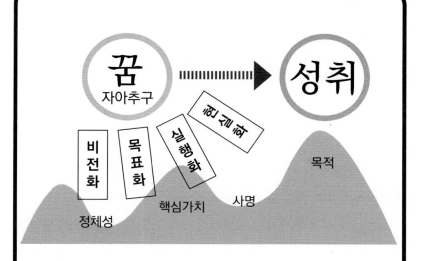

성공!! 산 넘어 산 일까요?
당신의 꿈을 실현하는데
가장 앞세워야 할 것이 무엇인가요?

나는 이 책대로 살았다.
나는 UN에서 회의를 조직했고
생존인권(Survival Human Rights)을 의결하였다.
나의 정체성은 핵심가치를 규명하며 사명으로 드러냈고
목적이 성취되고 있다..

이제 당신 차례다.
당신의 성공이 모두의 성공이 되게하라.

당신은 성공형 인생으로 정립되기를 원하십니까?

책 머리에

이 책의 첫 판이 나온지 10년째 되는 2015년, 나는 맨해탄 엠파이어스테이트 빌딩 옆으로 이사했다. 이 책이 나를 바꿨다.

나는 뉴욕 유엔과 제네바 유엔에서 엔지오로 활동했고, 4차산업 혁명의 기로에서 나의 아이덴티티는 생존인권을 주창하고 의결을 이끌어 냈다.

이 책의 후속작은 생생한 사진과 증언을 담아내고자 한다. 유엔은 193개 회원국이 아니다. 독재자국가 민주국가 공산주의자 인도주의자 테러리스트 첩보활동 로비활동의 공식 각축장이기도 하다.이 책은 당신을 리셋할 것이며, 터닝하게 할 것이며, 흔들림없는 아이덴티티의 성공을 도울 것입니다.

이 책은 성공을 원하는 사람을 위하여, 행복해지기 원하는 사람을 위하여, 인생을 가치 있게 살기 원하는 사람을 위하여, 자신의 잠재력을 계발하기 원하는 사람을 위하여,리더십을 갖추기 원하는 사람을 위하여, 체계적인 생애설계를 원하는 사람을 위하여 쓰여졌다.

이 책의 특징은 일반적으로 리더십이 현재의 상태에서 출발하지만 본서는 잠자는 잠재력을 계발하여 표면화된 새로운 자신, 거인형 자신으로 하여금 성공리더십을 발휘하게 한다는 점이다.

또 하나의 특징은 혼동되는 개념들의 정돈이다. 꿈과 비전은 서로 다르다. 또한 목적과 가치도 서로 다른 고유의 성향과 작용이 있다. 그리고 어떤 이는 목표를 우선시하기도 하고 어떤 이는 가치를 우선시하고 또 어떤이는 목적을 우선시하기도 한다. 이 책은 어느것이 어느 때에 어떻게 표현되고 응용되어야 할지를 규모 있게 확인할 수 있게 하여준다. 그리고 예시와 질문을 통하여 스스로 자기계발이 가능하도록 Self- Coaching 기법을 동원하고 있다는 점이다.

이 책의 구성은 새로운 꿈을 꾸는 것으로부터 성공을 실현하도록 까지의 과정으로 되어있다. 그리고 목적지에 다다르기 위해 자동차 나 비행기 등이 필요하듯이 인생의 성취를 추구하는데 어떤 인생프레임으로 나아갈 것인지 결정하는 것이 성공적인 성취의 결정요소인데 이 책은 이를 위해 인생 프레임의 구성요소 8가지를 Remake하도록 고안 되어있다.

이 책은 3개의 Part와 부록편으로 나뉘어져 있다.

첫 번째 Part 에서는 꿈에 대한 내용으로 되어 있는데 그 이유는 여기서 잠재력이 계발되는 토양이 형성되기 때문이다.여기서 당신은 당신이 꿈꾸고 있는 것이 과연 성취될 수 있는 꿈인지 체크표로 확인해 볼 수 있다.

두 번째 Part 에서는 자신의 본체를 거인형으로 재구성하라는 주제인데 이것은 꿈을 실현하기 위한 잠재력 프레임 네 가지로 구성되어 있다.자신이 누구이며 무엇을 위하는지 등을 확인하는 정체성, 자신이 행복해 하는 것이 무엇이며 추구하기 원하는 것이 무엇인지를 알아가는 핵심가치, 그리고 자신이 평생에 후회하지 않고 살아갈 방향이 어디인지, 무엇을 이루고자 하는지, 인생의 사명을 선언하고, 그것을 통하여 얻고자 하는 것의 목적을 명확하게 하는 것이 나와 있다.

세 번째 Part 에서는 꿈의 실현을 위한 실행력 프레임을 4가지로 구성하여 나타냈는데 꿈의 현실화인 비전, 비전의 실천계획인 목표, 그리고 각각의 목표를 실천하는 실행, 그리고 실행의 능력에 에너지를 증가시켜 주는 활성에 대하여 다루었다.

그리고 부록편에도 3가지가 들어있는데 첫째는 본서의 놀라운 성공을 위한 거인형 인생프레임의 구성요소 8가지를 정립하여 기록할 수있도록 한것인데 이것이 이 책에서 얻게될 가장 강력한 소득일 것이다.

둘째는 TMI 진단툴에 대한 것인데 이것은 자신의 내면의 얼굴과 내면의 변화 시스템을 발견하는데 특별한 도움을 받을 수 있도록 MMPI를 안내하는 것이 있다. 이것은 원래 심리학적 도구로서 전문가에 의해 사용되는 것이다. 그리고 이미 잘 알려져 유행처럼 번져버린 MBTI 검사로 선호경향을 파악하는데 훨씬 정밀한 검사가 가능하도록 한 특별한 응답안내가 실려 있다. 그리고 MSGI로서 열정과 추진력을 검사하는 진단도구인데 이 세 가지로서 거인형 인생을 살 수 있도록 돕고 잠재능력이 활성화 되도록 하는 것이다. 그리고 이것은 자신의 행복 성취를 위하여 성공 패턴을 따라 인생을 설계할 수 있는 탁월한 도구로 개발된 것이라고 할 수 있다.

셋째는 자기계발 리더십 코칭과정에 대한 안내인데 혼자서 자신의 인생을 설계하는 독단적 위험에서 벗어나 보다 효과적이고 객관적이며 실현가능성에 대한 전문적이고 명확한 설계를 원하는 이들에게 유익할 것이다. 오직 한 번 뿐인 인생을 시작하는데 있어서 보다 신중을 기할 수 있기 위하여 만든 프로그램을 소개한 것이다.

책의 안내에 따라 시도하면서 반드시 부록에 있는 8가지 거인형 인생을 계발하는 리더십 프레임을 완성하라.

당신이 이 책을 읽으면서 책의 권면을 따라서 자신의 인생을 성공형으로 기획하기를 바라는 바이다.

소감의 글

무엇이든지 훌륭한 것을 기대하려면 설계도가 확실해야 한다. 이 책은 새로운 인생을 설계하는데 바탕 작업부터 체계적으로설계할수있도록 8가지의 프레임으로서 멋진 인생을 시작하도록 이끌어 준다. 하마터면 평생 인사도 못하고 잠만 잘뻔했던 나 자신의 잠재력과 멋진 드라이브를 출발한다.

인천광역시 인성계발연구원 원장 김정O

지금까지 리더십에 대해서 많은 서적들이 출간되었기 때문에 비슷한 내용이겠지라는 마음으로 시작한 곁눈질형 독서는 이 책의 마지막 쪽을 읽고서야 손에서 내려 놓을 수 있었다.코칭을사용하여자기계발리더십을실현하는친절한안내는가슴이따뜻한친구의 숨소리를 듣는 듯한 따스함을 느끼게 해주었다....꿈을 발견하고, 성공으로 이끌고 싶은 분들에게 꼭 권하고 싶다.

한국능률협회경영인증원 전문위원 박창O

청년의 때에 이 책을 접할 수 있었다면 기독 실업인으로 정체성과 핵심 가치를 정립하여 보다 성공적인 삶을 살 수 있었을걸 하는 아쉬움 속에 멋진 크리스천 기업인이 되길 꿈꾸는 많은 젊은이에게 권하고 싶다.

PTL.KOREA주식회사 대표이사 최상O

모든 성공은 관계가 기초이며 결론이라고 생각한다. 이를 위해서는 자신과의 관계가 먼저 잘 이뤄지지 않고서는 그 누구와도 바른 관계를 맺을 수 없는데 본서가 그 해답을 주고 있다. 많은 사람에게 기쁨과 즐거움을 선물하기 원하는 모든 관리자나 리더들에게 본서는 희소식이 아닐 수 없다.

조이상담교육원 원장 구선O

인생이 성공한다는 것은 가치 있는 삶을 목표로 성취한 것이다. 이러한 삶에는 반드시 리더쉽이 요구되는데 자기계발 리더쉽 코칭을 담은 이 책이 성공인생 프레임으로 탁월하게 계발되도록 이끌어 줄 것임을 확신한다.

(기)이선사회복지재단 이사장 조이O

이 책은 단순한 한 권의 책이 아닌 개인의 잠재 능력을 이끌어 내어 자신의 탁월한 능력을 갖도록 일깨워 주는 삶의 설계도라고 봅니다. 우선 나 자신이 먼저 변화하여 무한한 자긍심을 갖고, 주어진 현실을 성공적으로 이끌어 나갈 수 있는 능력을 소유하는 주인공이 될 수 있는 방향을 제시하여 주고 있습니다. 성공적인 인생! 행복한 삶을 위해 나 자신을 되돌아 볼 수 있게 해 주신 저자 김석안소장님께 감사의 말씀을 드리며, 성공적인 삶을 위해 노력하는 분들께 이 책을 추천합니다.

(사) 한국복지상담사협회 이사장 이재O

현대를 살아가는 많은 사람들은 참 바쁘게 움직인다. 하지만 무엇을 해야할지 결정하기 어려고 불확실한 시대에 살고있다. 이 책은 바쁘게 살아가는 현대인들에게 자신의 사명이 무엇인지 찾을 수 있는 행복을 줄것이고, 리더가 되기를 원하는 사람들에게는 분명한 꿈을 가지게 하는 책이다. 이 책은 또한 독자들이 사람을 진정으로 사랑하게 하며, 사명을 발견하여 신바람 나는 인생을 살아가게 한다.

구세군 인평영문 담임사관 김병O

모든 사람은 성공을 꿈꾸며 살고 있다. 하지만 그 꿈을 이루기 위하여 모든 것을 포기하는 사람이 그 꿈을 이룰 수 있다. 성경에는 "좋은 진주를 구하는 진주 장사가 가장 귀한 진주를 만난 뒤 자신이 가지고 있는 전 재산을 팔아서 그 진주를 샀다"는 말이 있다. 이 책은 진주를 구하는 것이 될 것임이 틀림없다.

충주엄정교회 담임목사 고광O

바쁘게 그리고 빠르게 급변하는 오늘날, 진정 참된 삶의 가치를 미처 생각지도 못하고 혼돈에 빠지기 쉬운 생활속에서 앞선 삶을 살아가신 이들의 생각과 실천을 모아놓음으로서, 자칫 잊기 쉽고 놓치기 쉬우면서도 꼭 필요한 부분들을 다시 한번 짚어줌으로서, 우리에게 담겨진 꿈과 비전을 인도하는 좋은 길잡이가 되어줍니다.

제주극동방송국 지사장 황용O

많은 사람들이 부정적인 자기틀을 깨뜨리지 못하고 실패의 길을 걷는 것은 자기속에 잠든 또 다른 나의 존재를 인정하지 않기때문이다. 성공의 다리를 건너가지 않고 건너편에 주저 앉아있는 당신 자신을 생각해보라. 이러한 당신을 위해 이 책은 가장 탁월한 성공 파트너임에 틀림없다. 지금까지 나온 성공 이론들이 저자의 놀라운 통찰과 혜안에 의해 가 장쉽고흥미로운삶의주제로 잘정리되어있다. 당신은 각장에서 요구하는 성공 가치를 따라 걸어가기만 하면 된다. 이제 성공은 당신이 누려야 할 가슴벅찬 현실이다.

미국TLC코치, 한국비지니스코치협회 코치, CCI코리아대표 김창O

리더십과 코칭은 개인의 성향과 환경등에 따라 조금씩 다르게 적용되어야 하지만 사람을 존중하고 비전 지향적이라는 원리는 누구에게나 적용됩니다. 특별히 이 책에는 정형화된 도구들과 응용이 가능한 도구들이 함께 있습니다. 정형화된 가치를 중요시하는 것은 절대적입니다. 동시에 성격과 경험 그리고 재능에 따라 응용하는 것은 상대적입니다. 저자와 함께 리더십과 코칭을 연구하고 적용하면서 리더들이 깨닫고 적용하고 더 성장하는 것을 확인하는 즐거움이 상당했습니다. 저는 이 책을 읽는 분들 그리고 리더십 코치를 만나는 분들, 그리고 스스로에게 코칭(Self-Coaching)을 시도하시는 분들 모두가 저희와 같은 즐거움을 누릴 것이라 확신합니다.

IAC국제코치연합코치, Master Coach 선종O

이 책은 깨끗하고 선한가치를 추구하게 하고, 많은 사람들을 섬기며 사랑하게 하고, 보람되고 알찬 인생을 리드해주는 멋진 지침서이다. 그리고 탁월한 거인형 리더쉽의 배양으로 풍성한 너그러움과 함께 필승철학이 탑재되어 있다.

사)인천홀리클럽회장 박재O

유엔과 연결되어 일한다는 여러 민간 기관을 만났으나 한국인으로서 헨리 김 이사장과 같이 회의를 조직하고 실질적으로 일하는 인물을 보기 어렵습니다. 대한민국이 국제사회에서 위상이 높아진 것과 함께 세계와 역사에 영향을 미치는 훌륭한 일을 해내는 리더들에게 이 책은 흔들림없는 도움이 될 것입니다.

서울대학교 총동창회 이사 박규O

CONTENTS

CONTENTS

C O N T E N T S

PART 3 거인에게 성공 엔진을 달아라

C O N T E N T S

PART 1

크게 꿈꾸어야
거인이 깨어난다

큰 성공은 큰 꿈의 열매이다
큰 꿈이 주는 12가지 축복
훌륭한 꿈의 4대 요소

큰 성공은 큰 꿈의 열매이다

꿈의 속성

먼저 당신의 잠재력을 확인하라
터무니없는 꿈을 꾸라
꿈을 안꾸면 가족마저 잃는다
꿈은 꿀 수 없을 때에 꾸는 것이다
징기스칸 어록, 이순신 어록

큰 성공은 큰 꿈의 열매이다

당신은 당신의 꿈을 성취하고자 하는가? 꿈의 성취를 위하여 어떤 질문을 던지기 원하는가?

아래에 제시한 꿈의 프리즘 모델과 6가지 질문[1])은 1999년 신지식으로 선정된 바 있는 곽종운 박사가 창안한 아이디어이다. 당신의 꿈에 대하여 질문하고 선명하게 대답하여 보라.

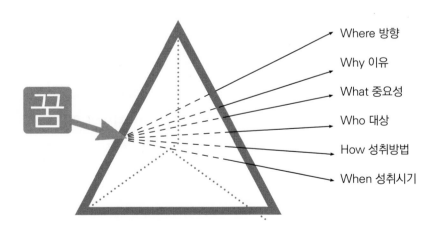

Where 방향
Why 이유
What 중요성
Who 대상
How 성취방법
When 성취시기

꿈

Where 나의 꿈은 어느 곳으로 향하고 있는가?

Why 나는 왜 그 꿈을 가지고자 하는가?

What 나의 꿈에서 중요한 것은 무엇인가?

Who 누구를 위해 이 꿈을 가져야 하는가?

How 이 꿈을 어떤 방법으로 실현시킬 것인가?

When 나의 꿈은 언제 성취될 것인가?

성공의 가장 중요한 요소는 열 개의 'ㄲ' 중 첫째 요소인 '꿈' 이다. 최근 삼성경제연구소의 임원급 대상 유료 정보 사이트인 SERI CEO 가 회원 549명을 대상으로 '경영자를 꿈꾸는 후배들에게 성공을 위한 최고 덕목으로 추천할 가치'에 대해 설문조사를 실시한 결과 최고의 덕목으로 꼽아 준 것은 '꿈'이었다.

응답자들은 제시된 6가지 덕목 중에 꿈이 성공의 가장 결정적인 덕목이라는데 무려 57.7%가 응답하였는데 이것은 나머지 다섯 가지 덕목 전체를 합한 것보다 훨씬 추월한 것이었다.

나머지는 패기를 뜻하는 깡(24.8%) 자신의 개성과 재능을 의미하는 끼(10%) 인맥을 의미하는 끈(3.1%) 창의적 아이디어와 위기 대처 능력을 의미하는 꾀(2.9%) 생김새 의미하는 꼴(1.5%)등의 순으로 나타났다.

CEO가 되는 과정에서 가장 결정적인 덕목

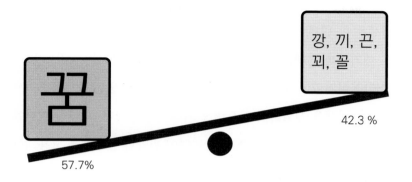

첫째, 꿈(Dream)이 있어야합니다. 57.7%

둘째, 깡(Strength)이 있어야합니다. 24.8%

셋째, 끼(Talent)가 있어야합니다. 10.0%

넷째, 끈(Network)이 있어야 합니다. 03.1%

다섯째, 꾀(Brightness)가 있어야합니다. 02.9%

여섯째, 꼴(Form)이 그럴 듯해야합니다. 01.5%

   그리고 일곱째로 전문성을 의미하는 '꾼'과 여덟째로 인내와 견딤을 의미하는 '꼰' 그리고 아홉째로 칼라를 의미하는 '깔'과 열째로 마무리나 뒤처리를 의미하는 '끝'도 성공을 위해 빠뜨리지 않아야할 덕목이다. 괄목할 만한 사실은 열 개의 'ㄲ' 중에 다른 9개의 'ㄲ'을 합한 것 보다도 유독 많은 성공의 에너지원(根)을 담고 있는 것이 꿈이라는 사실이다.

먼저 당신의 잠재력을 확인하라

인생은 한 번뿐이라는 고정관념이 깨어지고 있다. 몇 년 전 만하더라도 대기업과 은행은 들어가기만 하면 평생이 보장되는 직장이었다.

그러나 여지없이 부도 맞고 도산하는 시대에 인생은 불가항력적으로 제2의 인생을 계획하지 않으면 안되게 내몰렸었다. 그러한 형편에서는 생존을 위해 자신의 선택과 관련없이 빈약한 봉투에게 고용되어야만 했다. 그러나 지금은 1인 기업의 시대, 1인 다직종 시대라고 일컬을 정도로 변모하였다.

이 처럼 우리에게는 지금 다음의 두 가지 이유로 인하여 크게 꿈꾸는 사람이 될 수 있게 되었다. 첫째는 시대적으로 열린 기회이고, 둘째는 인간 개인의 잠재력에 의한 가능성 때문인데 이 때문에 당신은 성공형 인생을 위한 제2의 새로운 삶을 기대할 수 있게 되는 것이다.

이제 제2의 인생을 꿈꾸는 것은 너무나 당연한 일이 되었다. 과거에는 어떤 계기에 의하여 제2의 인생을 살게 되는 경향이 강하였으나 최근에는 자신이 좋아하는 일을 위하여 제2의 인생을 선택적으로 계획하고 능동적으로 경영하고자 하는 사람들이 급속도로 늘어나고 있는 추세이다. 그 만큼 자신의 삶을 성공적으로 살아갈 기회가 활짝 열려 있다는 뜻이다.

안철수 연구소의 CEO인 안철수 사장은 사람을 치료하는 의사로 살고자 했다. 그런데 친구의 하숙방에서 디스켓에 저장한 자신의 자료가 Brain이라는 바이러스로 인하여 감염된 사고가 있었다. 그는 컴퓨터바이러스에 관심을 가지고 컴퓨터를 치료하는 의사로서 제2의 인생을 성공하고 지금 정치인으로서의 제3의 인생을 꿈꾸고 있는 사람으로 보도되고 있다.

경영의 귀재인 아이아코카는 1946년 포드에 입사해 회장까지 올랐고 1978년 연봉1달러를 받겠다며 누적적자와 고질적 노사분규로 파산직전에 있던 클라이슬러로 옮겨 5년 만에 흑자로 전환시켰다. 현재 80세가된 그는 1992년 부터 미국 자동차 업계의 전설적 경영인으로 추앙 받으며 존경을 유지하기 보다 남은 인생을 죽은 아내와의 약속을 위하여20여년간 당뇨병 치료에 전념해 왔다. 그러나 상당한 성과에도 불구하고 자금의 부족으로 임상 시험을 하지 못하다가 최근 클라이슬러에 광고에 출연하여 받은 출연료 150만달러를 기부하는 등 박차를 가하며 열정적인 2모작 인생을 살고 있다.

최근들어 시대에 눈뜬 사람들은 앞장서서 자신의 인생을 성공형으로 기획하고 실행을 향하여 기꺼이 새 인생을 위한 모험에 뛰어드는 현상이 늘고 있다.

그러나 문제는 이러한 새로운 인생을 기획한다는 것이 반드시 성공을 보장하지는 않는다는 것이다. 너무나 큰 실패로 이어진 사례도 만만치 않기 때문이다.이렇게 위험 부담이 큼에도 불구하고 많은 사람이 모험하는 것은 그만큼 성공에 대한 욕구가 크기 때문이다.

실패의 두려움 때문에 성공적인 인생을 살고자 하는 계획을 포기해야 한다면 얼마나 어처구니없는 일인가? 그렇다면 보다 효과적이고 측정 가능한 성공인생을 기획할 수 있도록 도움을 받는 것이 지혜로운 선택일 것이다.

사람은 누구나 성공인생을 살 수 있는 잠재력을 보유하고 있다. 그러므로 나는 인생을 성공형으로 터닝하기 위한 프레임을 구성하도록 돕고자 이 책을 쓴 것이다.

성공형 인생을 기획하기 위해서는 먼저 성공에 필요한 세가지 진단영역이 선행되어야 한다.

제2의 인생을 성공적으로 설계하기 위해 진단할 영역은 잠재성영역과 선호성영역 그리고 추진성영역이다. 여기서는 개략적인 설명만을 필요로 한다. 이것은 부록에서도 별도로 소개할 것이다.

잠재성 영역을 진단하는데 나는 MMPI를 활용하는 방법을 즐겨한다. 문항이 약570문항이나 된다는 데에 다소 시간이 걸리긴 하지만 내면에 형성된 자아의 얼굴을 가장 탁월하게 드러낼 수 있기 때문이다.

이 영역에는 잠재력의 90%가 잠자고 있거나 제한당하고 있는데 당신의 잠재력은 지금도 당신의 꿈을 향해 실현 하는 능력으로 개발되기를 고대하고 있다.

선호성 영역을 진단하는 데는 우리나라에 잘 알려진 MBTI가 DISC와 함께 가장 효과적이다. 이 진단의 덕을 톡톡히 본 사람은 찰스 가르시아라고 할 수 있다. 그는 1994년 7월 남들이 부러워하는 컬럼비아 대학의 법과 대학원을 졸업하고 플로리다 남부지구 연방판사의 서

잠재능력을 위한 세가지 진단 영역

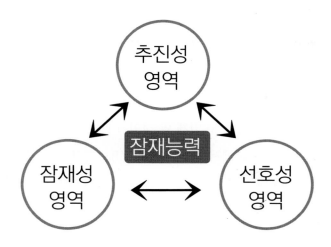

기로 임명된 상태에서 이미 이삿짐을 꾸려놓고 있었다.

이렇게 법조인의 길에 첫 발을 내디디려고 할 때 수년 전에 MBTI검 사를 한 것을 근거로 기업경영에 맞추어 인생의 설계를 바꾸었다. 기 대에 부풀었던 가족들에게 실망을 안겨주면서 시작된 그의 제2의 인 생설계는 성공적이었다. 그가 성공형 인생을 경영할 수 있도록 계기 를 준 것은 바로 MBTI 테스트였다.

그는 1997년 36세에 3명의 직원과 스털링 파이낸셜 그룹을 설립하 여 세계 7개국에 60여개의 사무소를 둔 기업으로 성장시켜 미국에서 가장 빠르게 성장하는 개인기업으로 선정되기까지 했다.

최근 우리나라에서도 MBTI 검사가 유행하다 시피하고 있다. 그러 나 개인적으로 조금 안타깝게 생각하는 것은 각 문항마다 좌우 선택의 강제성이 적용되어 부정확한 진단결과물이 나타날 수 있게 되는 약점이 있다는 점이다. 물론 MBTI Form-k가 있지만 이점을 해결해 주지는 못하고 있다.

그래서 본 책의 부록에서는 좀더 정밀한 측정이 가능한 응답지를 응용하는 방법을 제공하였다. 보다 정밀한 측정만이 자신의 선호 유형을보다 정확하게 파악할 수 있게 할 것이기 때문이다.

당신은 이 책의 부록에서 보다 정밀한 MBTI 정밀검사 응답지를 만들 수 있도록 안내를 받음으로 그것을 통하여 당신의 선호경향에 대한 보다 적합한 평가를 가질 수 있다.

추진성 영역을 진단하는 도구로는 MSGI 검사문항을 사용할 수 있다.이것은 내가 직접 고안한 진단 방법론으로서 상담소를 운영하는 은아셀 소장이 진단을 돕고 있다. MSGI는 당신의 에너지의 방향이 강하게 나타나는 것이 어느 부분인지를 알 수 있도록 도와주는 응용식 검사문항이다.

나는 이 세가지를 성공형 인생을 위하여 잠재력을 계발하는데 최고의 가치를 부여할 수 있는 기본 툴로 응용하고 있다.

이 세 영역을 진단하는 적합한 기법으로 응용하여 하나의 진단 툴로 개발한 것인데 당신이 만약 자신의 자아의 얼굴을 확인하고 잠재력을 표면으로 이끌어내어서 리더십을 발휘하면서도 즐겁게 성공인생을 경영하기를 원한다면 꼭 한 번 TMI 진단 툴에 대한 안내를 받아볼 것을 권하고 싶다.

성공인생을 경영하기 위해서 최초로 겪어야 할 것이 바로 잠재력을 확인하는 것이기 때문이다.

대부분의 리더십 서적들이 현재의 상황에 근거하여 리더십을 발휘하도록지도하고있다. 그러나 본서는 잠자고 있는 90%의 잠재력을 표면으로 양성화한 상태에서의 리더십을 계발하여 선호경향에 맞게 적용할 수 있도록 한 특별한 과정이다.

잠재력을 계발하는 가장 강력한 동기는 바로 이 책의 첫 장에서 다루고 있는 '꿈'이다. 꿈이 성공의 가장 중요한 요인으로 꼽히는 이유도 바로 잠자고 있는 잠재력이 깨어나 10% 미만으로 만 살아오던 자신이 90%의 새로운 거인으로서의 족적을 만들어 갈 수 있게 하기때문이다.

이 때문에 놀라운 성공이 가능한 것이다. 그리고 TMI는 꿈을 가로막는 것들을 파악하고 잠재된 강점을 발견하며 성공형 프레임을 세울 바탕 작업을 행하는 것에 해당한다.

터무니없는 꿈을 꾸라

성공(成功)이란 "원하는 것과 이루는 것의 만남"이다. 큰 성공은 큰 것을 원하는 것에서 시작된다. 왜냐하면 큰 성공은 큰 꿈의 열매이기 때문이다.

시장을 선도하려면 "뻔뻔하리 만큼 대담한 목표"를 가져야 한다는 짐 콜린스(Jim collins)의 말처럼 큰 성공을 원한다면 먼저 터무니없을 만큼 큰 꿈을 꾸라고 권면하는 바이다.

유사이래 짧은 기간에 세계 최고의 부호가 된 동시에 정보화 시대의 상징적인 주역이 된 마이크로소프트사의 빌게이츠는 우리시대의 기업가 사상가 정치가 뿐 아니라 군사전문가 심지어는 그가 미처 알지 못하는 나라의 어린아이에서부터 적대적 테러리스트들에게 까지 모든 사람의 관심의 촉각을 불러일으키는 부러운 모델이다. 그뿐 아니라 그는 공공의 이익과 복지를 위해서도 이익을 환원할 줄 아는 사람이며 그의 이름은 부모들이 어린 자녀를 축복할 때 빗대는 이름으로 까지 사용되어지고 있다.

그는 사상가이기도 하며 동시에 행동가 이기도 하다. 그리고 그는 우리의 세계가 정보화라는 새로운 세계로서 지평이 열리게 될 것을 예측하고 변화에 대처하여 보다 나은 미래를 위해 준비하고자 하는 모든 국가와 개인에게 변화의 동기를 부여하는 시대의 동기부여가이기도 하다. 그가 '종교혁명'이라고 비유할 만한 거대한 변화의 주역이 된 것은 그의 큰 꿈에서 이미 시작된 것이다.

"나는 늘 미래 컴퓨팅이 어떻게 발전할 것인지에 신경을 집중하고 있다. 1975년 회사 창설 당시 우리는 컴퓨팅에 대한 원대한 꿈을 간직하고 있었다. 당시 우리는 매일 '모든 책상, 모든 가정에 컴퓨터를…!' 이라는 비전을 지니고 출근했다. 컴퓨터가 냉장고와 비슷한 크기였던 당시에 이같은 생각은 터무니 없는 것으로 간주됐다. 컴퓨터는 대기업에나 어울리는 물건이라는게 당시의 정서였다."[2]

이 얼마나 허황된 꿈이었는가? 그러나 그 꿈은 현실로 나타났고 오늘날 세계는 컴퓨터와 인터넷으로 인간의 새로운 존재공간을 창조하지 않았는가? 그는 1840년 독일인 켈러의 나무를 원료로 만든 서양 종이와 서기 105년 일찍이 후한의 채륜이 발명한 종이를 사용한문화, 무려 1900년간의 장구한 세월을 불과 몇 년 만에 이메일과 키보드로 바꾸어 놓음으로서 새로운 문명시대의 여명을 열어가는 주역으로 등장하였다. 당신은 빌게이츠의 말에서 그가 얼마나 큰 꿈의 사람인 것을 알 수 있다. 한 사람의 꿈은 이처럼 자신의 성공을 넘어서 사회 전체를 새로운 시스템으로 뒤바꿔 놓는 동인(動因)이 되기도 한다.

뉴욕의 유엔 빌딩이 있는 곳은 본래는 쓰레기장이었다. 그러나 세계적인 건축가 윌리엄 젤겐돌프는 그곳이 세계의 중심지가 되는 꿈을 그렸다. 그리고 거대한 빌딩을 건축할 계획을 세웠다. 그가 유엔 빌딩을 짓고 나서 이런 말을 했다.

"나의 경험에 의하면 웅대한 계획만이 쉽게 사람들의 공감을 얻는다. 그래서 쉽게 이루어질 수 있는 동력이 생긴다. 위대한 꿈은 위대한 생각을 낳고 위대한 생각은 위대한 신념을 낳게 된다."[3]

이처럼 당신이 큰 꿈을 꾸어야 할 이유는 단지 크게 성공하기 위해서 만이 아니다. 큰 꿈이 작은 꿈보다 동기부여가 더 크다는 사실 때문이다. 이 말은 성공할 확률이 오히려 높다는 뜻이 되는 것이다.

만약 당신의 친구 두 사람중 한 사람은 큰 꿈을 가지고 당신에게 다가오고 다른 한 사람은 작은 꿈을 가지고 온다면 당신은 작은 꿈의 사람과 일할 것인가? 결코 아니지 않는가? 생각해보라 당신은 많은 사람의 공감을 얻으며 동료들의 각별한 지원을 받기 원하는가? 그렇다면 당신은 큰 꿈을 꾸어야 한다.

꿈을 안 꾸면 가족마저 잃는다

당신이 꿈을 안 꾸면 당신의 친구를 거짓에게 빼앗길 수도 있다. 어처구니가 없는 말이기는 하지만 대학에 다닐 때 군주론으로 유명한 마키아벨리의 말 한마디 때문에 무려 2주간이나 나의 모든 생각이 집중된 때가 있었다. 그것은 "군중은 큰 거짓말에 속아준다"는 것이다. 마키아벨리의 군주론은 "정의는 승리한 자의 것이며 거짓말도반복할 경우 사람들은 결국은 믿게 된다" 그리고 "큰 거짓말은 사람들이 사실이라고 믿는다" 는 말로 요약된다.

1513년에 피렌체의 제2정무처장직을 맡고있던 NicocoloMachi-avelli는 메디치 왕정 복귀후 메디치 가문 사람들을 암살하려 했다는 죄목으로 체포되어 고문까지 받게된다. 그러나 사실은 마키아벨리에게 죄를 덮어씌운 사람들이 바로 왕정의 전복을 꾀했던 관료 귀족들이었다.이런 경험을 가진 마키아벨리가 정치철학서 중 가장 시니컬(cynical)한 내용의 군주론을 쓰게된 동기가 된 것이다.

1930년대에서 1940년대 아돌프 히틀러는 유태인들이 돈으로 전제 정치를 세우려고 하고, 유럽과 전세계를 잔악하게 지배하려 한다고 거짓 선전을 해댔다. 물론 우리는 이게 바로 히틀러와 나치당이 꾀하려한 일임을 잘 알고 있다.

뿐만 아니라 히틀러는 군중들 앞에서는 거의가 용기와 단결의 필요성 같은 것을 역설하기보다 선동적인 언사와 허황성세한 이야기를 내뿜었다. 그런데도 독일 국민은 그를 진실로 믿고 충성스럽게 따라주었던 것을 기억할 수 있다.

내가 이 이야기를 하는 까닭은 정치가가 큰 거짓말을 할 수 있다는 것을 알리기 위함도 아니고 내가 학창시절에 큰 거짓말에 관한 생각들로 인하여 고민에 빠진 적이 있다는 사실을 알리기 위함도 아니며 당신이 큰 거짓말을 해야 사람들이 따라준다는 의미로 이런 말을 하는 것은 더더욱 아니다. 내가 진정으로 하고 싶은 말은 많은 사람들이 그 결과를 냉철하게 유추해 보기도 전에 큰 꿈의 사람을 갈망한다는 것을 말하고 싶어서 하는 말이다.

황우석 교수의 환자 맞춤형 줄기세포 사건은 '사상 최대의 과학 사기극'으로 보도되었다. 세계 1억 2천여 만명의 난치병 환자와 장애인들의 희망을 한 번에 무너뜨려버린 사건이 되어 버렸다.

맞춤형 줄기세포는 단 하나도 존재하지 않는 것으로 판명되었고 줄기 세포 논문을 게재한 사이언스는 공동저자 25명의 논문 철회 요청 서명이 있건 없건간에 직권으로 철회하겠다고 보도되었다. 그러나 우리는 황우석 교수의 연구에 세계줄기세포 허브지정, 기념농원조성계획 등 엄청난 국가적, 단체적 재정지원, 노벨상 후보 추진설이 있을 만큼 놀라운 응원을 다하였다. MBC PD수첩 팀의 용감한 보도로 진실된 내막에 눈을 뜨게 되었고 점차로 의심이 가는 문제점이 쏟아져 나왔다.

그런 와중에서도 자발적 난자기증이 줄을 이었고 진달래 꽃으로 길을 놓아 그의 복귀를 기대하였다. 오히려 사실을 보도했던 PD 수첩의 최CP와 한PD 최국장은 취재윤리 문제로 꼬집혀 감봉 및 징계, 근신 처분이 내려졌다.

놀라운 현상은 너무나도 엄청난 관심과 성과 보고는 국민들의 꿈에 기름을 부어 관련 과학자들이 의구심을 품는 것조차 불순하게 보도록 유도되었고, 허용되지 못하게 한 것 아니었는가? 거짓된 큰 꿈을 믿었던 대가와 아픔, 세계적인 부끄러움을 감당하기가 어렵게 되었다.

이런 체험을 통해서도 분명히 알 수 있듯이 사람들은 자기 주변의인물들 중에서 큰 꿈을 가진 사람이 나타나 주기를 언제나 갈망하고있는 것이다. 어쩌면 당신이 큰 꿈을 꾸지 않으면 엉터리 독재자나 사기꾼에게 당신의 형제와 친구들을 빼앗기게 될지도 모를 일이다.

뉴스에서 황우석교수는 6개월 정도의 시간적 기회를 가지면 원천기술을 보유하고 있는지를 증명할 수 있는 줄기세포가 가능하다는 내용을 말하고 있다. 나는 기회가 주어지기를, 그 사실이 증명될 수 있기를 바란다. 개인적으로 성체줄기세포 연구의 성공을 지지함에도 불구하고 배아줄기세포를 기대하게 된 셈이다. 황 교수 지지자들은 오늘도 촛불 집회를 열고 줄기 세포연구의 재개를 요청할 예정이라고 한다. 당신이 진실하다면 당신이 꿈을 꾸어야 할 이유는 이것 뿐 만이 아니다.

이제 진실한 당신이 큰 꿈을 꾸어야 할 이유들을 스스로 발견할 수 있게 될 것이다.

꿈은 꿀 수 없을 때에 꾸는 것이다

JR의 몽골 리포트에 의하면 1995년 12월 31일자 미국 〈워싱턴 포스트〉의 한 기획 기사는 서기 1001년부터 2000년(엄밀히말하면 1995년)까지의 인물 중 가장 중요한 인물로 징기스칸을 꼽았는데 그의 아버지가 그를 처음 봤을 때, 그는 작은 주먹에 핏덩어리를 불끈 쥐고 있었다.

아버지는 불길하게 생각했다. 그 아이는 강하고 용맹하게자라났다. 그는 유목민과 함께 생활했고 나무도 없는 척박한 땅에서 텐트를 치고 생활하며 돌아다녔다. 그들은 다른 부족들과 끊임없이 싸웠는데 그의 아버지와 부족민들은 전투에서 숨졌다. 이 아이는 호수에뛰어들어 숨었다. 그는 물속에서 속이 빈갈대를 이용해 숨을 쉬었다. 이 소년이 훗날 세계에서 가장 큰 제국을 다스리고 '위대한 정복자'라는 칭호를 얻은 '징기스칸'이 될 줄은 아무도 예상하지 못했다. 8세기가 지나고 새로운 천년을 맞이하면서 지난 천 년간 가장 위대한 인물로 뽑힐 줄은 자신조차 예상하지 못했을 것이다.

징기스칸 어록

집안이 나쁘다고 탓하지 말라.
나는 아홉 살 때 아버지를 잃고 마을에서 쫓겨났다.

가난하다고 말하지 말라.
나는 들쥐를 잡아먹으며 연명했고, 목숨을 건 전쟁이 내 직업이고
내 일이었다.

작은 나라에서 태어났다고 말하지 말라.
나는 그림자 말고는 친구도 없고 병사로만 10만. 백성은 어린애,
노인까지 합쳐 2백만도 되지 않았다.

배운게 없다고 힘이 없다고 탓하지 말라.
나는 내 이름도 쓸 줄 몰랐으나 남의 말에 귀 기울이면서 현명해지는
법을 배웠다.

너무 막막하다고, 그래서 포기해야겠다고 말하지 말라.
나는 목에 칼을 쓰고도 탈출했고, 뺨에 화살을 맞고 죽었다
살아나기도 했다. 적은 밖에 있는 것이 아니라 내 안에 있었다.

나는 내게 거추장스러운 것은 깡그리 쓸어버렸다. 나를 극복하는 그
순간 나는 징기스칸이 되었다.

〈JR의 몽골 리포트-조선일보 김종래 기자의 글〉

13세기 몽골은 문자가 없어서 거의 정복당한 지역의 입장에서 쓰여진 내용만이 있는데 거기에는 징기스칸을 잔혹하게 묘사하고 있다.

그러나 현대에 이르러서야 징기스칸이 단순한 정복자가 아님이 알려지고 있는 실정이다. 당시의 세계정세는 서양은 가톨릭 체제, 중동은 이슬람 체제 그리고 동양은 유교 및 불교 체제에서 안주하고 있을 때였는데 몽골은 열악한 환경 속에서 생존을 위해 부족간 투쟁이 극심한 시기여서 생존하기도 버거운 시기였다. 이러한 시기에 징기스칸은 오히려 모든 투쟁을 종결짓는 천하 정복의 큰 꿈을 꾸었다.

징기스칸의 어록을 통해 그의 꿈꿀 수 없는 환경을 알 수 있다.

당신의 상황은 이보다 더 열악할 수 있는가? 그럼에도 징기스칸은 큰 꿈을 이루어냈다. 당신을 상상할 수 있는가? 부족으로부터 버림받아 생존을 보장할 수 없는 9살의 소년이 들쥐를 잡아먹으며 성장하여 인간이 역사상 이룩한 가장 광대한 영토를 차지하였다.

꿈을 꿀 수 없을 만큼 열악한 사람은 이 세상에 아무도 없다. 그러나 누군가 꿈꾸기를 멈춘다면 그는 역사상 존재했던 가장 열악한 환경을 가진 자보다 더 열악한 사람이다.

중앙일보(2005년 9월 30일자)가 우리나라 파워엘리트에게 가장 존경하는 인물에 대한 설문에서 1위로 응답된 인물은 이순신 장군으로 나타났다. 파워엘리트 기준은 공무원3급, 대기업 부장, 종합병원 과장급 등 일정기준 이상의 사회적 성취를 이룬 사람, 명문대 출신이나 고학력 소지자 같은 학벌 기준이 아닌 31,800명중 769명을 뽑아 설문 조사한 결과 19%가 이순신을 꼽았다.

1위 - 이순신 (19%)

2위 - 박정희(11%)

3위 - 김구(6%)

4위 - 세종대왕(5%)

기타 - 링컨, 정약용, 안창호, 슈바이처 등

이순신 또한 패배의 조건이 오히려 더 잘 갖춰진 환경속에서 승리로서 성공을 일궈낸 인물이다. 그는 28번 전투에서 28번 모두 단 한 번도 패배하지 않고 절대적인 승리를 이끌어 내는데 성공하였다.

그가 상대한 왜적은 100여년의 전국 시대 동안 전쟁 기계가 된 강적이었다. 이순신의 전쟁은 외부의 왜적만이 아니었다. 당시 선조실록과 선조수정실록에 의하면 선조와 집권세력은 정권유지에 급급하여 이순신이 공을 세우게 됨으로서 발생할 상대 세력의 입김을 의식하여 엄청난 정쟁에 날 밤을 지새웠다. 게다가 장군을 직접적으로 시기하는 원균 등의 두뇌플레이를 감내하기 위해 원치 않는 장괴를 쓰기도 했다.

더욱 기막힌 것은 끼니였다. 그것은 왜적보다 무서운 것이었다. 그리고 전쟁에서도 쉽게 잃지 않는 장군들의 목숨까지 질겅 씹었던지는병마와의 싸움에도 응전하지 않으면 안되었다. 그러한 절망할 수밖에 없는 환경이요 포기할 수 밖에 없는 상황이었다. 그는 이토록 뭉개버려진 상황에서 한치의 발뺌 없이 28번의 멋진 승리를 빚어냈다.

이순신 장군이 난중일기를 기록하였듯이 적장이었던 와키자카와

도도를 비롯하여 일본의 장수들도 기록을 남긴 것이 있다. 특히 이 두 사람은 이순신 장군에 대한 기록이 유별나다.

와키자카가 이순신을 알게 된 것은 한산대첩 때인데 와키자카는 전형적인 사무라이로 명예를 중요시하였으며, 차를 좋아했으며, 함부로 살생하기보다는 덕을 베풀어서 적을 자기수하로 만드는 덕장으로 묘사되고 있다.

와키자카는 2천의 군사로 약 5~10만 명(정확한설은 없음. 우리역사 에는 5~6만 명이라고 하고 일본역사에는 8~10만이라고 함) 정도 되는 조선육군을 물리친 명장중에 명장이었다. 그러한 명장이 이름도 듣지 못한 장수 이순신에게 대패한 것이다.

그는 한산도대첩 이후로 충격에 6일을 굶었다고 본인이 스스로 그렇게 기록을 하였다. 그의 기록에는 식음을 전폐하고 내가 왜졌는지 생각하고 고민하는 다음과 같은 문장이 있다.

"나는 이순신이라는 조선의 장수를 몰랐다. 단지 해전에서 몇 번이긴 그저 그런 다른 조선장수 정도였을거라 생각하였다. 하지만 내가 겪은 그 한 번의 이순신 그는 여느 조선의 장수와는 달랐다.

나는 그 두려움에 떨려 음식을 며칠 몇날을 먹을 수가 없었으며, 앞으로의 전쟁에 임해야하는 장수로서 나의 직무를 다할 수 있을런지 의문이 갔다."

이후에도 와키자카는 여러번 이순신 장군에 대한 본인의 생각과 조

이순신 장군 어록

집안이 나쁘다고 탓하지 말라!
나는 몰락한 역적의 가문에서 태어나 가난 때문에 외갓집에서 자라났다.

머리가 나쁘다 말하지 말라!
나는 첫 시험에서 낙방하고 서른둘의 늦은 나이에 겨우 과거에 급제했다.

좋은 직위가 아니라고 불평하지 말라!
나는 14년 동안 변방 오지의 말단 수비 장교로 돌았다.

윗사람의 지시라 어쩔 수 없다고 말하지 말라!
나는 불의한 직속 상관들과의 불화로 몇 차례나 파면과 불이익을 받았다.

몸이 약하다고 고민하지 말라!
나는 평생 동안 고질적인 위장병과 전염병으로 고통 받았다.

기회가 주어지지 않는다고 불평하지 말라!
나는 적군의 침입으로 나라가 위태로워진 후 마흔 일곱에 제독이 되었다.

조직의 지원이 없다고 실망하지 말라!
나는 스스로 논밭을 갈아 군자금을 만들었고 스물 세 번 싸워 스물
세 번 이겼다.

윗사람이 알아주지 않는다고 불만 갖지 말라!
나는 끊임없는 임금의 오해와 의심으로 모든 공을 뺏긴 채 옥살이
를 해야 했다.

자본이 없다고 절망하지 말라!
나는 빈손으로 돌아온 전쟁터에서 열 두 척의 낡은 배로 133척의
적을 막았다.

옳지 못한 방법으로 가족을 사랑한다 말하지 말라!
나는 스무살의 아들을 적의 칼날에 잃었고 또 다른 아들들과 함께
전쟁터로나섰다.

죽음이 두렵다고 말하지 말라!
나는 적들이 물러가는 마지막 전투에서 스스로 죽음을 택했다.

〈공주대 김덕수 교수의 '맨주먹의 CEO 이순신에게 배워라' 중〉

선수군과 있었던 전투내용을 상세히 기록해 뒀다고 한다. 그리고 또한 가지 흥미로운 점은 와키자카가 쓴 글에 이런 내용도 있다.

"가장 미운사람도 이순신이며

가장 좋아하는 사람도 이순신이며

가장 흠숭하는 사람도 이순신이며

가장 죽이고 싶은 사람역시 이순신이며

가장 차를 함께 하고 싶은 이도 바로 이순신이다."

적장이지만 와키자카도 명장이었던 것 만은 사실이다. 그런 와키자카가 이순신을 존경하는 존경은 오늘날까지 이어져서 그의 후손들은 400년이 지난 지금도 이순신장군의 탄생일에 맞추어 조선을 찾는다.[4]

큰 꿈이 주는 12가지 축복

꿈의 능력 & 꿈의 축복

큰 꿈은 환경을 극복하는 힘을 준다
큰 꿈은 모험의 용기를 가져다 준다
큰 꿈은 당신을 성장하게 한다
큰 꿈은 장애도 극복하게 한다
큰 꿈은 너그러운 사람이 되게 한다
큰 꿈은 영감을 불어넣게 한다
큰 꿈은 실력 있는 사람이 되게 한다

큰 꿈이 주는 12가지 축복

큰 꿈은 환경을 극복하는 힘을 준다

53대 뉴욕 주지사인 로저롤스는 뉴욕 역사상 최초의 흑인주지사이다. 그가 태어난 곳은 뉴욕의 빈민가로 쓰레기가 넘치고 폭력이 난무하는 희망이라고는 없는 처참한 음지였다. 이곳에서 자라나는 이이들은 학교에 무단 결석하는 것은 예사일 뿐 아니라 싸움질과 절도 심지어는 마약복용도 서슴지 않는 문화속에서 성공의 꿈을 가진다는 것은 정신적인 사치일 뿐이었다. 그러나 로저 롤스는 허황된 큰 꿈을 기꺼이 품었고 그 결과 대학에 들어갔으며 끝내는 흑인임에도 불구하고 뉴욕의 주지사가 된 것이다.

주지사에 취임한 첫날 300여명이나 모인 기자들이 앞 다투어 한 질문은 "당신을주지사에오르게한힘은무엇입니까?"였다. 로저롤스는 자신의 그동안의 수고나 열정 혹은 인생관에 대한 어떤 철학에 관해서는 한마디로 언급하지 않고 피어폴이라는 선생님의 이름을 입에 올렸다.피어폴은 1961년 노비타 초등학교의 교장으로 부임하였는데 당시는 미국사회 전반에 탈사회적인 히피문화가 유행하던 시기이었다.

막돼먹은 아이들을 지도하기 위해 여러 가지 방법을 궁리하고 시도하였지만 번번이 보기 좋게 실패하곤 하였다. 그러던 어느 날 창문에서 교실 바닥으로 뛰어내린 후 교탁 주변을 두 팔을 벌린 채 빙빙 돌던 로저 롤스를 보고 피어 폴 선생님은 책망을 기다리고 있던 어린 마음에 꿈을 넣어 주었다. 그것은 "너의 가느다랗고 긴 엄지 손가락을 보니 넌 장차 뉴욕 주지사가 되겠구나"라고 말해주었던 것이다.

이후로 로저 롤스는 '뉴욕 주지사'라는 구체적인 꿈을 꾸게 되었고 그의 행동과 삶의 양식은 점점 주지사로서의 면모를 갖추어 가게 되었으며 그가 51세 되던 해에는 당시 흑인으로서는 터무니 없는 꿈이었던 주지사에 멋지게 당선된 것이다.

당신의 꿈은 무엇인가? 당신의 환경이 당신의 꿈을 제한하는가? 아니다. 오히려 당신의 꿈이 당신의 환경을 뒤바꿔 놓는 것이다. 만약 환경이나 상황이 당신의 꿈을 제한하게 한다면 당신은 이 책에서 도움을 받으라. 왜냐하면 이 책은 꿈에 근육을 붙게 하려는 의도에서 씌여졌기 때문이다. 꿈에도 근육이 있어야 한다. 근육이 없는 꿈은 힘이 없어서 환경의 악조건에 힘없이 누그러지지만 꿈에 근육이 생기면 꿈이 당신에게 가져다 주는 선물은 성공이라는 결과만이 아니다. 성공이라는 열매를 가져다 주기 전에 이미 어마어마한 생명력을 당신에게 선사하는 것이다. 꿈에 근육이 생기는 것에 관해서는 뒤에서 살펴보기로 하고 여기서는 꿈이 가져다주는 것이 어떤 것들인지 먼저 생각해보자.

큰 꿈은 모험의 용기를 가져다준다

크리스토퍼 콜럼버스(Christopher Columbus)는 신대륙 발견의 꿈을 이룬 사람이다. 비록 그에 대한 평가가 해를 거듭할수록 악평에 기울어져 가는 것은 시대의 흐름을 반영하는 좋은사례이다. 그러나 여기서 강조하고자 하는 것은 그의 모험심과 용기이다. 그는 신대륙을 발견하고 자 하는 꿈을 이루기 위해 조국인 이탈리아에서 해상 거부들인 무역상인들에게 여러 차례 요구하였으나 엄청난 비용부담을 인하여 깨끗하게 거절당했다. 그러나 그는 꿈을 포기하지 않고 눈을 해외로 돌려 1484년 포르투갈 존2세에게 대서양 항해탐험을 헌책(獻策)하였으나 역시 거절당하였는데 포르투갈에선 대신들이나 왕까지 매우 기분나빠하여 거부당했다.

무엇보다도 포르투갈 왕실 기록에 의하면 "매우 거만하게 요구하여 어디서 온 애송이 외국 놈이 뭘 안다고 그리도 큰 소리치며 저러는 거냐! 당장 안 나가면 죽여 버린다! 화를 낼 정도였다"고 한다.

7년간에 걸친 끈질긴 요청은 오히려 무례하기 짝이 없는 인물로 단정 짓게 만들었는데 사실상 그의 요청이 너무나도 엄청난 까닭도 있었다. 그리고 영국에선 만나주지도 않았다. 당신도 콜럼버스가 요구한 조건을 보면 무례하다고 볼 수 밖에 없을 것이다. 그의 요구 조건은 다음과 같다.

첫째, 나를 해군 부총독으로 삼아줄 것

둘째, 발견한 새로운 대륙의 부왕(副王)으로 임명할 것

셋째, 발견한 새로운 땅에서 얻어온 금은보화 1/10를 줄 것

넷째, 노예 및 상권에 대한 모든 권리를 총독인 자신에게 줄 것

다섯째, 자신이 발견한 신대륙에 대한 직책과 특권(산물의 1/10)은 자손에게 전승해 줄 것.

그는 이 조건을 양보하지 않고 자신의 꿈의 대가를 지불할 사람을 찾았다. 그는 자신의 신대륙 발견의 대가로 그 정도는 보장받아야 한다고 생각할 정도로 그의 꿈은 실로 큰 꿈이었다. 결국 에스파냐로 갔다.

당시 에스파냐는 1486년까지 카스티야와 아라곤으로 구분되어 있어, 카스티야 여왕이 사벨 1세와 아라곤 왕페르난도 2세가 카스티야를 공동 통치하고 페르난도 가아라곤을 단독 통치하는 상태였다. 국왕은 대노하여 내쫓아버렸으나 당시 왕비인 이사벨라는 해외진출에 관심을 갖고 있던 터라 콜럼버스의 큰 꿈에 대가를 지불하기로 한 것이다.

이사벨은 그의 꿈보다 더한 지원하였는데 자금을 제공한 외에도 팔로스시(市)로 하여금 선박 2척(핀타호와 니냐호)를 내주게 하고 과거의 모든 죄를 면죄(免罪)하여 준다는 조건으로 승무원 모집에도 협력하여 주었다. 또한 팔로스항에 사는 핀손이라는 부유하고 유능한 선장이 자기 소유 선박인 산타마리아호와 함께 참가하였다.

그의 첫 출범은 1492년 8월 3일 출범하여 현재의 바하마제도(諸島)

의 와틀링섬(추정),아이티등을 발견하고 1493년 3월에 귀국하여 왕 부부로부터 '신세계'의 부왕으로 임명되었다. 당시 그가 가져온 금 제 품이 전 유럽에 센세이션을 일으켰고 2차 항해는 1차항해의 성공에 힘을 얻어 17척에다 1,500명의 대선단을 이끌었으나 히스파니올라 에 남겨 두었던 식민자는 전멸해 버렸으며 금의 채굴이 예상외로 보 잘것 없자 1496년에는 심한 문책을 당하였다. 그러나 실망하지 않고 3차 항해(1498~1500)를 감행하였으나 내부 반란으로 그의 행정적 무능이 문제화되어 본국으로 송환되었다.

생명의 위협에도 불구하고 그의 모험은 계속되었는데 1502~1504 4차 항해를 감행하는 것으로 그는 온두라스와 파나마 지협(地峽)을 발 견하고 가장 고생스러운 항해를 마치고 귀국하였다.

그의 꿈은 무례하리만큼 왕들을 상대할 수 있게 하였고 그의 용기 는 이사벨로 하여금 큰 대가를 지불하게 하였다. 생명을 담보하면서 까지 나타낸 그의 모험은 그의 신대륙 발견을 향한 큰 꿈에서 기인하 는 것이다.

큰 꿈은 당신을 성장하게 한다

도로시아 잭슨(Dorothea Jackson)이 교사가 되고자 하는 평생의 꿈을 실행에 옮기기 시작한 때는 60대에 접어드는 때였다. 그녀는 투손(Tucson)에 위치한 애리조나-소노라 사막 박물관(The Arizona-Sonara Desert Musen)에서 전시품을 설명하는 '해설자' 직에 자원하였다. 그 일을 하려면 식물학, 동물학, 지질학, 생물학 등 많은 공부를 수개월 동안에 걸쳐 해야만 했다. 이런 힘든 공부와 더불어 박물관 각 층을 동 며 방문객들의 질문에 응답하고, 그 지역의 학교에 나가 아이들을 위한 자연에 관한 프로그램들을 진행하는데 그녀는 10,000시간 이상을 바쳤다. 이런 공부와 경험을 토대로 그녀는 국내의 각종 동물학 학술 회의들에 참석하기도 했고, 멕시코에 있는 화산 지역을 돌아보았으며, 콜로라도 강을 급류타기를 하며 탐사했고, 동굴들을 탐사했다. 또 환경문제와 관련한 순회 전시회를 열기 위해 인근 지역의 큰 쇼핑 센터들을 방문하기도 했다.

68세 때 되어서는 식물학, 특별히 지의류학(Lichenology)을 전공하기 위해 대학에서 공부하여 71세의 고령으로 애리조나 주립대학에서 학사학위를 취득했다. 그녀는 젊은 급우들과 보조를 맞추는데 조금도 어려움이 없었다고 말했다. 걸을 때 자주 쉰다든지, 5000피트가 넘는 고지에는 가지 못한다든지, 여행 중에 킴핑보다는 모텔에 머물 수밖에 없는 고령의 나이로 인한 제한들에도 불구하고 도로시아의 정신력과 활력은 그녀의 나이 82세가 되어서 까지도 무색케 했다.[5]

그것은 그녀가 이러한 인생의 황혼기를 성장의 보람으로 가득 채울 수 있었던 것은 그녀의 꿈이 그녀에게 주는 선물이었던 것이다.

큰 꿈은 장애도 극복하게 한다

토스카니니(Arturo Toscanini)는 오케스트라의 첼로 연주자이었다.

그러나 그는 근시안이었기 때문에 첼로를 잘 켜기 위해서는 근시안을 고치지 않으면 안되었다. 그러나 그의 근시안은 고쳐지지 않았고 연주를 계속하고 싶은 꿈을 버릴 수 없었다. 토스카니니가 연주를 계속하기 위해서는 악보를 암기하는 방법 밖에 없었다.

그런데 19세가 되었던 어느 연주회에서 공연 직전까지 연습을 시키던 지휘자가 갑자기 큰 병이 나서 일어나지 못하는 사건이 발생했다. 이 상황에서 지휘를 대신 맡을 사람을 찾아내었다. 그것은 바로 토스카니니였다. 그만이 악보 전체를 암기하고 있었음으로 단원들은 아무도 그를 지지하지 않을 수 없었다. 그 청년이 바로 세계적인 대지휘자 토스카니니가 탄생한 배경이다. 첼로를 연주하고 싶은 꿈, 그 꿈이 근시안의 장애에도 불구하고 오히려 세계적인 지휘자로 부상하여 성공하게 한 원인인 것이다.

큰 꿈은 너그러운 사람이 되게 한다

링컨의 꿈은 대통령이 되는 것이 아니었다. 노예 제도의 철폐와 남과 북의 통일이 그의 꿈이었다. 그렇기에 그는 그를 원숭이라고 비난하던 정적 스탠턴을 국방부장관에 임명할 수 있었고 많은 사람을 포용하는 기량을 보여준 사례가 많은 위인이다.

한번은 링컨과 스탠턴이 맥클레언 장군의 야전 사령부를 방문한 적이 있었다. 그런데 맥클레런 장군이 아직 전투 현장에서 돌아오지 않아 몇 시간을 사령관실에서 기다리게 되었다. 드디어 맥클레런이 돌아 왔지만 그는 링컨대통령과 스탠턴 국방장관이 기다리고 있다는 사실을 알면서도 한마디 말도 없이 2층 자기 숙소로 올라가 버렸다. 링컨과 스탠턴은 장군이 곧 내려올 것으로 생각하고 기다렸다. 그러나 한참이 지난 후에 부관이 나타나 이렇게 말했다. "장군께서 너무 피곤하셔서 잠자리에 드셨습니다." 스탠턴은 일개 장군이 감히 직속상관인 자신과 대통령을 무시했다고 생각하니 분노가 머리끝까지 치밀어 올랐다. "대통령 각하, 저런 무례한 놈은 제 생전에 처음입니다. 저런 놈은 당장에 직위를 박탈해 버려야 합니다." 링컨은 잠시 침묵하더니 조용히 스탠턴에게 말했다. "아닙니다. 맥클레런 장군은 우리가 이 전쟁에서 이기는데 절대적으로 필요한 사람입니다. 장군 때문에 전쟁이 조금이라도 빨리 끝날 수 있다면 나는 기꺼이 그의 말고삐를 잡아주고, 그의 군화라도 닦아 줄 수 있습니다."[6]

링컨의 큰 꿈은 장군의 불손함을 너그럽게 받아줌으로 오늘날 오히려 자신의 진가를 상승시키는 효과를 낳았다.

예일대학의 심리학과 교수인 셀로비 교수와 존 메이어 교수는 IQ이론에 대응하는 EQ이론의 창시자이다. 셀로비 교수는 미래를 지향하는 인간이 주목해야 할 것은, 성공하는 사람이 주목해야 할 것은 지능

개발이 아니라 풍부한 감정을 개발하고 또 스스로 조절하는 감성 개발이라고 말하였다. 그래서 21세기에 쓰임받는 사람이 되기 위해서는 지능지수, 즉 추리력 사고력 판단력만 높다고 성공하는 것이 아니라 EQ가 높아야 한다고 말한다. 그동안 세계적인 추세가 IQ만 높으면 좋은 것으로 여겨왔으나 최근의 연구결과에 의하면 한 사람의 성공과 행복에 기여하는 요소는 IQ는 20% 안팎으로 나타났고 80%는 EQ를 중심으로 한 다른 요소가 영향을 미친다는 것이다.[7]

EQ의 요소에는 감성인식, 감정조절, 동기부여, 감정공유, 인간관계 형성 등을 포함하고 있는데 이 요소들의 포용성은 전문용어로 분류해 놓기는 했지만 너그러움이라는 덕(德)을 갖춘 모습을 생각할 수 있다.

너그러움을 갖추기 위해서는 EQ적인 어떤 노력들을 기울이는 것 보다 큰 꿈을 가지는 것이 오히려 EQ상승에 큰 역할을 한다.

바다는 60억 인구의 오물을 매일같이 받아내면서도 오히려 풍성한 수자원을 제공해 준다. 당신이 화가 나거나 스트레스가 생길만한 일이 발생하기 전에 당신의 꿈을 바다처럼 터무니없을만큼 크게 키워라.

큰 꿈은 영감을 불어넣게 한다

밀레가 그린 '만종'은 사람에게 꼭 필요한 가정과 신앙과 노동을 우리에게 잘 보여주는 그림이다. 밀레는 노르망디의 한 가난한 가정에서 태어났다. 다행히 밀레는 그림을 잘 그렸기에 장학금을 받아 파리로 그림 공부를 하러 떠날 수 있었다. 그의 어머니는 그가 그림을 잘 그리는 성공한 화가가 되어서 돌아오기를 기대하였지만 밀레는 사람들이 그림을 그리는 것을 보고 실망스러워서 다시 집으로 돌아왔다. 그리고 놀란 어머니에게 "나는 믿음의 소리가 들리는 그림을 그리고 싶습니다."고했다. 그리고 그는 늘 한적한곳에서 소리가 들리는 그림을 그릴 수 있기를 기도하였는데 평생 90편 정도의 그림밖에 그리지 못했다. 그것은 그림에서 영감이 울려나오기를 위해 기울인 그의 정성이 그림의 하나 하나에 배어지기를 위해 노력한 그의 마음을 생각할 수 있다.

그러던 어느 날 그는 만종을 그려놓고 친구를 초청했다. 그랬더니 친구가 하는 말이 "교회 종소리가 들린다"고 말한 것이다. 드디어 영감이 깃든 그림이 나온 것이다. 그래서 만종은 소리가 들리는 그림이라는 유명한 별명이 붙어있다. 이처럼 꿈은 영감을 불어넣게 하는 힘으로 작용하기도 한다. 당신이 하는 일이 영감이 필요한 일이라면 당신도 꿈을 크게 가져야 할 사람임에 틀림없다.

큰 꿈은 실력 있는 사람이 되게 한다

미국에는 1400 여개의 점포를 가진 도미노 피자가 있다. 그는 자신이 만나는 사람들에게 항상 하는 말이 "여러분들이여! 그대의 생애를 하나님께 맡기고 한번 크게 승부를 걸어라"는 것이다. 그가 이렇게 권면하는 것은 그의 배경이 말해준다.

타미는 고아로 태어나서 미시간 주 잭슨에 있는 성요셉 고아원에서 어린 시절을 보냈다. 그가 양부모에게 입양되어 중학교에 들어갔으나 그는 문제아가 되어 퇴학을 당하고 말았다. 그는 잘못한 것이 없어도 문제가 발생했을 땐 항상 오해를 받았다. 왜냐하면 그는 울지 않는 아이였기 때문이다. 고아원에서 자란 아이들은 울지 않는다고 한다. 그것은 울어도 돌아봐주는 사람이 없기 때문이다.

타미 역시 결코 울지 않았다. 그는 먹고살기 위하여 피자가게에 취직하여 일하였다. 그가 피자가게에서 일하면서 기억나는 사람은 그가 내쫓길때 그를 사랑하여준 베레타 수녀였는데 그녀는 타미에게 "하나님은 너를 절대 버리지 않으신다. 큰 별을 따는 사람이 되어라"고 말해주었다. 그는 일하는 동안 여러 가지 꾸중을 들어도 문제가 발생해도 울지 않았다. 그대신 큰 별을 따라는 말을 기억해내곤 하였다. 그는 큰별을 따기 위해 우는 대신 피자를 반죽하였다. 그는 열심히 일하는 동안 피자 한 개를 11초에 반죽하는 솜씨로 실력 있는 기술자가 되어있었다. 그는 그 솜씨로 자신의 피자집을 개업하였고 드디어 도미노 피자를 일구어 성공하였다. 자신의 꿈이 있는 사람은 눈물을 흘리는 대신 실력을 향상시킨다.

큰 꿈은 잠재력을 발휘하여 새로운 것을 창조한다.

아무도안해 본것을 오직 인류에 광명이 필요하다는 생각만을 가지고 모든 사람에게 광명을 주기 위한 에디슨의 꿈은 전혀 불가능할 것 같은 결과를 기어코 우리에게 안겨다 주었다.

1929년 미국 대통령을 포함한 500여명의 각계 인사들이 워싱톤에모였다. 전등발명 50주년을 축하하기 위해서였다. 이 날의 축하는 단순히 전등발명의 축하가 아니라 에디슨의 꿈의 성과에 대한 격려와 축하였다.

에디슨은 전등발명을 위하여서만 6천여가지 재료로 실험하였으며 10년이 넘게 시간을 쏟아 부었고 백금에서 부터 검댕을 묻힌 면사에 이르기까지 그의 손을 거치지 않은 재료가 없으며 유럽은 물론 동서양에 걸친 모든 정보와 재료를 총동원하였다. 결국 수천 번의 실험 끝에 일본 지방의 대나무가 필라멘트 재료로 적합한 것을 알게 되었고 한 번 점등에 900시간을 버텨주었다. 에디슨의 모든 사람에게 광명을 주겠다는 꿈은 잠재력의 자궁에 착상되어 전등이라는 축복을 낳았다.전등의 축복은 뉴욕과 미국, 전 세계에 파급되었고 사람들은 새 시대의 도래를 축하하고자 거리로 뛰쳐 나왔다. 평생 동안 그의 발명은 특허청에 등록된 것만 1328가지에 이르고 모두 2000여 가지나 된다.

에디슨이 발명하게 된 모든 발명품과 성공의 동기가 무엇이라고 생각하는가? 그것은 그의 꿈인 것이다. 이처럼 꿈은 잠재력을 계발하고 새로운 것을 창조하게 하는 원천이 된다.

큰 꿈은 모든 에너지를 집중하게 한다

월트 캘러스태드는 "당신의 꿈을 키우라"에서 월트 디즈니 (Walt Disney)의 꿈을 인용하고 있다. 장편 만화영화를 만들고자 한 그의 꿈을 실현한 이야기이다. 1930년대에는 누구도 그런것을 미쳐 생각하지 못했다. 그러나 디즈니는 '백설공주와 일곱 난장이'를 만들기 시작했다. 그는 이 만화영화를 만들기 위해 1000명이나 되는 만화가를 고용하였고 수백만 달러를 지불하였는데 그 금액도 당시로는 천문학적이어서 '바람과 함께 사라지다' 와 '오즈의 마법사'를 제작하는데 든 비용을 합한 것보다 더 많은 투자 액수였다. 당시는 대공황기의 여파가 남아있는 시기였기에 사회적 분위기나 시장 조건도 맞지않았다. 그는 엄청난 돈을 쏟아 붓고도 자금이 턱없이 부족함에도 포기하지 않고 그가 발견할 수 있는 모든 자금을 빌려왔다.

문제는 이것만이 아니었다. 당시에 그만한 기술이 존재할리 없었다. 그러나 디즈니는 장비가 없으면 장비를 발명했고 기술이 없으면 기술을 발명했다. 그 만화영화는 제작기간이 무려 4년간이나 걸렸고 1937년에 기어코 완성하였다.

그 영화가 개봉되던날 군중들은 엄청난 갈채를 보내주었고 가장 사랑받는 영화로 성공하였다.이 백설공주와 일곱난장이의 성공은나중에 텔레비전 방송국으로 발전한 미키마우스 클럽과 디즈니랜드와 디즈니월드 등 이제까지 나온 것과 디즈니 유산으로부터 앞으로 나올 모든 것들을 위한 기초가 되었다[8]고 한다.

장편 만화영화에 대한 디즈니의 꿈은 모든 것을 집중시켰다. 1000 명의 만화가를 집중시켰고, 엄청난 자금을 집중시켰고, 민감한 시대의 시선을 집중시켰고, 당시의 기술들을 집중시켜 새로운 기술을 개발해 냈으며 장비 개발능력도 집중시켰다.

큰 꿈은 리더십을 계승하게 한다

큰 꿈의 사람들 중에 리더십이 없는 사람을 발견하기란 너무나 어려운 일이다. 만약 그가 큰 꿈이 있음에도 리더십이 없다면 그의 꿈은 망상으로 끝날 것이다. 생명없는 꿈은 이미 죽은 꿈이다. 꿈에는 반드시 리더십이 따라오게 마련이다.

사업가가 자신의 꿈을 공개하는 것은 '사업개시' 간판을 내거는것과 같은 작용을 한다. 인권운동가 마틴 루터 킹은 수백만 명의 관중들에게 "나에게는 꿈이 있습니다"라며 연설할 때 수많은 청중의 마음을 사로 잡고 같은 꿈을 꾸게 만들었다. 목표가 우리에게 집중력을 강화시켜 준다면 꿈은 우리에게 힘을 공급하는 원천이 되어 준다. 꿈은 세계를 확장하게 한다. 마음을 사로잡는 미래의 꿈을 가진 자는 성장에 대한 역동성을 창출하게 만들어준다.

또한 루터킹의 놀라운 연설 "나에게는 꿈이 있습니다."는 100년전 링컨의 노예해방령에서 연설문의 서두가 출발하고 있으며 그 자신의 연설내용을 확장시키는 포인트로 사용되고 있다. 링컨의 꿈이 마틴루터 킹의 꿈에서 보다 더 숙성되고 있는 것이다.

"백 년 전, 위대한 어느 미국인이 노예해방령에 서명을 했습니다. 지금 우리가 서 있는 이곳이 바로 그 자리입니다. 그 중대한 선언은 불의(不義)의 불길에 시들어가고 있던 수백만 흑인 노예들에게 희망의 횃불로 다가왔습니다. 그 선언은 오랜 노예 생활에 종지부를 찍는 즐겁고 새로운 날들의 시작으로 다가왔습니다.

그러나 그로부터 백년이 지난오늘, 우리는 흑인들이 여전히 자유롭지 못하다는 비극적인 사실을 직시해야 합니다."

-마틴루터킹의 연설문 중에서-

사람들은 지도자의 리더십을 따르기 전에 먼저 지도자를 따른다.좀 더 엄밀하게 말하자면 사람들은 지도자의 꿈을 따르는 것이다.

큰 꿈은 습관도 바꾸게 한다

김수로왕의 12대 손으로 삼국을 통일한 김유신은 어릴 적 모가대와 우기나와 함께 남산으로 말을 타고 올라가곤 하였는데 남산 밑 북문 밖에는 천관이라는 기생의 술집이 있었다.천관은 영특하였고 김유신의 마음을 꿰뚫어보는 능력이 있었는데 한번은 "우리 신라가 어떻게 하면 부강해질 수 있을까?" 김유신은 혼자 중얼거리듯이 말했다. 가야금을 타고 있던 천관이 손을 멈추고 "백제와 고구려를 정복해야 하는 줄 아옵니다." 자기와 생각이 같음을 알고 김유신은 천관을 가까이하여 그의 말이 길을 외울 정도로 기생집에 습관적으로 출입하였다.

어느 날 어머니 만명부인이 김유신을 불러 화랑의 도리를 환기시켜 주었고 삼국통일의 큰 꿈을 가진 김유신은 다시는 천관의 술집에 가지 않겠다고 기꺼이 약속하였다. 그러나 어느 날 김유신이 잔치집에 초대를 받아 밤늦도록 술을 마시고 집으로 돌아가다 깜빡 잠이 들었는데 말은 저 혼자서 뚜벅뚜벅 걷다가 김유신의 습관대로 천관의 집 앞에서 멈추었다.

김유신은 버선발로 뛰어나오는 천관의 목전에서 끊기 힘든 습관을 칼로 잘랐다. 그 동안 사랑해 온 말의 목을 칼로 내리친 것이다. 천관은 울음을 터뜨렸고 후에 비구니가 되었다.

김유신이 소중한 말의 목을 단칼에 베고 버선발로 뛰어나온 천관의 앞에서 뒤돌아설 수 있었던 힘은 그의 큰 꿈 때문이었다.

그의 꿈은 당시 화랑도의 근본 가르침이었던 '세속오계(世俗五戒)' 즉 첫째 임금을 섬기되 충성을 다하고, 둘째 부모를 섬기되 효도를 다하고, 셋째 벗을 사귀되 믿음을 다하고, 넷째 싸움터에 나아가 물러나지 아니하고, 다섯째 살아 있는 것을 죽일 때는 때와 장소를 가린다는 세속오계의 다섯째 계율을 어기면서까지 습관을 끊을 수 있게 하였고 어머니의 권면에도 기꺼이 순종할 수 있게 한 것이다.

큰 꿈은 겸손할 때를 알게 한다

일본에서는 사회가 불안정 할수록 전국시대 무장들을 다룬 책이 잘 팔린다고 한다. 오다 노부나가는 그러한 대상 중에서도 늘 수위에 꼽히는데 이는 그가 물리력만을 앞세운 용장이라기 보다 늘 자신만의 아침시간을 통해 사색하고 결단하고 계획해온 전략가이기에 가능한 현상이라는 것이다. 그런 오다 노부나가의 수하에는 일본의 천하통일을 꿈꾸는 기노시타 도우기치로가 있었다. 그는 훗날 도요토미 히데요시로 불리운 인물이다.

나는 그가 겸손한 인물이라고 소개하지 않는다. 오히려 거친 인물에 가까운 것이다. 그러나 그가 천하통일이라는 큰 꿈을 품고 있기에 자기 상관에게 항상 겸손하였다. 그는 오다 노부나가가 매일 새벽4시경에 말을 타고 나갔기에 그의 시중을 드는 도요토미 히데요시는 새벽 3시에 일어나서 말이 달릴 수 있도록 한결같이 준비해 놓았고 노부나가의 신발을 자신의 가슴에 품어 따뜻하게 데웠다.

그는 노부나가가 왕복 40리(약16Km)를 말을 타고 달리면서 가는 길에 전략을 구상하고, 돌아오는 길에 결단을 다지는 사색에 집중할 수 있도록 사소한 모든 준비를 진실로 잘 구비하여 주었던 것이다. 그는 노부나가의 인정을 받아 승승장구하였고 마침내 일본의 전국시대의 종지부를 찍고 천하통일의 꿈을 일구어 냈다.

큰 꿈을 가진 사람은 자신의 윗사람에게 결코 거만하지 않는다. 오히려 겸손하여 인정받고 장차는 자신의 윗사람을 후원자로 자원하게 만들 줄 알아야 한다.

　꿈이 없으면 성공도 없고 실패도 없다. 이 책은 자신이 정말 원하는 게 무엇인지 잊어버린 사람, 매일 아침마지 못해 일어나 직장으로 향하는 사람, 현실의 삶에 안주한 채 꿈꾸기를 멈춘 사람들에게 자신이 인생에서 진짜로 원하는 것이 무엇인지를 깨닫게 해준다.

훌륭한 꿈의 4대 요소

꿈의 요소

가치성 – 목숨을 걸만한 가치가 있어야 훌륭한 꿈이다
확산성 – 좋은 꿈은 주위 사람들에게 확산되는 꿈이다
유익성 – 모두에게 실제적인는 꿈이 훌륭한 꿈이다
계승성 – 후세 사람들이 본받을 만한 꿈이 훌륭한 꿈이다
Martin Luther King Jr.'s "I have a dream."

훌륭한 꿈의 4대 요소

이 책은 훌륭한 꿈을 주제로 쓴 감동적인 책이 아니다. 오히려 이 책은 꿈이 가져다주는 여러 가지 효과를 사례를 중심으로 쓴 것이다. 그러나 나는 당신이 자신만의 꿈이나 당세에나 어울릴 꿈이 아니라 대대로 인정받을 만한 훌륭한 꿈을 가진 사람이 되기를 원한다.

훌륭한 꿈은 다음의 4가지 요소를 지닌다. 4가지 요소는 가치성과 확장성, 유익성, 계승성이다.

가치성 – 목숨을 걸만한 가치가 있어야 훌륭한 꿈이다

사람의 몸의 가치를 계산한 서로 다른 세 개의 글이다.

미국의 생화학자 돌프 M 바인더의 글에 실린 사람의 몸값을 보면, 대강 다음과 같은 내용으로 요약할 수 있다. 그 몇 가지 화학물질은 새장 한 개를 청소할 수 있는 석회, 장난감 대포 한 방만큼의 칼륨, 설사약 한 봉지 정도의 마그네슘, 성냥개비 2200개 정도의 인, 못 한 개 정도의 철, 컵 한 잔에 가득 채울 만한 설탕, 세숫비누 5장을 만들 만한 지방 등을 포함하고 있다고 했다. 합하면 1956년 시세로 98센트 현재는 5000원 가량 된다고 한다. 지금은 물 값도 계산이 되니까 1.8L 물병 20개를 추가해야 하겠다.

원자력 전문가의 견지에서 볼때 사람의 몸안에 있는 원자는 파운드당 11,400,000kw의 힘을 생산할 수 있는데 그만한 힘의 분량은 750달러로 환산되는데 체중이 75kg인 사람은 약85,000달러가 된다고 한다.

그러나 또 하나의 가치를 계산한 글에는 인간은 누구에게나 150억 개의 기억세포를 가지고 있으며, 우리의 시신경줄 하나하나에는 80만개의 섬유가 매달려 있어 1억3천2백만 건의 정보를 뇌로 전달할 수 있다. 우리의 눈은 빛의 에너지인 광양자(光量子)까지도 볼 수 있다. 허파에 있는 3백만 개의 공기 자루는 우리 몸에 있는 3백조 개의 세포에 산소를공급한다. 또한 206개의 뼈와 656개의 근육은 지금까지 알려진 어떤 동물보다도 기능적으로 다양한 능력을 발휘한다.

어느 연구보고서에 따르면 인간의 손가락 피부는 훈련만 받으면 1만분의 1센티밖에 안 되는 요철을 감지할 수 있으며, 우리의 엄마들은 아기 이마에 입술을 대보고 섭씨 1천 분의 4도밖에 안 되는 체온의 변화를 분간해 낼 수 있고, 잘 훈련된 혀는 물속에 2백 만분의 1밖에 들어 있지 않은 키니네의 맛을 감별해 낼 수 있다고 한다.

당신의 꿈의 가치는 인간의 가치를 평가하는 어처구니없는 방법처럼 산출할 수 있다. 그러나 현명한 사람은 인간을 결코 그렇게 평가하지는 않는다. 그렇다해도 당신의 꿈의 가치를 평가할 수 있는 사람은 당신뿐이다. 그것은 마치 사막에서 물 한 병을 위해 지불할 수 있는 여러 사람의 각기 다른 능력과도 같다. 당신 스스로 당신의 꿈이 얼마나 가치 있는지를 평가하라. 분명한 기준 한 가지는 당신 자신이 전 재산과 목숨을 아낌없이 걸어도 좋을 꿈, 심지어 당신의 가족, 취미, 직업, 아끼는 어떤 것을 걸어도 좋을 그런 꿈이라면 당신은 가장 훌륭한 꿈을 꾸는 사람이다.

오늘 밤 당신의 꿈 앞에서 한 가지씩 대입해보기 바란다. 그리고 만일 석연치 않다면 당신은 더 큰 꿈을 꾸기로 결단하라.

그리고는 이제는 그 꿈 때문에 가족이 당신을 값지게 여기며 당신이 직업을 대하는 태도가 진지해지며 행여 좋지 못한 담배를 피우고 있다면 그 꿈을 위해 건강한 몸을 유지하기 위해 끊어야 할 강력한 이유를 가지라.

확산성 - 좋은 꿈은 주위 사람들에게 확산되는 꿈이다

만약 당신의 꿈을 당신의 친구들도 좋아할지 생각해보라 당신의 꿈을 위해 친구들이 당신을 도울 마음이 생기지 않는다면 당신은 꿈을 재고하라. 물론 당신의 꿈을 처음부터 인정하리라고는 생각지 마라. 왜냐하면 어떤 꿈은 아직 이해하지 못할 수도 있기 때문이다. 그러나 그 들이 당신의 꿈을 이해한 나중에도 그 꿈을 공유하는 것을 좋은 일로 여기지 못할 것이라면 당신은 멈추고 다시 생각하라.

확산성을 가진 꿈일수록 큰 꿈이다. 당신이 어느 한 영역이나 몇 몇 분야에만 해당되는 꿈을 꾼다면 그 꿈의 확산성은 그만큼 줄어드는 것이다.

물론 확산성이 낮다고 해서 나쁜 꿈이라는 것이 결코 아니다. 다만 확산성이 높을수록 큰 꿈이라는 것이다. 물론 당신의 꿈이 미리 예측하지못했지만나중에확산될수있음도인정한다.그러나 확산되리라는 예측이 가는 꿈일수록 사람들은 보편적으로 더욱 강한 에너지를 발휘한다는 점도 간과할 수 없는 것이다.

당신이 꾸고 있는 꿈이 최고의 꿈인지를 더욱 심도있게 확인하고자 한다면 당신의 적들을 생각해 보라. 당신의 적들도 당신의 꿈이이루질때 진정으로 기대하던 것이었노라고 말할 수 있다면 당신의 꿈은 확산성을 가진 최고의 꿈이다.

단 이 꿈은 당신과 동일한 꿈을 꾸고 있는 경쟁자들에게는 예외를 둘 수 있다. 그러나 그들마저도 당신을 위하지는 않지만 당신이 꿈꾸는 것과 마찬가지로 그 꿈의 실현을 위한 방향으로 나아가고 있다면 비록 방법이 다를지라도 그것은 당신의 꿈이 좋은 꿈이라는 의미이다.

유익성 – 모두에게 실제적인는 꿈이 훌륭한 꿈이다

연어의 치어를 방류하는 이유는 더 많은 사람에게 유익을 얻게 하기 위함이다. 한국의 연어센터는 10월~11월말까지 채란을 실시한다.

2005년도에는 9000여 마리의 어미 연어를 포획하여 900만개의 알을 채취하고수정하여720만마리의치어(稚魚)생산할예정이다.치어는 길이5~7㎝,무게1ｇ정도로 자란 모습으로 내년 3월에 방류되는데 치어들은 태평양을 건너면서 어른이 되고, 알래스카를 거쳐 베링해-오호츠크해를 지나서 4만5000㎞에 이르는 긴 여정을 마치고 2~5년만에 모천으로 돌아온다.

긴 여정동안 어느 나라 어느 배에 잡힐지 모를 치어를 방류하는 것은 치어의 모천회귀(母川回歸)본능을 알기 때문이다. 그 치어들은 펄떡거리는 싱싱한 연어가 되어 방류한 곳으로 돌아온다.

이처럼 사람들이 꿈을 꾸는 이유도 같다. 그 꿈이 가져다 줄 유익성 때문인 것이다. 그러나 당신의 꿈이 당신 개인에게만 유익을 주든지 아니면 당신이 속한 집단에만 유익을 주는 꿈이라면 당신은 질투를 받을 것이며 소모적인 경쟁을 해야 하는 일들도 많아질 것이다.

콜럼버스의 경우를 보라 그를 쳐다보는 사람은 많았어도 응원한사람이 적었다. 그것은 콜럼버스의 꿈이 몇몇 사람들에게 혜택을 줄 목적을 지닌 꿈이었기 때문이다. 그리고 그가 끼친 유익은 지구 한편의 사람들에겐 오히려 해를 가져다준 상처의 역사를 남겼기 때문에 해가 더할수록 그는 악평 받는 인물이 되고 있다.

사람들은 당신의 꿈이 자신에게도 유익하다는 확신이 들 때 당신의 성공을 응원한다. 당신의 꿈이 훌륭한 꿈인지를 알기 원하면 그 꿈

이 몇 세대를 지났을 때에도 모든 사람에게 유익을 주는 꿈일까를 생각해 보라

계승성 – 후세 사람들이 본받을 만한 꿈이 훌륭한 꿈이다

앤서니 라빈스는 "성공하고 싶거든 성공한 사람의 흉내를 내라"고 한다. 후세에 성공하고 싶은 사람들이 성공을 위하여 당신을 본받고자 한다면 당신은 훌륭한 꿈의 사람이다. 당신이 이루어 놓은 기업을 아무도 맡기를 꺼려한다면 그 기업이 문제가 있는 기업일 경우 뿐이다.

반대로 당신의 기업을 서로가 맡기를 희망한다면 그것은 기업이 훌륭한 기업일 경우이다. 마찬가지로 당신의 꿈을 계승하는 사람이 많을 경우는 그 꿈이 훌륭한 꿈일 경우이다.

거꾸로 당신의 꿈이 훌륭한지를 평가하려거든 후세에 당신이 꾼 꿈을 꾸고 싶어 할 사람들이 얼마나 있겠는가를 생각하라.

만약 당신의 후손이 꼭 당신의 꿈이 아니더라도 꾸어볼 만한 꿈이 너무 많다면 당신은 보편적인 꿈을 꾼 사람이거나 그리 훌륭하지 못했을 경우일 것이다. 그날이 이르기 전에 당신은 당신의 꿈을 정비하고 싶지 않은가? 적어도 당신의 자녀나 당신의 제자 중에서는 당신이 꾼 꿈을 꾸고 싶은 마음이 들도록 하고 싶지 않은가? 거의 대부분의

사람들이 어느 정도의 돈과 직위를 위해 장래에 어떤 존재로 기억되어야할지에 대한 아무런 계획도 세우지 못한다.

헨리포드는 "사람이 배우기를 그치면 그 사람은 죽은 것이다"고 했다. 좋은 꿈은 사람들로 하여금 배우고 본받게 한다. 그리고 모험하게하고 인내하게 한다. 그 꿈을 탐험하기 위해 준비하고 자신을 꿈에 어울릴 사람으로 스스로 변화시킨다. 그 이유는 훌륭한 꿈은 본받고 싶기 때문이다.

여기 100년 전의 꿈을 계승 받은 꿈으로서 시대를 거듭할 수록 모든 인류가 함께 품을 만한 훌륭한 꿈을 소개한다. 당신이 꼭 같은 꿈을 품을 필요는 없다. 그러나 이 꿈에 배어 있는 가치성 확산성 유익성 계승성의 파장이 당신의 꿈에 영향을 미치기를 원한다.

앞에서 제시한 12가지 꿈이 주는 축복에 대한 제목들은 꿈의 실현 능력을 점검할 수 있게 하여 주는 사항이라면 4가지 요소는 꿈의 성공의 영역과 범위를 점검할 수 있게 하여 주는 것이라고 볼 수 있다.

당신의 꿈을 이제는 꿈의 4요소에 대입하여 그래프를 그려보기로 한다.

	100																			
90																				
80																				
70																				
60																				
	콜롬버스	마틴루터킹	징기스칸	이순신	나 자신의 꿈	콜롬버스	마틴루터킹	징기스칸	이순신	나 자신의 꿈	콜롬버스	마틴루터킹	징기스칸	이순신	나 자신의 꿈	콜롬버스	마틴루터킹	징기스칸	이순신	나 자신의 꿈
	가치성					유익성					확산성					계승성				

콜럼버스의 꿈과 마틴 루터킹의 꿈은 좋은 대비와 실전이 될 것이다. 콜럼버스는 식민정복자로 마틴 루터킹은 노예후손의 권익을 위한 꿈을 실현한 인물이다. 그들에 대한 현재의 평가를 중심으로 그래프에 표시해 보라. 그리고 1천년 간의 가장 위대한 인물인 징기스칸, 한국의 리더들이 가장 존경하는 이순신의 꿈을 그래프로 그려보라.

그리고 당신의 꿈에 대하여는 장차 당신에게 가져올 성공의 모양과 장차 사회에 끼치게 될 영향을 생각해보고 그와같이 되기 원하는 소

꿈의 4가지 요소 진단표

꿈의 성공 영역과 성공의 범위를 측정함

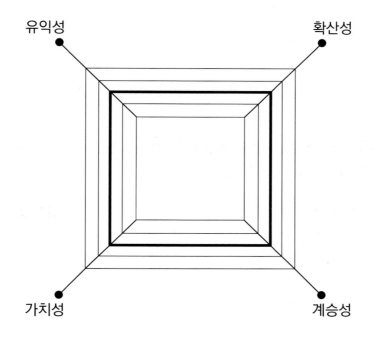

원대로 그래프를 그려보기로 하자.

두터운 선이 중심선으로서 80점선 이다. 80점 이내의 선은 이미 시사하였듯이 확대 발전성을 인정할 수 없다. 80점선을 성공의 현상유지선으로 보고 성공의 얼굴을 그려보기 바란다.

3:12:24:0의 형태로 그려질 것인데 중심선 안에서 어느선이 그려진 것이 있다면 그것이 성공영역의 한계이며 범위가 될 것이다. 그러나 밖에서의 그려진 형태라면 당신의 꿈은 훌륭한 모양을 갖춘 꿈이다.

해석방법

3:1모양으로 확산성이 중심선 안쪽이라면 그 꿈은 몇몇 사람만이 독점할 성공이 될 것이다.

3:1모양으로 계승성이 중심선 안쪽이라면 그 꿈은 몇 년 동안만 많은 사람들에게 성공이 될 것이다. 아마도 콜롬버스의 꿈모양이 될 것이다.

3:1모양으로 중심선 안쪽에 유익성과 확산성과 가치성이 그리고 중계승이 약한 3:1의 불균형적인 모습

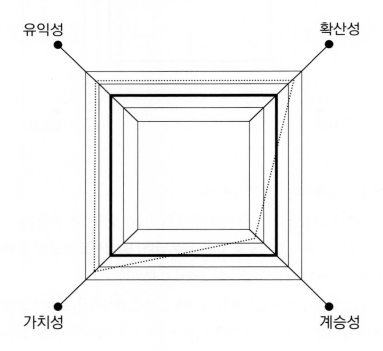

심선 밖에는 계승성만이 그려져 있다면 민족주의나 군국주의 같은 형태의 꿈 모양이 될 수도 있다.

2:2 모양으로 중심선안쪽에 유익성과 확산성이 그려져 있다면 가치성과 계승성만이 중심성 밖에 그려져 있다면 생필품의 새로운 발견, 예컨데 나일론의 발견 같은 모양이 될 것이다.

2:2모양으로 가치와 유익성이 중심선 밖에 있고 확장성과 계승성이 없다면 일시적으로 몇몇 타켓이 된 그룹의 사람들에게 어필되는 그림이다. 일종의 유행성 상품이나 신드롬정도가 될 것이다.

당신의 꿈은 어떤 꿈인가? 살아있는 꿈인가? 성취성 진단표와 꿈의 범위를 구성하는 4대 요소를 적용하여 보라 그것이 당신의 꿈의 생명력을 확인하는 지표가 되는 것이다.

꿈의 4가지 요소 진단표

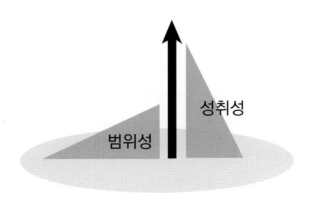

성취성

범위성

꿈의 생명력 = 꿈의 성취성 × 꿈의 범위성

Martin Luther King Jr.'s "I have a dream."

(1963년 8월 28일 연설문)

나는 오늘 우리나라 역사에 가장 위대한 행진으로 기록될 행사에 여러분과 함께 참가한 것을 기쁘게 생각합니다.

백 년 전에 위대한 한 미국인이, 오늘 우리는 그를 상징하는 건물의 그늘에 서 있습니다만, 노예해방 선언서에 서명을 했습니다. 이 역사적인 선언은 불의의 불꽃에 그을려 온 수많은 흑인 노예들에게 위대한 희망의 횃불이었습니다. 이 선언은 노예로서 살아온 기나긴 밤의 끝을 알리는 기쁨에 찬 여명이었습니다. 그러나 일백년이 지난 후, 흑인들은 여전히 자유롭지 못합니다. 백년이 지난 후에도, 흑인들이 슬프게도 여전히 격리라는 쇠고랑과 차별이라는 쇠사슬에 매여 제대로 생활 할 수 없습니다.

백년이 지난 지금도, 흑인들은 물질적 풍요라는 거대한 바다한 가운데 외롭게 떠있는 빈곤의 섬에 살고 있습니다. 백년이지난후에도, 흑인들은 여전히 미국사회의 구석진 곳에서 무기력하게 살고 있으며, 마치 자기들의 땅에서 추방당한 사람처럼 살고 있습니다. 바로 이것 때문에 우리는 오늘 여기에 온 것입니다. 이 부끄러운 상황을 생생하게 드러내기 위해서 말입니다.

어떤면에서, 우리는 수표를 현금으로 바꾸기 위해서 우리나라의 수도인 이곳에 온것입니다. 이 나라의 개척자들이 헌법과 독립선언문에 훌륭한 구절들을 적어 넣었을 때, 그들은 모든 미국인이 상속받게 될 약속어음에 서명한 것입니다.

이 어음은 모든 사람에게, 맞습니다, 백인뿐 아니라 흑인에게도 생명과 자유와 행복의 추구라는 절대적 권리를 보장해 줄 것을 약속했습니다. 하지만 오늘날 미국이, 적어도 유색인들에게만은 이 약속 어음에 대해 지불이행을 하지 않고 있음이 명백합니다. 미국은 이 신성한 의무를 이행하지 않고 흑인들에게 '잔고 부족'이라는 도장이 찍힌 채 되돌아오는 불량어음을 주어왔습니다.

그러나 우리는 정의의 은행이 파산했다고 믿지 않습니다. 우리는 이 나라가 갖고 있는 거대한 기회의 금고에 잔고가 부족하다는 것을 믿지 않습니다. 그래서 우리는 갖고 있는 이 수표를 현금화하기 위해 여기에 왔습니다. 우리가 요구하는 즉시 풍성한 자유와 정의를 확보해 줘야 할 수표 말입니다.

우리는 또 지금 이 상황이 몹시 긴박하다는 것을 미국이라는 나라가 다시 기억하도록 하기 위해 이 신성한 장소에 온 것입니다. 지금은 '진정하라'는 사치스런 말이나 '점진주의'라는 안정제가 통할때가 아닙니다. 지금은 바로 민주주의라는 약속을 실현시켜야 할 때입니다. 지금은 바로 '인종차별'이라는 어둡고 황량한 계곡에서 나와 '인종적 정의'가 실현되는 양지 바른 길로 올라서야 할 때입니다. 이제는 우리 나라를 인종적 불공평이라는 수렁에서 구해내어, 형제애라는 단단한 바위 위에 올려놓아야 할 때입니다. 지금은 하나님의 모든 자녀들을 위해 정의를 실현시킬 때입니다.

이 나라가 현재의 긴박함을 간과한다면 돌이킬 수 없는 실책을 범하는 것입니다. 찌는듯한 여름 날씨와 같은 흑인들의 정당한 불만은 자유와 평등이라는 서늘한 가을이 올 때까지 결코 식지 않을 것입니다. 1963년은 끝이 아니라 시작에 불과합니다. '흑인들이 울분을 터뜨릴 필요는 있지만 이제 만족할 것이다'라고 바라는 사람은, 확실한 각성을 하게 될 것입니다.

흑인들에게 시민으로서의 권리가 보장될 때까지 미국에는 휴식도 평온도 없을 것입니다. 폭동의 회오리 바람은 정의가 실현되는 광명의 날이 올 때까지 국가의 기반을 계속 흔들어 놓을 것입니다.

그러나 나는 정의의 궁전으로 가는 문턱에 서 있는 나의 동료들에게 말하지 않을 수 없습니다. 우리는 합법적인 지위를 차지하는 과정에서 그릇된 행위로 죄를 범하는 일이 있어서는 절대로 안된다는 것을 말입니다.

자유에 대한 우리의 갈증을 해소하기 위해서 증오와 고통의 잔에 담긴 물을 마시지는 맙시다. 우리는 항상 존엄과 규율이라는 숭고한 가치를 지키면서 우리는 투쟁을 계속해야 합니다. 우리는 이전과 다른 전혀 새로운 방식의 항의가 물리적 폭력으로 전락하는 것을 허용해서는 안됩니다. 거듭거듭 말하거니와, 우리는 육체적 힘과 영혼의 힘이 만나는 웅대한 고지로 올라가야 합니다.

흑인들이 빨아들이고 있는 놀라운 투지가 모든 백인에 대한 불신으로 이어져서는 안 됩니다. 왜냐하면 많은 우리의 백인 형제들은 오늘 그들이 이 자리에 와 있다는 것이 증명해 주듯이, 그들의 운명이 우리의 운명과 한데 묶여 있고, 그들의 자유가 우리의 자유와 한데 엉켜 있다는 것을 깨닫고 있기 때문입니다. 우리끼리만 걸을 수 없습니다. 그리고 걸어갈 때 우리는 언제나 앞으로 나아갈 것을 맹세해야 합니다.

우리는 뒤돌아 설 수 없습니다.

시민으로서의 권리를 열렬히 원하는 사람들에게, "언제쯤이면 만족할 것인가?"라고 묻는 사람들이 있습니다. 우리는 흑인들이 말로 표현할 수 없는 경찰의 잔학 행위의 희생자가 되는 한 결코 만족할 수 없습니다. 우리는 고속도로에 있는 모텔이나 도시에 있는 호텔에서 여행의 피로로 무거워진 우리 몸을 맡길 만한 숙소를 얻을 수 없는 한 절대로 만족할 수 없습니다. 우리는 흑인의 기본적인 '이동할 수 있는 권리'가, 결국은 좁은 빈민가에서 좀 더 넓은 빈민가로 이동할 수 있는 것에 불과한 이상 절대 만족하지 못합니다. 우리는 우리의 아이들이 "백인 전용"이라고 적힌 간판을 보고 그들의 자아가 짓밟히고 존엄성이 박탈당하는 한 절대로 만족할 수 없습니다. 미시시피의 흑인이 투표할 수 없고 뉴욕의 흑인이 투표할 것이 없다고 생각한다면 우리는 만족할 수 없습니다. 우리는 절대로 만족할 수 없습니다. 정의가 폭포처럼 흘러내리고, 거대한 물줄기가 되어 흐를 때까지 우리는 만족할 수 없습니다.

나는 여러분중 몇몇은 크나큰 시련과 고초를 겪으며 이곳에 왔다는 것을 잘 알고 있습니다. 여러분 중에는 비좁은 감방에서 방금 풀려난 사람들도있습니다. 또 어떤 사람들은 자유를 요구하면 처형의 폭풍우에 시달리고 경찰들의 무자비한 행위로 비틀거리게 되는 지역에서 왔습니다. 여러분들은 고통을 겪는 데는 베테랑이 되었습니다. 이 부당한 고통에 대해 보상받게 되리라는 신념을 가지고 계속 나아갑시다.

미시시피로 돌아가십시오. 앨라배마로 돌아가십시오. 사우스 케롤라이나로 돌아가십시오. 조지아로 돌아가십시오. 루이지애너로 돌아가십시오. 북부 도시의 빈민가와 달동네로 돌아가십시오. 이러한 상황은 변화될 수 있고, 또 변화될 것이라는 믿음을 갖고 돌아가십시오. 절망의 계곡에서 허우적거리지 맙시다.

나는 오늘 나의 친구인 여러분들에게 우리가 오늘도, 내일도 그런 어려움을 겪을지라도 이렇게 말하겠습니다. 나에게는 여전히 꿈이 있다고. 그것은 어메리컨 드림 속에 깊숙이 뿌리박힌 꿈입니다.

나에게는 꿈이 있습니다! 언젠가 이 나라가 봉기하여, 이 나라가 믿고 있는 "우리는 모든 인간은 평등하게 태어났다는 사실을 자명하다고 생각한다."는 말의 참뜻을 실행하게 될 날이 반드시 오리라는 꿈을 나는 갖고있습니다. 나에게는꿈이있습니다. 언젠가는조지아주의붉은언덕 위에서 노예였던 사람들의 후손과 노예를 소유했던 사람들의 후손이 형제들이 앉는 식탁에서 함께 앉게 되리라는 꿈이있습니다. 나에게는 꿈이 있습니다! 불의의 열기가 이글거리는 미시시피 주조차도 언젠가 자유와 정의의 오아시스로 변할 것이라는 꿈이 있습니다.

나에게는 꿈이 있습니다! 나의 네 명의 아이들도 피부색이 아니라 개성에 의해서 능력이 판단되는 나라에 살게 될 날이 있을 것이라는 꿈이 있습니다.

오늘도 나에게는 꿈이 있습니다! 지금은 악의적인 인종차별주의들이 있으며 주지사의 입에서 주권 우위설과 무효라는 말만 쏟아져 나오는 바로 저 앨라배마 주에서도, 흑인 소년소녀들이 백인 소년소녀들과 형제자매로서 손을 잡게 될 날이 오리라는 꿈이 있습니다!

오늘도 나에게는 꿈이 있습니다!

나에게는 꿈이 있습니다. 언젠가 모든 계곡이 메워지고, 모든 언덕과 산이 깎이고, 울퉁불퉁한 곳은 평탄하게 되고 휘어진 곳은 곧게 되어 신의 영광이 이루어지고 모든 사람은 함께 그것을 보게 될 것이라는 꿈이 있습니다.

이것이 우리의 희망입니다. 이것이 우리가 남부로 돌아갈 때 지니고 가야 할 믿음입니다. 이러한 믿음을 가지고 우리는 절망의 산을 깎아 희망의 돌을 다듬을 수 있습니다. 이 믿음을 가지고 우리는 시끄러운 불협화음을 아름다운 형제애라는 교향곡으로 바꿀수 있습니다.이 믿음으로 우리는 함께 일하고, 함께 기도하고, 함께 투쟁하고, 함께 감옥에 가고, 함께 자유를 위해 일어설 수 있습니다. 언젠가는 우리가 자유로워지리라는 것을 알고 있습니다. 바로 이 날이 하나님의 모든 자녀들이 "나의 조국이여. 너는 향기로운 자유의 나라이니 나는 너를 노래하리라. 우리 선조들이 죽어간 땅, 순례자들이 자랑스러워한 이 땅이여 모든 산줄기에 자유가 울려 퍼지리라!" 하는 노래를 새로운 의미로 부르게 될 날입니다. 그리고 미국이 위대한 국가가 되려면 이것은 반드시 실현되어야 합니다.

그러므로 뉴햄프셔의 거대한 산꼭대기로부터 자유가 울려 퍼지게 합시다. 뉴욕의 웅대한 산봉우리에서 자유가 울려 퍼지게 합시다. 펜실베이니아의 높은 앨리게니 산맥에서 자유가 울려퍼지게 합시다. 콜로라도의눈덮인로키산맥에서자유가울려퍼지게합시다.캘리포니아의 구불구불한 산꼭대기에서도 자유가 울려 퍼지게 합시다.

그것뿐이 아닙니다. 조지아의 스톤산에서도 자유가 울려퍼지게 합시다. 테네시의 룩아웃 산에서도 자유가 울려 퍼지게 합시다.미시시피의 모든 언덕과 둔덕에서 자유가 울려 퍼지게 합시다. 모든 산기슭에서 자유가 울려 퍼지게 합시다.

그리고 이렇게 될때, 우리가 자유를 울려퍼지게 할때, 우리가 모든 가정과 읍내에서, 모든 주와 도시에서 우리가 자유를 울려 퍼지게 할때, 우리는 하나님의 모든 자녀들, 흑인이든 백인이든, 유태인이든 비유태인이든, 프로테스탄트든 카톨릭이든, 모든 하나님의 자녀들이 "마침내 자유를 찾았네! 마침내 자유를! 전능하신 하나님 감사합니다. 우리는 마침내 자유의 몸이 되었네!" 하는 오래된 흑인 영가를 손잡고 부를 그날을 앞당길 수 있을 것입니다.[9]

마틴 루터 킹 Jr.(1929-1968)

흑인 민권 운동 지도자. 조지아주 출생. 모어하우스大 졸업. 흑인 인권 옹호를 위한 非폭력운동 전개. 1963년 8월28일 노예 해방 100주년을 맞아 워싱턴에서 열린 평화 행진에 참가하여 미국의 흑인 인권 운동사에 길이 남을 의미 있는 연설을 했다. 「나에게는 꿈이 있습니다」라는 구절로 유명한 이 연설은 미국인들에게 인종 차별 문제의 심각성을 일깨우는 중요한 역할을 했고, 미국 인권 운동의 발전을 앞당기는 데 가장 크게 공헌했을 뿐아니라 오늘날 전 세계의 인권 존중의 가치를 높이는 역할을 하는 꿈의 연설문이다.

그는 1964년 노벨 평화상을 수상했고 4년 뒤 1968년 암살되어 38세의 나이로 세상을 떠났다. 그리고 전 세계인의 인간평등의 꿈안에서 유유히 존재하게 되었다. 1986년에 이르러 미 의회는 매년 1월 셋째 주 월요일을 킹 목사의 탄생을 기념하는 국경일로 지정하였다. (인터넷을 통하여 그의육성과 군중들의 환호를 들을 수 있다)

꿈의 성취성 진단표

당신의꿈:

	당신은 꿈을 위하여....	점수									
		1	2	3	4	5	6	7	8	9	10
1	당신자신의 성공잠재력을 믿는가?										
2	터무니 없는 꿈이 큰 성공의 동기가 된다고 생각하는가?										
3	성공이 당신이 가족을 사랑하는 강력한 표현이 되는가?										
4	당신은 극한 곤경속에서도 꿈을 꾸는가?										
5	어떠한 환경도 극복하겠는가?										
6	어떠한 모험도 감행하겠는가?										
7	육체적 장애가 있더라도 포기할 수 없는가?										
8	가족을 잃어도 계속할 일인가?										
9	확신하는 만큼 놀라운 능력이 생길 것을 믿는가?										
10	고독 조차도 기회로 사용하겠는가?										
11	최고의 실력을 기르겠는가?										
12	전통과 관습도 바꾸겠는가?										
13	생각하는 방법이 바뀔 수 있는가?										
14	누군가가 이 꿈 때문에 뒤따라올 것인가?										
15	어떤 종류의 사람도 포용하겠는가?										
16	모든 사람 앞에서 겸손하겠는가?										
17	인생전체를 걸 만한 꿈인가?										
18	많은 사람이 응원할 꿈인가?										
19	적에게도 유익이 되는 꿈인가?										
20	후손들이 계승할 만한 꿈인가?										
	합 계										

앞의 도표는 당신의 꿈을 위한 헌신지수와 신뢰지수 그리고 지속성 지수를 검사함으로서 꿈의 성취가능성을 진단할 수 있습니다.

점수: 1- 4번 잠재지수 합계(점)

　　　 5- 8번 헌신지수 합계(점)

　　　 9-12번 신뢰지수 합계(점)

　　　 13-16번 지속지수 합계(점)

　　　 17-20번 열정지수 합계(점)　　　 총 합계＿＿＿＿＿점

평가방법

① 꿈의 속성상 8미만에 표시되어 있는 것이 있다면 점검하기 바란다. 왜냐하면 그것이 당신의 꿈을 실현하는데 가장 걸림돌이 될 문제라는 사실을 나타내기 때문이다. 당신은 그것을 처리할 능력을기르든지 대처할 방법을 강구하지 않으면 그 문제가 닥쳐올때 당신의 꿈은 위기를 맞이하게 된다. 성공하는 꿈의 속성은 강력한 변화의 동기를 유발한다.

② 지수 합계가 32점 미만이 있다면 그 지수에 관한 역량을 강화시

킬 필요가 있음을 의미한다. 해당 지수 4문항 중에 한 문항 만이 8이하이면 점검사항 1번을 참조할 것이나 두 문항 이상이 8이하이면 합계가 32점 이상이라 해도 해당지수에 문제가 있는 것이다. 혹시문항 중 하나라도 5이하에 표시된 것이 있다면 당신은 그 문제에 걸리게 되면 당신이 지금까지 꿈이라고 여겼던 것을 포기하든지 계속하든지 반반이라는 태도인데 그것은 꿈을 실현할수 없는 지수이다.

③ 해당지수의 합계가 8점 이하인 문항이 없이 37점 이상이고 전체 총점이 170점 이상이라면 당신은 특별한 성공지수를 가진 꿈의 사람이다.

④ 8이하인 문항이 3개 이상 표시되어 있거나 총점이 160점 이하라면 당신은 점검하고 강화시켜야 한다. 그리고 총점이 140점 이하라면 당신은 자신의 꿈을 아직 발견하지 못한 것이거나 불투명한 것이다.

PART 2

자신의 성공 프레임을
거인형으로 구성하라

인생전환의 포인트

정체성

행복의 샘에 대한 믿음
아이덴티티
터닝 포인트

본장은 정체성을 재구성하는 것으로부터 시작된다. 정체성의 새로운 확립은 자신의 본체를 거인형으로 구성하는 첫 작업이다. 거인형 본체를 구성하기 위해서는 거인형 본체를 구성하는 자기 정체성이 가장 먼저 확립되어야 한다.

기본 프레임은 표와 같다. 그리고 실현을 위한 순서를 표현하면 그 아래의 그림과 같다.

꿈의 성취를 위한 기본 프레임

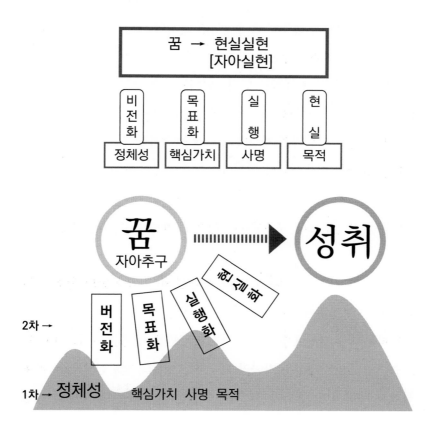

진정한 정체성은 10%의 나타난 비중에 있기보다는 오히려 90%의 잠재력 안에 더 많이 내포되어 있다. 이것은 잠자는 거인인 90%가 오히려 진정으로 자신을 존재하게 하는 새로운 정체성으로 전환될 수 있어야 한다. 그것은 마치 빙산(iceberg)의 드러난 부분보다 물밑에 잠기운 부분에 의하여 진짜 빙산이도록 하기 때문이며 또 진짜 빙산의 90%가 아닌가? 1912년 영국의 호화여객선 타이타닉호(號)의 사고는 빙산을 제대로 파악하지 못한데 대한 대가이기도 하다. 빙산의 어마어마한 부분을 파악하지 못한 어마어마한 대가다. 반대로 잠재력의 어마어마한 부분을 인정하고 계발하면 자신에 대한 이전까지의 정체성 자체에도 변화가 찾아온다. 마치 어린 시절에 정체성이 형성되는 시기를 거치듯이 잠재력 계발을 통한 새로운 인생으로의 전환은 동시에 정체성의 새로운 전환을 의미하는 것이기도 하다.

이제 당신은 이전의 정체성이 아니라 잠재력을 인정하고 계발하는 새로운 입장의 인생으로서 정체성을 형성하여야 한다.

본체를 거인형으로 재구성하는 데에는 거인형 DNA를 가져야 한다.

인생의 본체를 형성하는 DNA는 다음의 세 가지 기반의 상호 작용에 의하여 형성된다.

첫째는 당신 자신에게 행복을 가져오는 원천. 둘째는 자신의 자아의 모습. 이 모습은 자신의 자아가 요구하는 행복의 원만한 공급과 비례하면서 자아의 모습이 가꾸어진다. 사람은 처음에는 행-불행의 개념이나 느낌이 없다가 점차 삶의 필요에 의해 무언가를 요구하거나 필요로 하게 되고 그 필요사항의 충족과 부족에서 행복과 불행을 느끼게 되는 데 이 과정에서 자아상이 형성되는 것이다. 여기서 건강한 자아상이 되기도 하고 일그러진 자아상이 되기도 하는 것이다.

이렇게 형성된 자아상은 성장해감에 따라 필요를 충족하는데 만족하지 않고 점차 기대와 요구가 많아지게 되고 나아가 자아상의 독특한 추구를 소망하게 된다. 이것은 자아가 그만큼 성장했다는 표시이다. 그러나 이러한 추구는 아직 구체화된 어떤 것이 있기 때문에 추구하는 것이 아니라 자아가 기대하는 수준까지 만족을 얻고자 하는 자아의 성숙한 본질이다. 이것이 바로 우리가 보통 말하는 꿈(Dream)이라는 것이다.

성장한 자아는 꿈이 실현되어야 행복감을 느낄 만큼 되었기 때문에 이제부터는 꿈을 향하여 인생의 방향을 정하게 되며 꿈을 위하여 인생의 에너지를 쏟아 붓게 된다. 여기서 자아가 자신의 추구하던 바와 진행하던 방향을 재평가 할 때 인생의 터닝 포인트의 깃점이 되는 것이다.

그러나 안타까운 것은 대부분의 인생이 그저 자신의 경험과 과정을 통하여 변화되어야 하겠다는 어떤 의지에 의하여 터닝경험을 가진다는 사실이다. 이것은 보통 인간의 터닝일 뿐이다. 이것은 꿈을 성취하기 위한 지금까지의 방법의 전환내지는 자신이 꾸워왔던 꿈의 전환을 의미하는 것이다. 그러나 이것이 곧 잠재력을 계발하는 차원은 아니다. 더구나 탁월한 성공을 위한 거인형 본체가 되는 것은 아니라는 것이다.

거인형으로서의 터닝 포인트를 가지는 것은 단순한 삶의 방향전환의 의미만이 아니다. 말 그대로 거인적인 삶을 살게 되는 깃점을 의미하는 것은 뇌에 비유하여 10%의 기존의 사용하던 만큼이 아니라 잠자던 90%를 깨워 전혀 새로운 인생을 출발하는 데 있어서 거인형 족적을 남길 수 있을만한 DNA구조로 다시 태어나는 것을 의미하는 터닝 포인트인 것이다.

단지 방향의 전환을 의미하는 것이라면 좋아하는 일이나 옳다고 여기는 방향으로 바꾸는 것만으로도 터닝 포인트라고 하겠지만 잠재력을 계발하여 놀라운 성공의 족적을 남길 인생으로 새롭게 되어지는 의미를 담은 터닝 포인트이어야 하는 것이 이 장의 진정한 의미이다.

그리고 이 거인형 본체의 모습으로 새 인생의 문을 열고 짠하고 나타나 새로 태어난 새 존재로서 새로운 거인적 꿈과 그에 걸맞는 자신의 핵심가치를 찾음과 그리고 새로운 존재에게 요구되는 사명대로 살아가는 새로운 본체를 말한다.

인생전환의 포인트

인간의 정체성은 행복이라는 빛을 향하여 자라나며 지식과 환경 등을 포함한 경험에 의하여 하나의 '믿음틀'이 형성되는데 그 믿음틀에 의해 '생김새'가 만들어진다.

행복: 1군=기쁨 소망 가치 만족 격려 자유 명쾌함 투명 도전 등등
      2군=가족 친구 직장 취미 꽃 낚시 운동 글쓰기 등등

1군은 행복을 느끼는 느낌이며 감정이다. 그리고 2군은 1군을 가져오는 보편적인 수단들이다. 그러나 2군이 1군을 가져오지 못할 때 그것은 정체성에 부정적인 영향을 준다.

가령 부모의 이혼으로 가족이 깨어진 상태에서 아이는 가족을 생각할때 행복감이 아닌 상실감을 느끼게 되는데 그것이 그 아이의 가족에 대한 정체성을 형성하게 된다. 또한 스포츠를 좋아하던 소년이 불의의 사고로 스포츠를 할 수 없게 되었을 때 스포츠경기 소식은 그 소년을 우울하게 하는 소식이 될 수 있다. 그러나 정체성은 감정체계이기 때문에 얼마든지 변화될 수 있는 것이다. 그리하여 앤서니 라빈

스가 참고경험이라고 말하는 경험들이나 소위 희망을 주는 사례들을 통하여 도전을 받고 변화를 경험할 수 있게 된다. 즉 정체성이 바뀌게 된다.

정체성이 바뀜으로 인생을 새롭게 정립하여 새출발을 하는 것을 변곡점이라고 한다.

행복의 샘에 대한 믿음

행복의 샘이 어디로부터 인지를 아는 것은 중요한 일이다. 행복의 샘에 대한 믿음이 핵심가치의 모습을 다르게 형성하게 하는 주요 요인이기 때문이다.

행복은 개인적 성공에서 오는 것이 아니다.

엘비스 프레슬리는 열광적인 환호를 받은 공연이 끝나면 습관적으로 잠들기 위해 마약을 먹어야만 했다. 그것은 매일 복용하는 것 중 첫번째에 불과했다. 그것을 요구할때면 항상 "내 첫번째 것을 찔러 줘"라고 말했다. 그러면 그의 조수는 첫 봉투를 열어 무지개 색깔의 다양한 바비투레이트(진정제)와 쿠알루데스, 발리움, 프레시딜 등을 엘비스에게 주고 그의 어깻죽지 아래에 데머럴을 세 번씩 주사했다.

엘비스의 전용 요리사들은 그가 잠들기 전에 얼마나 많은 양의 음식을 먹어치우는지 바라보곤 했다. 그는 세 개의 치즈버거와 예닐곱 개의 바나나 아이스크림을 먹어치웠다. 때로는 음식이 목에 걸려 질식할까봐 조수들이 음식을 목구멍에서 빼내기도 했다. 이렇게 먹고 나면 엘비스는 네 시간 정도 숙면을 취했다.

잠에서 잠깐 깬 그는 피곤한 몸을 질질 끌고 화장실로 간다. 그리고는 자고 있는 조수의 옷자락을 힘없이 잡아당겨 두 번째 약을 달라고 했다. 엘비스는 스스로 약을 먹을 힘도 없어서 조수가 약을 그의 입에 털어 넣고 물을 먹여 삼키게 했다.

세 번째 약은 요구할 힘도 거의 없었기 때문에 조수가 알아서 약을 먹이고 정오까지 잠을 자게 했다. 정오경에야 여전히 약에 취한 채 잠자리에서 일어난 엘비스는 또 다시 덱스드린을 먹고 코카인을 솜에 묻혀 코로 들이마셔서 몸이 깨어나게 한 후 어제처럼 무대에 섰다.

그가 죽던 날에는 그 모든 약을 모아서 치사량을 복용했다. 전 세계의 수많은 팬들로부터 열광적인 사랑을 받고 세상 사람들이 바라는 모든 것을 다 가진 사람이 왜 매일 자신의 몸을 학대하다가 그렇게 끔찍하게 삶을 마치게 되었을까?

엘비스의 쌍둥이 형제 데이비드 스탠리에 따르면 엘비스는 정신이 깨어 인생이 고통스럽게 사느니 차라리 약에 취해 감각이 마비되어 자는 것이 훨씬 낫다고 생각해서 그랬다고한다.[10] 우리가성공했다고 생각한 사람들 중에 스스로 목숨을 끊은 예는 가수 재니스 조플린을 비롯하여 작가 어네스트 헤밍웨이, 실비아 플래스, 배우로 프레디 프린즈 마마 카스 엘리엇 등 너무나도 많다.

앤서니 라빈스가 지적한 이들의 문제 첫 번째는 "그들은 자신의 인생에서 진정으로 원하는게 무엇인지 알지 못했다"는 것이다.

나는 누구인가? 흔히 이 질문은 행복하지 못할 때 자신이 자신에게 묻는 내면의 질문이다. 그러나 이 질문에 대한 명확한 답을 얻지 못하면 성공한다해도 불행에 빠질 수 있다.

행복은 선진복지에서 오는 것이 아니다.

지난 2000년 우리나라에서 자살로 숨진 이들의 통계치는 하루 평균 17.7명, 연간 6,460명에 이른다고 한다. 그러나 6040만 명의 인구를 가진 프랑스는 우리보다 선진국임에도 자살이 더 많이 일어난다.

프랑스는 GNP 규모 세계 4위의 선진국으로 국민의 56%가 단독주택에서 산다. 프랑스 가정의 54.5%가 자기 집을 가지고 있으며, 별장을 보유하고 있는 가정도 13%에 달한다. 77%의 가정이 자가용을 소유하고 있다. 그중 53%가 한 대만을, 그리고 26%가 여러 대를 보유하고 있다. 총 자동차 등록댓수는 2380만대이다. 프랑스는 유럽 연합 내에서 경제와 관련된 많은 기록들을 보유하고 있는데, 총 도로 길이는 807,601km, 철로의길이는34,469km로서 각각 유럽 최장 길이를 자랑하고 있다. 그리고 문화 수준의 척도로 가름하는 향수와 포도주 순위가 세계1위인 국가이다.

그런데 이토록 살기 좋은 나라에서 연간 자살자가 1만 2,000여명으로 우리나라의 2배 가량 된다. 자살 기도자는 무려 16만여 명에 이르러 큰 사회문제가 되고 있다. 그래서 프랑스 정부는 대도시·구호단체·의사·사회사업가의 협력을 통해 자살할 가능성이 있는 사람들을 미리 가려내 자살 기도를 막고, 자살을 기도했으나 목숨을 건진 사람들의 회복을 돕는 '자살 방지 프로그램'을 마련해 금년 2월에 전국적으로 시행에 들어갔다. 행복은 부유에서 오는 것이 아니다.

행복은 내부로부터 나온다

행복을 찾은 한 여인의 편지가 앤서니에게 배달되었다. 그 편지[11]를 소개한다.

친애하는 앤서니에게

나는 어린 시절부터 얼마 전 두 번째 남편이 죽기까지 평생을 심한 학대 속에서 살아왔습니다. 이런 학대와 심한 정신적 상처 때문에 나는 49가지의 다중인격장애라고 알려진 병을 앓고 있었습니다. 내 안의 어느 인격도 그 안에 존재하고 있는 다른 인격이나 그 인격이 어떤 일을 겪었는지에 대해 알지 못했습니다.

내가 49년간 다중인격장애를 겪으면서 살아오는 동안 자학행위가 유일한 위안이었습니다. 이 말이 이상하게 들리겠지만 이런 자학행위가 위안이 되곤 했습니다. 여러 차례에 걸쳐서 자살을 시도한 끝에 나는 병원에 실려가 의사의 보호를 받게 되었습니다. 그 49개의 다중인격을 하나로 합치기 위하여 나는 각 인격이 만들어지게 된 쇼크상황으로 돌아가 기억을 되살리는 작업을 하였습니다. 나는 기억을 되살리면서 그때의 고통을 다시 겪어야 했습니다. 이 각각의 변형된 인격은 각각 특정한 기능과 기억선택 능력, 그리고 대개 한 가지 감정을 수반했습니다. 한다중인격장애전문의사가나를도와서이49가지다중 인격을 하나로 통합시켰습니다. 수많은 다른 인격들을 경험해 가면서 내안의 많은 존재들이 매우 불행했고 내 인생은 아주 혼란스러웠었다는 것을 느꼈습니다. (어떤 한 존재도 다른 존재가 무엇을 하는지 전혀 몰랐고, 다른 상황으로 바뀌면 전의 기억이 전혀 떠오르지 않았습니다.)

나는 내안에 있는 모든 존재가 하나로 합쳐지면 행복해질거라고 생각 했습니다. 그것이 나의 궁극적인 목표였습니다. 그러나 그것은 잘못된 생각이었습니다. 그것은 엄청난 충격이었습니다. 나는 1년이나 지옥 같은 삶을 보냈습니다. 나는 아주 불행했고 각 인격에 대해 슬퍼하며 지냈습니다. 나는 그 인격들이 따로따로 노는 삶이 그리워졌고 차라리 예전으로 다시 돌아갔으면 좋겠다고 생각했습니다. 그러나 그렇게 되는 것은 매우 힘들었기 때문에 그 해에 나는 세 번이나 자살을 기도했습니다. 그리고 다시 병원으로 실려 가게 되었습니다.

그러던 중 우연히 선생님의 능력계발 교육테이프 광고를 보고 30일짜리 교재를 구입했습니다. 나는 그것을 여러 번 반복해서 듣고 그 안에서 내가 활용할 수 있는 것은 어떤 것이라도 붙잡으려고 하였습니다. 그러다가 선생님의 성공 대담이라는 월간 오디오 매거진을 듣는 도중에 대전환의 계기가 찾아왔습니다. 나는 과거의 다중인격체가 아닌 새로운 한 인격체로서 배우게 되었습니다. 나는 50평생 처음으로 행복은 내부에서 온다는 것을 배웠습니다.

나는 이제 새로운 한 인격체로서 49개의 존재가 각각 가지고 있던 끔찍한 기억들을 가지고 있습니다. 그 기억들이 되살아 날 때면 나는 그것들을 바라보는 입장에서 지켜볼 수 있게 되었고 견디기 힘들 때는 선생님에게 배운 대로 객관적인 입장에서 바라보는 것이 아닌 전혀 다른 관점에서 스스로를 보며 조절할 수 있게 되었습니다. 이젠 더 이상 기억상실의 최면상태로 돌아가서 다른 존재로 나 자신을 전환시킬 필요가 없어진 것입니다.

나는 지금 내 자신에 대해 그리고 한 인격체로서 살아가는 법법에 대해 배우고 있습니다. 그래서 나는 목표를 세분화해서 그것을 이룰 계획을 세우고 있습니다. 나는 체중감량을 위한 목표를 세웠습니다. 이번 크리스마스까지 그 목표를 달성할 계획입니다. 그리고 나는 어떤 남자와 건강하고 부드러운 관계를 가지기를 바라고 있습니다. 병원에 입원하기 전에 나는 IBM에서 일했고 네 개의 사업체를 운영했습니다.

지금은 새로운 사업체를 운영하고 있는데 병원에서 퇴원한 후 매출이 많이 늘었습니다. 나는 내 아이들에 대해서, 손자들에 대해서, 그리고 무엇보다도 나 자신에 대해서 배우고 있는 중입니다.

안녕히 계세요.

엘리자베스 피트르작

이 편지는 자기계발 프로그램을 통하여 자신의 변화를 스스로 주도

함으로서 자기 스스로 행복을 창출하게 된 내용이 아닐 수 없다. 당신에게도 놀라운 변화가 필요하다면 본서의 부록편에 소개된 과정이 당신의 인생에 보다 직접적인 도움이 될 것이다.

아이덴티티

당신은 누구인가? 당신 스스로 당신에게 나는 누구인가?를 질문해 본적이 있는가? 나는 누구인가? 이 질문은 다소 유치하게 들릴지 모르지만 자신의 정체성 확인을 위한 가장 직접적이고도 강력한 질문이다.

꿈이 있는 사람은 자신의 정체성이 분명하여 어떠한 환경도 극복해 낸다. 그러나 꿈이 없어 정체성을 가지지 못한 사람은 때때로 살아갈 의미를 잃어버린다. 그리고 자기 정체성은 어떤 요인에 의하여 전혀 새로운 자신으로 자리 잡기도 한다. 즉 자신이 그동안 자신이라고 믿어왔던 자신의 모든 것이 뒤바뀌는 경험을 가지게 되기도 하는데 이것이 아이덴티티의 문제이다.

한국전쟁 당시 중국군에 포로로 잡혀가서 전향한 미국 장교에 대한 이야기다.

중국군은 그를 20시간 이상 가두었지만 때리거나 고문하기는커녕 오히려 담배까지 권하였다. 그들의 예의바른 대우에 반한 미국 군인은 자신의 손으로 미국 자본주의 사회의 불공평과 해악에 대해 자술서를 쓰고 공산주의 사회의 우월성과 윤리적 인류애를 칭송하기까지 했다.

더욱더 심한 것은 이 미군 장교가 쓴 글이 남한에 주둔하고 있는 미군들뿐 아니라 북한의 포로수용소에 수감되어 있는 사람들에게까지 방송되었다는 것이다. 그는 군사비밀까지 폭로하고 동료 수감자들을 밀고하면서 자신의 조국을 맹렬히 비난하였다.

무엇이 그의 평생에 옳다고 생각한 신념과 세계관을 깨뜨리고 완전한 반대로 전향하게 했을까? 무엇이 그로 하여금 전에 가지고 있던 핵심 가치관까지 버리고 적에게 동조하게 했을까? 그 무엇이 한 개인의 사고, 감정, 그리고 행동까지 순식간에 바꿔놓았을까? 그를 그렇게까지 바꿔놓은 것은 자신의 아이덴티티였다.[12]

우리가 삶을 살아가는데 전체적으로 영향을 미치는 믿음을 보편적인 믿음이라고 한다. 이 보편적 믿음이 형성되는 것은 여러 가지 요소에 의해서이지만 그것은 "관용- 인색온도계"의 역할을 하게 된다.

만일 우리가 가난하고 불행하다는 보편적 믿음을 가지면 돈, 시간, 에너지, 대인관계 등에 있어서 너그러움의 정도를 결정하는 "관용-인색온도계"가 얼어붙는 것이다. 반대로 부요하고 행복하다는 보편적 믿음을 가지면 "관용-인색온도계"는 넉넉해지는 것이다. 그런데 이러한 보편적 믿음을 결정짓는 거름망이 "자궁믿음"인데 이 자궁믿음이 우리의 모든 부정과 긍정, 후함과 인색함 등의 인식체계를 생산한다. 그리하여 우리가 결정지어야 할 모든 것을 지배하는 중추신경과 같은 역할을 하는 것이다. 이 자궁믿음이 바로 아이덴티티가 자리 잡은 모습이라고 할 수 있으며 반대로 아이덴티티가 변하면 자궁믿음도 변하게되는 것이다.

앤서니 라빈스의 아이덴티티에 대한 간단한 정의는 "자신의 개성에 관해서, 즉 다른 사람들과 비교해서 좋다거나 나쁘다거나 차이가 없다거나 등등 스스로를 독특하게 하는 것에 대한 믿음"이다. 자신이 누구인가 하는 것은 아이덴티티에 대한 물음이다. 이것은 자기 자신에 대하여 스스로 어떤 믿음을 가지고 있느냐에 대한 물음인 것이다.

우리는 아이덴티티로서 전향한 미군의 사례를 설명할 수 있다. 그가 나쁘다고 함부로 판단할 수 없는 것은 당신 또한 그 같은 상황을 당면하면 동일한 전철을 밟지 않는다고 보장할 수 없지 않은가? 사람은 자신이 누군지에 대하여 새로운 믿음이 형성되면 아이덴티티에 변화를 가져와서 변화된 아이덴티티를 뒷받침하기 위해 예전과는 다른 전혀 다른 행동을 하게 되는 것이다.

우리는 그 미군 포로의 행위를 보고 경악하였을지 모른다. 그러나 그의 행동이라는 것은 이미 자신이 작성해서 서명한 내용에 일치되게 행동하고자 하는 욕구의 표현양식에 불과했던 것일 수 있다. 중요한 것은 아이덴티티였다.

아이덴티티와 자궁믿음의 상관관계

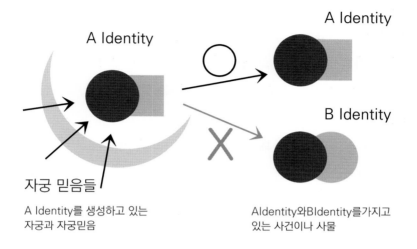

자궁 믿음들

A Identity를 생성하고 있는
자궁과 자궁믿음

AIdentity와BIdentity를가지고
있는 사건이나 사물

여기서A Identity를 생성하는 자궁 믿음이 형성된 사람은 A Identity를
가진 사건이나 사물 쪽을 선택하게 된다.

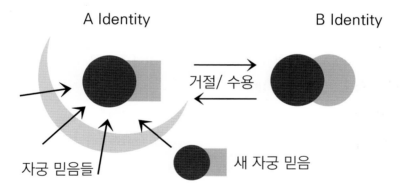

자궁 믿음들   새 자궁 믿음

그리고 선택 후에는 새롭게 선택된 A Identity가 자궁 믿음의 역할을
같이 수행하게 된다.

데-켄이라는 소년이 있었다. 그는 1932년생으로 히틀러의 권력 하에 살고 있었다. 그와 전 가족은 크리스천으로서 그의 누나는 반 나치스 운동에 가담하고 있었다. 데-켄은 전에 교회 도서실에서 자원봉사를 할 기회가 있었는데 그 때에 일본에 관한 책이 여러 권이 있었다.

그 중에 〈나가사끼의 26성인 순교자 전〉을 읽게 되었다. 그 내용은 대략 이러했다.

순교자 중 최연소자로 루드뷔고 이바라기라는 12세 소년이 있었는데 박해자들이 오랏줄에 묶어 형장으로 끌고 갈 때 호송하고 있던 한 무사가 이바라기를 아깝게 여겨 귀엣말로 속삭였다.

"얘야, 너 그 신앙을 버린다고 말해라. 그렇게 하면 내가 사면장을 얻어서 너를 내 양자로 삼아주마."

극형을 면할 뿐 아니라 사무라이의 양자가 되게 해주겠다는 제안에 소년이 무사에게 한 말은 이것이었다.

"무사님! 당신도 크리스천이 되어서 우리처럼 천국으로 오세요!" 그리고는 형장으로 끌려가서 십자가에 못 박혀서 최후까지 찬송을 부르다가 숨을 거두었다는 내용이었다.

이것은 1645년 일본 규슈에서 있었던 기독교 박해의 일단이었는데 데-켄은 이 이야기에 깊은 감명을 받았다. 즉 아이덴티티가 전이되었다는 것이다. 그는 일본이라는 나라에 대하여 아는 것이 없었지만 자기와 동갑내기의 이바라기라는 소년이 자기와 동일한 크리스천으로서 자기와 같이 박해받는 환경에 살고 있었다는 것이다. 여기까지는 동일하다. 그런데 이바라기에게 선택의 기로에 섰을 때 일본의 이바라기 소년은 기꺼이 신앙을 선택하는 길로 갔다는 것이 이미 아이덴티티가 형성되고 있는 데-켄으로 하여금 다음 행동을 예상하게 하는 것이다.

결국 데-켄에게도 신앙과 출세 사이에서 양자택일의 선택을 할 수밖에 없는 기로에 서게 되었다. 그것은 히틀러가 학력이 뛰어난 학생 1명씩을 골라서 특수하게 신설된 지도자 양성학교에서 엘리트 교육을 시켰는데 전국의 초등학교에서 여기에 선발되면 가문의 영광으로 여겼던 것이다.

그러나 알폰스 데-킨은 이미 형성된 자궁믿음이 아이덴티티의 방향성을 이미 예시하고 있었던 바 그는 이것을 수락할리 없었다. 이것이 바로 아이덴티티인데 인간의 선택은 이 정체성이 만족되도록 택하게 된다.

당신이 더욱 큰 꿈을 꿀 수 있기를 원한다면 당신이 더욱 성공형 인간으로 변화하기 원한다면 당신은 새롭게 아이덴티티를 재형성하는 과정을통하여그원하는바를이룰수있다. 그리고 이책은 당신의 아이덴티티를 새롭게 할 동기와 능력을 제공하고 있다.

당신이 다시는 바뀌지 않을 자궁믿음을 형성하게 되었다면 당신은 그것에 맞게 인생을 살게 될 것이며 만약 걸맞지 않는 인생을 사는 경우에는 터닝 포인트를 맞이하게 될 것이다. 그럼에도 불구하고 터닝은 선택이다. 당신이 감수해야 할 몫이다.

터닝 포인트

당신의 꿈을 향하여 당신의 인생의 방향을 전환하라

존 맥스웰은 자신의 저서 인생성공의 법칙에서 부록으로 데이브 앤더슨이라는 한 사람의 일대기를 장황하게 펼쳐주고 있다.[13] 당신은 그의 일대기를 통하여 당신의 꿈을 향한 방향 전환의 기회와 때에대한 지혜를 얻어낼 수 있기를 바란다.

데이브 앤더슨은 평범한 학생으로 1971년에 고등학교를 졸업하고 자신이 가야할 방향을 찾고 있었다. 그는 관계중심의 사람이 아니어서 자연에 더 가까운 실외에서 일할 수 있는 직업을 찾고자 했다. 또한 촉토족의 아버지와 치페와족의 어머니에게서 태어난 인디언 혈통이기에 야생 동물이나 산림에 관계있는 일을 염두에 두고 있었다. 그는 미시간의 휴턴에 있는 미시간 공과대학에 들어갔고 전형적인 대학생 활을 시작하였다. 첫 방학을 맞아 부모님을 뵙기 위해 시카고로 돌아갔다. 그때 한 친구가 그를 찾아왔다. "데이브 너 양복 정장있니?" 그가 물었다. "그럼 너도 알잖아" 그는 자라면서 교회에 나갔고, 그 시절에는 교회에 갈 때 정장을 입어야 했다. "그럼 그걸 입고 있어, 내가 데리러 갈게" 당시 데이브는 무슨 일이든 할 준비가 되어 있었다. 그는 친구와 함께 자동차 엔진을 위한 오일 조절기를 판매사원을 모집하는 설명회에 참석했는데 기계에는 관심이 없는 터라 끌리지는 않았지만 지그지글러 라는 강사에게 완전히 매료되었다. 그는 데이브를 비롯한 참석자들에게 "만약 자신을 믿고 열정을 가진다면, 당신은 성공할 수 있다."고말했던 것이다. 이 말은 데이브의 인생을뒤바꾸는 계기를 제공하는 말이 되었다.

데이브는 학교에서나 집에서나 그런 말을 들어 본 적이 전혀 없었다. 그의 부모는 그를 사랑했지만 그들은 적극적인 동기 부여에 관하여 그리 많이 알고 있지 못했고 기업가도 아니었다. 그의 아버지는 건설업에서 열심히 일하였고 아들도 같은 일을 하도록 독려했다.

그날 밤 데이브는 집에 돌아가서 부모에게 그 물건을 파는 좋은 기회에 대해 이야기 했고 그 회사의 다음 설명회에 아버지를 모시고 갔다. 아버지도 좋은 기회로 여기고 아들이 성공하는 것을 꼭 보고 싶었다. 그래서 그는 어렵게 번 돈 2,500달러를 투자하여 사업을 시작할 수 있도록 물건을 사주었다.

데이브는 다시 미시간 공과대학으로 돌아가지 않았다. 그의 인생처음으로 꿈을 가졌고 그 꿈을 성공하고 싶었다. 몇 개월 동안 오일조절 기를 팔았지만 실패였다. 그래도 그의 꿈은 시들지 않았고 오히려 지그지글러의 테이프 6개를 받았고 스스로 자기 인생을 바꿨다고 말하는 5일간의 리더십 과정을 받았다. 그의 두 번째 사업은 루즈벨트 대학에 등록하여 아르바이트로 스포츠 용품을 판매하는 것이었다. F 학점이 수두룩하게 나오도록 학업보다 사업에 열중하였으나 또 실패했다.

1972년에 들어서 새롭게 사업의 아이디어를 얻었다. 성공의 꿈으로 이글거리는 데이브가 가만히 있을리 만무했다. 그의 이 세 번째 사업은 리처드 래인지 꽃가게에서 였다. 그가 만든 꽃을 애쉬너가 모두 사주었는데 데이브가 가져온 것에 비해 더 많은 양을 주문하였다. 그러나 데이브는 주문량인 12개씩 3세트를 만들 만한 자금이 없었다. 사실을 안 애쉬너는 선불로 수표를 써주었는데 이것은 데이브가 그때까지 만져본 수표 중에서 가장 큰 736달러 35센트였다. 그에게 작업량이 폭주하여 어느 정도 돈을 벌었으나 꿈이 큰 그는 새로운 투자에 번 돈을 모두 날리는 실패를 경험한다. 이후에도 그는 파산신청을 하는 등의 실패를 경험하였으나 꿈이 더 컸기에 그 실패를 딛고 성공하는 법을 터득해 나갔다.

1982년에는 오지브와족의 최고 경영자가 되어 적자를 거듭하여 390만달러의 수입을 내던 사업을 800만달러로 증가시켰고, 레이건 대통령에게 인정받아 인디언 보호구역 경제 위원이 되었으며 몇 년 후엔 미네소타 세인트 폴에 있는 부시 기금이 위대한 성공자에게 수여하는 부시 리더십 평생 회원 자격을 받았다. 이로 인하여 그는 형편없는성적표와는 상관없이 하버드 대학에 들어가게 되었고 졸업 후 실직률이 엄 청난 밀 래스족과 함께 일하면서 수많은 일자리를 창출하여 실직률을 제로(0%)로 떨어뜨렸다.

그의 사업은 포춘지가 인정한 가장 빠른 성장을 기록한 회사를 만드는데 도움을 주었다. 그러나 그가 아직 하지 않은 사업이 있었다 그것은 음식사업이었다.

그는 1994년 레인 포레스트 카페로 부자가 되었고 FAMOUS-DAVE'S라는 그가 꿈꾸던 식당을 개업했다. 현재 그는 연간 매출 4,160만 달러의 실적을 내는 5개주 24개의 식당을 운영하고 있으며 순수자산 3000만 달러를 보유한 미네소타 대학교 칼슨경영대학 MBA과정의 경영지도자이다.

진정으로 하고 싶은 일을 발견하라

제1차 세계대전 중 유럽에서 종군한 군인들이 받는 전쟁의 충격을 인식한 애밀리아는 무엇인가 도움 되는 일을 하고 싶어 했다. 그녀는 간호학을 공부하기로 결심했으며 전쟁 중에는 캐나다에서 군 간호사를 돕는 일을 했다. 전쟁이 끝난 후 그녀는 뉴욕의 콜롬비아대학 의예과 학생으로 등록했고 1920년 대학에서의 첫 해를 마치고 그녀는 로스 앨렌제스에있는 가족을 방문하기로 했다. 그때 그녀는 캘리포니아 롱비치에 있는 도어티 필드(Daugherty Field)에서 처음으로 비행기를 타볼 수 있었다. 그 한 번의 비행이 그녀를 바꿔놓았다.

그녀는 이렇게 말했다. "우리가 이륙하자마자 나는 내가 날아야 하는 운명이라는 것을 알았다." 그녀는 다시 콜롬비아의 의과 대학으로 돌아가지 않았다. 밀리의 새로운 인생이 시작된 것이다.

그녀는 비행교육을 받는데 필요한 1000달러를 벌기 위해 즉시 일을 시작했고, 곧 또 다른 비행개척자인 아니타 스눅(Anita Snook)에게 비행하는 법을 배우게 되었다. 그녀는 허용된 횟수보다 더 추락하면서도 남편에게 말하기를 "나도 위험한 줄은 잘 알고 있다는 것을 알아주세요. 내가 하고 싶기 때문에 하고 싶은 거예요. 여자들도 남자들이 시도했던 것처럼 시도해야만 해요." 1921년 그녀는 첫 단독비행에 성공했고 이듬해는 자신의 최고 고도기록을 세웠다. 그리고 그녀는 자신이 진정으로 하고 싶은 일을 발견한 여인으로 기꺼이 인생을 터닝 하였다.

그녀는 그녀의 항법사 프레드릭 누난과 함께 29000마일이라는 남녀 최장 기록을 목표로 날아 22000마일을 비행하고 1937년 7월 에 실종되기 까지 수많은 기록을 갱신하였다.

1928년 승객자격으로 대서양을 횡단한 최초의 여성
1929년 여성 파일럿 협회인 나인티 나인즈의 최대회장
1930년 3Km 코스에서 시속 181.8마일의 여성 스피드 기록보유자
1931년 초기 헬리콥터인 오토기로로 18,451피트의 고도기록을 세운 최초의 파일럿
1932년 대서양을 단독 비행한 최초의 여성 파일럿
1935년 캘리포니아 오클랜드와 하와이 호놀룰루 사이를 논스톱으로 단독 비행한 최초의 사람

인생의 터닝 포인트를 시원하게 감행한 용기있는 그녀의 이름은 애밀리아이어하트(AmeliaEarhart)였다. 애밀리아는 터닝 이전에도 손색 없이 훌륭했다. 그러나 무엇이 그녀로 하여금 터닝하게 하였으며 그의 터닝은 그에게 무엇을 가져다 주었는가?

당신의 인생의 터닝 포인트는 무엇인가? 자신의 꿈과 일치된 방향으로 인생을 경영하고 있는가? 인생의 터닝은 자기 정체성 즉 아이덴티티의 확신에 의한 행동이다. 그녀에게 모험을 감행할 만한 확신을

준것은 그녀의 아이덴티티이다. 그리고 그녀의 즉각적으로 생긴긴 꿈은 그녀에게 모험의 방향을 보게 한 것이다. 당신은 즉각적으로 큰 꿈을 가질 수 있다. 또한 즉각적으로 인생을 터닝할 수도 있다.

그것은 당신의 아이덴티티가 확신해주는 당신 스스로에 대한 자궁 믿음이 결정하는 것이다.

아이덴티티가 중요하게 여기는 가치가 있다. 그것은 자신이 목숨을 잃더라도 절대 바꾸지 않을 가치를 말하는 것인데 우리는 그것을 핵심 가치라고 부른다.

행복의 샘, 정체성, 변곡점, 이 세 가지는 자기본체의 삼위일체이다.

이 본체가 잠자는 90%를 깨우는 거인형으로 재구성되어야 한다. 잠자는 거인은 꿈을 꿀때 활동한다. 큰 꿈을 비전으로 현실화할때 잠자는 거인도 뚜벅뚜벅 일어나서 현실에서 활동하게 된다.

이 잠재력이 충만한 거인의 본체를 이루는 행복과 정체성과 변곡점에 대한 인생기획 없이는 결코 거인을 다시 잠들지 않게 할 수 없다.잠재력이 충만한 당신안의 거인은 거구를 떠받칠 몸기둥(목적)과 갈 길(목표)이 없이는 결코 움직이지 않는다. 그리고 목적과 목표는 핵심가치에 의해 조정된다.

여기서 핵심가치는 터닝 포인트 이전의 처음 자아상을 형성한 행복의 샘 역할을 하는 것에 그치지 않는다. 여기서의 핵심가치도 역시 행복과 불가분의 관계이지만 다른 점이 있다. 그것은 거인형 자아상에게 건강한 성장을 가져다줄 행복의 샘인 것 까지는 같지만 이와 동시에 다시는 터닝 포인트를 가질 수 없기에 거인형 본체의 생사여탈

권을 주관하는 능력을 발휘하는 정도의 수뇌 역할을 하게된다. 즉 핵심가치는 목숨을 잃어도 바뀌지 않을 그 어떤 가치가 되는 것이다.

이제 그 핵심가치를 발견하는 것이 거인형 본체가 필요로 하는 최초의 필수욕구이다. 그러므로 여기서의 우선순위는 핵심가치를 발견하는 것이 먼저이다. 그리고 거인형 본체는 이제 새로운 존재로서의 정체성이다.

조하리(Joe + Harry =Johari)의 창

피드백을 얻는 정도

		내가 알고 있는 정보	내가 모르는 정보
자기 공개의 정도	타인이 아는 정보	공개적 영역	맹목적 영역
	타인이 모르는 정보	숨겨진 영역	미지의 영역

① 내가 다른 사람들에게 알려져 있고 나도 인정하는 나의 모습 혹은
성격이 무엇인가?

_____

_____

_____

② 나의 성격에 관련되어 다른 사람들로부터 오해받은 적이 있다면
무엇인가?

_____

_____

_____

③ 내가 다른 사람에게 알리지 않고 숨기는 비밀이 있다면 무엇인가?

_____

_____

_____

④ 나도 미처 생각하지 못했지만 점차 발전시키고 싶으며, 동시에 다
른 사람에게 알려주어 인정받고 싶은 나의 모습이 무엇인가?

_____

_____

_____

다음 그림에서 당신의 현재 모습을 반영하고 있는 모습은 어느것인가? 그리고 장차 되어지기 원하는 모습을 위하여 당신이 노력해야 할 것은 어떤 것인지 생각하여 보라.

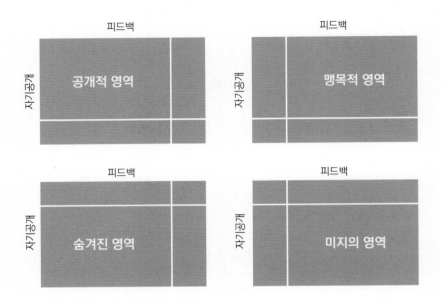

인생의 여정 표 만들기

자신의 정체성을 확인하고 성공 인생으로의 변화를 모색하기 위해 먼저 해야 할 일이 있다. 그것은 인생여정표의 작성이다. 여기서 당신은 당신 자신의 터닝 포인트를 필요로 하게 될 것이다.

인생의 중요사건들 : 결혼, 이혼, 임신, 승진, 실직, 새 집으로 이사, 자녀들의 출가, 업무지 변경, 법률적 문제 발생, 가족들의 죽음, 합격, 입학 졸업 등등

이전	10대	20대	30대	40대	50대	60대	70대	80대

계기 마련하기

당신이 대답하고 점검할 20가지 질문

꿈   1.당신의 꿈은 무엇이었는가?

      2.당신은 사람들이 그 꿈을 지지하도록 이끌었는가?

비전 3.그 꿈은 비전으로 선명하게 인식하고 있었는가?

      4.가까운 사람들도 당신의 비전을 설명할 수 있었는가?

목표 5.나의 인생 목표들은 어떤 것들이 있었는가?

      6.목표를 수정하거나 달리한 것은 어떤 이유에서인가?

목적 7.그 목표를 통해서 달성하기 원한 목적(내용)은 무엇인가?

      8.달성한 목표는 당신이 원하던 목적(내용)을 이루었는가?

가치 9.핵심가치는 지켜졌는가? 아니면 우회하였는가?

10.당신이 중요한 가치라고 여기게 된 것들이 있다면?

행복 11.당신은 인생을 돌아보건대 현재 얼마나 만족하는가?

12.앞으로 이대로 살아도 여한이 없는가? 아니면 ?

열심 13.당신이 가장 열심을 냈던 것은 어떤 것인가?

14.열심을 내게 된 동기가 무엇인가?

변화 15.당신은 어떤 점(것)이 변하기를 원하는가?

16.당신의 인생에 가장 필요한 것은 무엇이라고 느끼는가?

성공 17.가장 성공(행복)한 것은 무엇인가?

18.가장 성공(행복)하게 한 요인은 무엇이라고 생각하는가?

보완 19.가장 힘들었던 것은 무엇이며 어떻게 힘들었는가?

20.당신의 인생에 치명적인 실수라고 여긴 것과 그 대안은?

위 질문은 인생을 세우는 주제 10가지를 묻는 질문 20개입니다.

1.각 문항마다 1~10점을 표시하십시오

_____

_____

2.대답한 내용의 합계가 16점이 넘는 것을 파악하십시오.

_____

_____

3.대답한 내용의 합계가 10점이 못 되는 것을 파악하십시오.

_____

_____

* 패턴 찾기

1. 가장 성공했던 것과 가장 실패했던 것 각 순위대로 5가지씩 표에 표시하고 선을 연결하십시오.

_____

_____

_____

_____

2. 자신이 가장 집착하거나 중요하게 붙들고 있던 것과 쉽게(빨리) 포기한 것을 각 순위대로 5가지씩 표시하고 선을 연결하십시오.

_____

_____

_____

_____

3. 위의 성공, 실패 그리고 집착, 포기의 표시점에 원인이 된 동인을 쓰십시오. (예= 사람, 환경, 돈, 기술, 아이디어, 열심).

_____

_____

_____

_____

* 분석하기

1. 실패했던것 중에 인생을 세우는 주제에 대입하여 16점 이상인것은 어떤 것들이 있는가?

_____

_____

_____

_____

2. 성공했던 인생을 세우는 주제에 대입하여 10점 이하인 것은 어떤 것들이 있는가?

_____

_____

_____

_____

3. 패턴 찾기의 3번 문항을 염두에 두고 동인이 같은 것은?

_____

_____

_____

_____

핵심가치를 확고하게 하라

핵심가치

핵심가치는 성공지렛대의 받침돌
핵심가치를 공유해야 산다
핵심가치의 사례들
핵심가치의 발굴과정
핵심가치가 가져오는 여분의 혜택들

핵심가치를 확고하게 하라

　정체성은 가치관을 갖는다. 가치관은 우리 존재의 중심에 자리잡고 있다. 가치관은 우리의 삶에 닻과 같은 역할을 하는 기본적인 신념이며, 우리가 가장 중요시하는 것이며, 우리의 정체성을 가장 잘 규정해주는 타협할 수 없는 특징이다.[14]

　그리고 가치관은 우리가 어떤 일이나 환경을 대할때 그대하는 각각에 대한 가치를 부여하는 역할을 하는데 여기서 부여한 가치의 중요도에 따라서 우리는 우선 순위를 결정하게 된다. 가치를 부여하는 가치관 중에는 가치를 부여하는데에 기준을 잡아주는 가치관의 기둥들이 있는데 이것이 바로 핵심가치(Core Value)라고 일컫는 가치이다.

　핵심가치는 자신의 아이덴티티가 중요하게 여기는 가치이다. 핵심가치의 초점은 꿈이 아니라 행복이다. 꿈은 핵심가치가 바라보는 방향이라면, 행복은 핵심가치가 좋아하는 요소이고, 동시에 핵심가치에 가치를 부여하는 가장 중요한 요소이다. 그리고 정체성은 핵심가치의 자궁이며, 성공은 정체성이 소원을 이루어 행복을 누리며 살고자 하는 궁전인 것이다.

　여기서 변화 이전의 정체성은 행복에 의해 형성되는 자아이지만 변화 이후의 성장한 정체성은 오히려 핵심가치의 자궁이 되기도 한다. 이것은 마치 어린아이의 성격은 환경에 수동적으로 영향을 받아서 형성되는 반면 어른의 성격은 환경을 오히려 바꿔버리는 능동적인 영향력을 발휘하는 것과 같은 이치이다. 그리고 아이덴티티(정체성)와 핵심가치의 차이는 남편과 아내의 차이라고 할 수 있다.

하나님이 주신 핵심가치라는 남편과 정체성이라는 아내는 원래 하나였다. 이제 핵심가치의 개념을 보다 구체적으로 살펴보기 원한다.

핵심가치는 성공지렛대의 받침돌

성공의 지렛대를 사용하려면 지렛대 받침돌인 핵심가치를 규명하라. 핵심가치는 신조들이다. 그리고 핵심가치는 영향력을 끼치는 여러 가지의 다른 가치들을 주도하는 가치이다.

이것은 당신이 무슨일을 행하고자 할때 당신의 사역을 규정짓는 본질적인 규칙들로 작용하는 중심되는 가치이다. 그러므로 가치관을 규정하는 것은 지렛대의 받침을 놓는 것과 같다. 그렇지만 게리콜린스의 말대로 가치관은 규정하기가 어렵고 식별하기가 쉽지 않다.

오늘날 경제 변화의 속도는 당신이 당신 자신의 근본적인 가치관에 꾸준히 헌신할 것을 요구한다. 만일 당신이 붙들고 의지 할 수 있는 그 무언가가 없다면 모든것은 가로채는 자의 것이되며 그렇게되면 사람들은 길을 잃게 된다. -돈 굴드레포르(Dawn Gould Lepore)

길을 잃지 않으려면

앤서니 라빈스는 자신의 딸 졸리의 경우를 통하여 핵심가치가 무엇인지를 새삼 고무시키고 있다. 그의 딸 졸리는 자신의 최고의 가치관을 항상 만족시키면서 풍요롭게 살고 있었다. 그 아이는 훌륭한 배우이며 댄서가수이기에 16세때 디즈니랜드에서 일하기 위해 시험을 보았다. 그 시험을 통과하면 자신의 가치관인 성취감을 느낄 수 있다는 것을 알았기 때문에 그는 700명의 경쟁을 뚫고 그 유명한 디즈니랜드퍼레이드에 참가하였다. 처음에 졸리는 황홀했다. 가족과 친구들도 대견해 하면서 졸리의 공연을 자주 보러갔다.

하지만 일정은 바빠졌고 여름방학도 시작되지 않은 상태에서 주중에도 저녁마다 공연을 해야만 했다. 졸리는 교통 체증이 심한 퇴근길에도 샌디아고에서 오렌지카운티까지 매일 차를 몰고가서 몇시간 동안의 공연과 연극을 하고 다음날 피곤한 몸을 이끌고 학교에 갔다. 누구나 상상할 수 있듯이 반복되는 벅찬 일정과 막히는 교통체증에 무거운의상 등으로 인한 허리의 통증은 그 신바람났던 디즈니랜드 작은 주인공을 괴롭게 했다.

더 심각한 문제는 이로 인하여 개인적인 시간뿐 아니라 가족이나 친구들과 보낼 수 있는 시간이 급격히 줄었다는 것이다. 졸리는 별거 아닌 것에도 툭하면 울기 시작했고 불평도 늘어났다. 평소와는 전혀 다른 모습으로 변질되었다.

가족 모두가 하와이로 여행을 가야할때도 졸리는 디즈니랜드의 일정에 붙잡혀 함께 갈 수 없었다. 한계에 이른 졸리는 울먹이며 부모에게 하소연했다. 6개월 전만 해도 꿈에 그리던 목표를 이룬 그 아이는 이제 좌절한 채 불행에서 헤어나길 원했다.

졸리는 부모와 함께 하와이로 떠난다면 쉽게 포기하는 사람이 된다는 생각에 고통스럽고 계속 디즈니랜드의 일을 하자니 자신이 중요하게 여기는 것들과 멀어져서 괴로워하고 있었다.

이때에 부모는 졸리에게 소중한 가치관이 무엇인지 찾아보게 했다. 졸리는 1)사랑과 2)건강과 활력 3)성장하는 것 4)성취를 찾아냈다.

디즈니랜드에서 일하기 전에 졸리는 3가지 가치관을 지키고 있었다.

즉 사랑받는다는 느낌과 건강함 그리고 성장하고 있다고 생각했었다. 그래서 아이는 그 다음 가치관은 성취를 느끼고 싶어서 디즈니랜드에 갔으나 성취를 하였지만 더 중요한 앞 순위의 가치관 3가지를 모두 잃어버리는 아픔을 겪고 있었던 것이다.

아이가 3가지 가치관을 잃어버리는 아픔속에서도 성취를 맛보게 한 디즈니랜드의 일을 떠날 수 없었던 것은 그것이 평소에 부끄럽게 생각하는 가치관인 포기라는 생각이 떠올랐기 때문이다.

그러나 부모는 그에게 가치관에 따라사는 것은 절대로 포기가 아니고 오히려 미련하게 일관성을 지키는 것은 미덕이 아니라고 말해주었다. 만약에 졸리가 단지 힘이 들어서 포기하는 것이라고 했다면 부모는 계속하라고 권했을 것이라고 덧붙였다.[15] 이처럼 졸리의 핵심가치는 졸리에게 길을 잃지 않도록 붙잡아 준 것이다.

최근 포춘지(Fortune magazine)가 발표한 연구 결과에 따르면, 50%에 달하는 여성 임원들이 직장을 그만 두는 것을 고려해 보았거나 현재 고려중이라고 한다. 더욱 충격적인 사실은 승진의 상한선을 넘어 최고의 서열에 오른 여성 임원들 마저도 자신들이 잘못된 사명에 의지해 왔다는 사실을 뒤늦게 발견하고 혼란과 좌절을 겪었다고 한다. 일례로 얼마전 샌프랜시스코의 모 회의장에서 아메리칸 익스프레스사의 대표이사가 연봉 400만 달러의 자리를 사임했다는 발표가 있다. 일시에 회의장은 술렁거렸다. 그가 사임을 결심한 이유가 삶의 활력을 얻기 위해서였다[16]고 알려졌다.

당신의 핵심가치는 무엇인가? 사람들마다 자신의 상황이 달라서 자신에게 맞는 핵심가치를 철저히 파악해야 한다. 어려울수록 흔들리기 쉬운데 그때마다 핵심가치는 자신의 본래 모습을 잃지않고 살아갈 수 있도록 도와준다. 핵심가치를 발견해서 정립하는 것은 꿈을 실현하고 성공을 이루기 위한 자기변화에 매우 중요하다.

영혼이 있는 승부의 저자인 안철수 사장은 핵심가치가 두 가지 역할을 해 줄 것이라고 한다. 하나는 핵심가치가 자신의 일에 몰두하게 만들고,다른 하나는 핵심가치가 자신의 행동력을 강화 시킨다는 것이다.

소수의 가치를 추구함에 따라 핵심가치에 명시적으로 근거해서 실천력을 높여 경쟁력도 강화된다.

가치들의 구분

의식적인 것과   무의식적인 가치

공유하는 것과   비공유적인 것

개인적인 것과   조직적인 것

실제적인 것과   소원적인 것

선한 것과   나쁜 것

중심적인 것과   주변적인 것

목적적인 것과   수단적인 것

그리고 위의 모든 중립적인 것들

핵심가치를 공유해야 산다

나의 성공은 소속 기업이나 단체에 연결되어 있다.

잭웰치 전 GE회장은 "GE의 핵심가치를 공유하고 실천했음에도 성과가 나오지 않는 경영자에겐 다시 한 번 기회를 준다. 하지만 핵심가치를 지키지 않으면서 성과만 높은 사람은 조직을 깨뜨리는 사람으로 여겨 그만두게 한다."며 누누이 핵심가치를 강조한다.

기업에 있어서 핵심가치란 무엇인가?

나의 삶의 주요 영역인 직업은 기업의 핵심가치를 수용해야 행복하다. 기업에 있어서의 핵심가치(Core Value)란 '조직을 이끄는 바람직한 행동들을 제시하는 기본적인 규범'을 말한다. 구성원들이 공유하고 있는 가치관이자 신념이 바로 핵심가치다. 핵심가치는 장기간 변하지 않는 특징을 가지고 있다.

미국 스탠포드대학의 제임스 콜린스와 제리 포라스의 저서 [성공하는 기업들의 8가지 습관](원제: Built to Last)을 보면, 3M, 월마트, 존슨앤존슨 등 일류 기업들에게는 자기 회사의 핵심가치를 구성원들에게 전파하고 공감대를 형성하는 것이 성공의 원동력이 되었다는 것을 알 수 있다.

핵심가치는 불투명한 것에 의미를 더해주고 이 과정에서 전략적 목표를 설정해준다. 예를 들어 발명왕 토마스 에디슨이 1876년 설립한 연구소를 모태로 태동한 GE는 백열전구를 대중화시킨 이래 전구, 활동사진, 축음기 등 전기관련 제품을 생산함으로써 친근한 기업이 된다. 하지만 전기와 관련된 회사 이미지에 머물러 있던 GE는 1987년에 채택한 새로운 기업명칭을 통해 더 이상 제너럴 일렉트릭으로 불리지 않는다. GE는 호기심, 열정, 대처능력 등 8가지 핵심가치를 선정한다.

이와 같은 핵심가치는 기술에서 디자인까지 회사가 소비자에게 전달 하는 모든 커뮤니케이션에 동원하고 있다.

소비재 상품을 생산하여 세계적으로 이름을 얻고 있는 미국의 존슨

앤존슨사의 '고객을 먼저 생각하자'와 같은 것들이 바로 핵심가치의 좋은 예이다. 또한 미국의 3M이나 아메리칸 익스프레스, 보잉 등과 같은 회사들이 바로 이러한 핵심가치를 잘 보존했기 때문에 불멸의 성공기업이 된 기업들이라고 할 것이며, 우리나라 기업들 중 대표적인 사례로는 컴퓨터 보안기업으로 널리 알려져 있는 '안철수연구소'를 들 수있을 것이다.[17]

핵심가치의 사례들

안철수 사장은 "오래 살아남는 기업들에는 핵심가치가 있다"고 했는데 핵심가치의 예들을 찾아보자

– 휴렛 팩커드의 핵심가치
"다른 사람이 당신에게 해 주었으면 하는 대로 당신도 다른 사람에게 해 줘라."(데이브 팩커드)
"HP는 기본적으로 사람을 존중합니다. 기회를 주면 그는 당신이 생각하는 것 이상으로 더많은 일을 할 것입니다. 자유를 주십시오, 직원분아니라 고객과 일까지도 존중하십시오."(빌 휴렛)

– 존슨 앤 존슨의 핵심가치
"우리는 무엇보다도 고객을 위해 일합니다. 그리고 직원을 위해, 경영

을 위해, 건전한 기업이 되기 위해 사회를 염두에 두고 최선을 다합니다. 마지막으로 수익을 올리기 위해 노력합니다. 그래서 주주들은 원칙에 따라 경영해야만 적절한 수익을 실현할 수 있다는 생각으로 최선을 다합니다."

– GE의 핵심가치는 '8 Values, 4 Actions' 이다.
8 Values=〉 호기심(Curious), 열정(Passionate), 대처능력(Resourceful), 책임감(Accountable), 팀워크(Teamwork), 소명의식(Committed),열린사고(Open),활력(Energizing)이다.

4 Actions=〉 상상하라(Imagine), 문제를 해결하라(Solve), 창출하라(Build), 리드하라(Lead)

– LG전자가 추구하는 새로운 핵심가치
Innovation, Openness, Partnership이다. 창조의 정신이 존중되고 작은 아이디어도 크게 장려되며, 열린 마음으로 어떤 의견도 소중하게 받아들이는 디지털 문화를 만드는 것을 목적으로 하고 구성원은 물론 고객, 협력회사, 제휴기업 등 모든 이해관계자와 Win-Win 동반자 관계로 더욱 강화하려고 노력하고 있다.
Innovation : 새롭고 독특한 가치를 신속하고 지속적으로 창출
Openness : 열린 사고와 행동으로 고객과 환경변화 대응
Partnership : 최고의 성과를 만들어가는 동반자 관계

– 신한바이오켐의 핵심가치

어떠한 경우에도 회사가 보존하여야 할 정신은 다음과 같다.

미래지향의 개척(開拓)정신– 우리는 남을 뒤따르지 않고 남보다 한걸음 앞서가는 개척자가 된다.

전심전력하는 농심(農心)정신 – 우리는 매사에 최선을 다하며 과정은 결과와 동일한 가치를 갖는다.

공존공영하는협동(協同)정신–우리는나만이아닌모든사람이같이번영할 수있는 길을 지향한다.[18]

핵심가치들은 변함없고 열정적이며 Bible적인 핵심 신조들로 사역을 추진하는 것들이다.-오브리 멜퍼스

핵심가치란 회사가 아무리 힘들어도 변하지 않는 것이다. 정직이 핵심가치인 기업에게 생존하기 위해 정직하지 않아야 한다면 핵심가치를 포기해야 할 바에 차라리 기업 문을 닫자고 결정하는 가치 기준이다-안철수

정립할 핵심가치에는 다음 두 가지 내용이 포함되어야 한다.

하나는 기업이 존재하는 이유에 대한 대답이며, 다른 하나는 조직구성원으로서의 의사 결정 및 행동 기준에 대한 대답이다. 예컨대 다국적 제약업체인 Merck의 경우, '인류의 건강을 지키고 향상시키기 위해 기업이 존재하며, 구성원들은 정직성과 도덕성, 모방이 아닌 혁신

에 근거하여 의사 결정을 내려야 한다'고 핵심가치를 밝히고있다. 그런데 이러한 핵심가치는 반드시 이상적이거나 도덕적일 필요는 없다.

사람들마다 추구하는 가치가 제각기 다르듯 기업도 CEO나 구성원들의 특성, 사업 특성 등에 따라 추구하는 가치가 다를 수 있기 때문이다. 예컨대, 미국 담배업체인 PhilipMorris는 '흡연의권리'를 지키기위해 사업을 한다고 공공연히 밝히고 있다.[19] 그러나 분명히 알것은 핵심가치는 그에 대한 댓가를 지불하지 않고는 안되는 시스템을 내재하고 있음을 명심해야 한다.

핵심가치의 발굴과정

나의 핵심가치는 무엇인가? 그것은 목표나 다른 어떤것들 과는 분명히 다르다. 또한 핵심가치를 발굴하는 과정도 동일하지 않다. 그렇다면 나는 어떻게 나의 핵심가치를 발굴할 수 있는가?

핵심가치는 만들어 내거나 설정하는 것이 아니다. 핵심가치는 찾아내는 것이다. 어떤 단체나 조직이라면 핵심가치는 조직내부를 들여다봄으로써 이해할 수 있다. 개인의 경우에도 마찬가지로 자신의 내부를 들여다봄으로써 이해할 수 있다. 그리고 핵심가치는 확실한 것이어야한다. 핵심가치는 꾸며낼 수는 없다. 핵심가치를 찾아내는 것은 지적(知的) 연습이 아니다. 우리는 어떤 핵심가치를 가져야 하는가라고 질문해서는 안 된다. 그 대신 우리는 어떤 핵심가치를 진정으로 그리고 열정적으로 가져야 하는가라고 질문해야 한다.

기업의 핵심가치는 이제 생존의 문제다. 지속적으로 성장하기 위해서는 예외 없이 핵심가치가 발견된다. 핵심가치는 기업의 성공DNA와 같아서 GE, IBM, HP, P&G 등 세계적 기업들도 어려움을 극복하고 재도약하는데 크게 기여했다. 따라서 성공한 기업이 되기 위해서는 제일먼저 핵심가치를 발견하고 정립하는 일부터 시작해야 한다.

윤영돈 코치는 개인의 핵심가치에 대하여 정돈된 견해를 제공하고 있다. 그의 말을 인용하면 다음과 같다.

"핵심가치는 기업뿐만 아니라 개인에도 마찬가지이다. 개인의 핵심가치는 자신의 본질적이면서 지속적인 경쟁력의 원동력이 된다. 사람들마다 자신의 상황이 달라서 자신에게 맞는 핵심가치를 철저히 파악해야 한다. 어려울수록 흔들기 쉬운데 그 때마다 핵심가치는 자신의 본래 모습을 잃지 않고 살아갈 수 있도록 도와준다. 핵심가치를 발견해서 정립하는 것은 자기 혁신에 매우 중요하다. 장기적 자기 혁신 전략의 첫단계는 핵심가치를 발견하는 것이다. 우리는 자신의 핵심가치를 발견해야 한다. 정량할 수 없는 핵심가치를 발견하는 것은 쉽지 않다.

마치 사금을 캐는 마음으로 가치를 찾아내야 한다. 핵심가치는 외부에서 끌어와 설정하기 위한 것이 아니라, 자신 내부에 있는 핵심가치를 찾아야 하는 것이다. 핵심가치는 어느 날 뚝딱 만드는 것이 아니라 체화된 가치중에서 가장 핵심인 것을 뽑아내는 것이다. 핵심가치는 집으로 말하자면 주춧돌이다. 자신에 맞는 핵심가치를 도출하고 정착시키는데 주력해야 한다. 핵심가치를 발견하기도 어렵지만 지켜나가는 것도 만만치 않다. 보이지 않은 무엇인가를 발견하고 실천에 옮기는 것은 매우 어렵다. 무엇보다 기업이나 개인이 쉽게 빠질 수 있는 자기만족을 탈피해 지속적으로 변화를 추구해야 한다는 금언을 실천하려는 자세가 중요할 것이다. 많은 사람들이 이미 핵심가치를 갖고 있다. 하지만 보다 중요한 것은 어떤 핵심가치를 가지고 있느냐가 아니라 핵심가치를 어떻게 실천하고 있느냐다.[20]

예를 들면 핵심가치를 발견할 때 단순히 유명한 사례나 사회적으로 많이 통용되는 것을 베끼기는 것이 아니라 자신이 썼던 노트나 수첩, 그리고 스크랩 등을 뒤져서 자기 나름대로 찾아내는 것이 중요하다.

자신이 가지고 있는 긍정적인 가치와 신념을 발견하는 과정이 중요하다. 핵심가치는 자신의 의지와 방향성을 바탕으로 도출해야 한다.

핵심가치는 지나치게 많아서는 안된다. 핵심가치는 보통 3~5개 정도로 압축시켜야 한다. 소수만이 변치 않는 근본적인 핵심가치가 될 수 있다. 우선 핵심가치에 대한 리스트를 작성할 필요가 있다. 지금의 어려움을 극복하고 재도약하기 위해서는 핵심가치를 구체적으로 명시해야 한다. 자신의 철학, 직업관, 전통 등을 기반으로 해서 핵심가치를 설정한 후 구체적인 행동지침을 만들어야 한다. 단순히 머리 속으로 하는 것보다 찾아보고 그것을 적어보는 행동지침까지 만들어보는 것이다. 우리는 핵심가치를 기반으로 지속적인 자기혁신을 통해서 경쟁력을 강화하는 것이다."

핵심가치 발굴해 나가는 한 조직의 사례

조직개발(OrganizationDevelopment:OD), 인적자원관리(Human Resource Management: HRM) 및 인적자원개발 (Human Resource Development: HRD)관련 전문 사이트로 1998년 9월 개설된 관련 분야 최초 사이트 중 하나인 jbk's OD-Net은 핵심가치를 찾아내는 과정을 소개한 글을 게재하고 있다. 그것은 다음과 같다.

조직의 핵심가치를 찾아내려면 어떠한 가치가 진정으로 중심이 되는지를 엄정하고 정직하고 명확히 하려는 노력을 해야 한다. 찾아낸 가치가 만약 대여섯개 이상이 되면 핵심가치(변하지 않는 것)가 운영방식, 사업전략, 문화규범 등(변화에 개방적이어야 하는 것)과 혼동될 수 있다.

핵심가치는 시간이 지나도 변하지 않아야 한다는 것에 주의해야 한다. 핵심가치 예비목록을 작성하고난 후에 이 목록에 있는 각각의 가치에 대해 만약 상황이 변하고 이 가치를 가지고 있는 것이 이제 우리에게 불리하게 될 때 그래도 이를 계속 유지해야할까를 질문해 보라. 이 질문에 그렇다고 솔직하게 대답할 수 없는 가치는 핵심이 아니므로 핵심가치의 고려대상에서 제외되어야 한다.

한 하이테크 기업은 핵심가치 목록에 품질을 올려야 할지에 대해 고심했다. 이 기업의 최고경영자는 직원들에게 다음의 질문을 던졌다. '10년 후에는 품질이 시장에서 차별화 요인이 되지 않는다고 가정해 봅시다. 진짜 문제가 되는 것은 완전한 스피드와 파워품질이 아니라고 생각해 봅시다. 그래도 여전히 핵심가치 목록에 품질을 올려놓아야 할까요?'

경영진은 서로서로를 돌아보다가 결국 '아니다'라고 대답했다. 품질은 그 기업의 전략에 머무르게 되었으며 품질개선 프로그램은 변화와 진전을 촉진하는 메커니즘으로서 자리잡게 되었다. 결국 품질은 핵심가치 목록에 포함되지 않게 되었다.

이 기업 경영진은 다음에는 선도지향혁신을 핵심가치로 채택할 것인지 다루게 되었다. 최고경영자는 다음과 같이 질문했다. '우리가 혁신을 핵심가치로 채택했다고 합시다. 그랬을때 우리를 둘러싸고있는 세상이 아주 많이 변하게 된다면 그래도 우리는 혁신을 핵심가치 목록에 계속해서 유지시켜야 할까요?' 경영진은 이 질문에 대해 매우 긍정적인 응답을 했다. '우리는 항상 선도 지향의 혁신수행을 원한다. 그것 이 바로 우리들이다. 이는 현재 우리에게 진정으로 중요하고 또 앞으로도 항상 그러할 것이다. 무엇을 한다고 하더라도 그렇다.

만약 우리의 현재 시장이 이에 가치를 두지 않는다면 우리는 이에 가치를 두는 시장을 찾을 것이다.' 선도지향 혁신은 이 기업의 핵심가치목록에 오르게 되었고 향후 계속해서 이 기업의 핵심가치 목록에 있게 될 것이다. 기업은 핵심가치를 시장 상황의 변화에 따라 변화시켜서는 안된다. 필요하다면 핵심가치를 올바르게 유지할 수 있도록차라리 시장을 바꿔야 한다.[21]

핵심가치 발굴해 나아가는 개인의 사례

오토다케 히로타다(Hirotada Ototake)는 1976년 도쿄에서 태어날 때부터 팔다리가 없는 장애인으로 태어나 논픽션 작가로 스포츠 캐스터로 출연하며 오체불만족이라는 자서전으로 유명 베스트셀러 작가가 되었다. 그의 인생자전의 과정에서 발췌한 내용이다.

'빈티지(Vintage)96'이라는 여름 행사는 선배들이 거의 한 해 동안 준비해온 것이었다. 100만원 단위로 움직이는 규모가 큰 행사였다. 그러나 학생이 무슨 돈이 있는가 하늘에서 떨어지지 않는 한 그렇게 큰돈을 손에 넣을 길은 없다. 방법은 단 한 가지. 스폰서를 구해야 했다.

먼저 전화로 내용을 설명하고 방문 일정을 잡는다. 냉정하게 거절당하는 일도 많았다. 기업을 방문할 때는 정장을 차려입고 이름표까지 달고 가야 했다. 아이젝이란 어떤 단체인가, 이번 행사는 무엇을 목적으로 어떤일을 하는가 등을 설명하면서 상대가 관심있는 낌새를 보이면 돈 이야기로 넘어간다. 자금을 달라고 터놓고 부탁하는 것이다.

신선해야 할 학생시절에 왜 사회인 흉내를 내느냐는 비판을 받기도 했지만, '섭외'라 불리는 이 활동은 아주 매력적이었다.

행사 내용도 상당히 의미 깊었지만 한마디로 설명하기는 어렵다. 비즈니스를 계기로 라이프 디자인, 다시 말해서 '어떻게 살 것인가'를 생각하자는 것이 행사의 주제였다.

행사는 아시아를 중심으로 한 해외 학생들을 초청해 요요기에 있는 올림픽센터에서 치러졌다. 1주일에 걸친 장기 세미나였다. 낮에는 세계의 비즈니스에 대해서 토론하거나 일본의 비즈니스 현장을 견학했고 밤이 되면 떠들썩 하고 분주한 분위기로 바뀌었다. 국경을 뛰어넘은 큰 잔치가 열렸다. 각국에서 가져온 먹거리와 술로 푸짐하고 시끌벅적한 파티가 열렸다. 날마다 서너 시간밖에 못 자는 생활의 연속이었다.

행사가 진행되는 동안은 그저 즐겁고 기억에 오래 남을 추억거리로만 여겼으나 세미나가 막바지에 접어들면서 나의 사고에 변화가 몰려왔다. 내면으로부터 '빈티지96'이 의도했던 본 목적이 서서히 뿌리를 내리고 있었던 것이다.

뜨거운 여름을 보내며 '인생을 어떻게 살 것인가'에 대해 진지한 물음을 던지고 있었다.

긴긴 밤 잠 못 이루며 끝없는 생각을 더듬고 있었다.

'어떻게 살 것인가'로부터 시작된 질문은 '어떤 사람이 될 것인가' 그리고 '내게 가장 소중한 것이 무엇인가'라는 식으로 꼬리에 꼬리를 물고 이어졌다. 지금까지 가장 중요하게 여겨 온 것은 돈과 지위, 명예였다. 중학교와 고등학교 시절 변호사를 꿈꾸었던 것도 '약한 사람을 돕고 싶다'는 생각에서가 아니라 지위와 수입이 마음에 들었기 때문이었다. 아이젝에 매력을 느낀 것도 국제 교류가 아니라 비즈니스 때문이었다는 것을 부정할 수 없다. '다른 문화를 이해하고 싶다'는 생각보다 비즈니스계에서 두각을 나타내고 싶다는 야망이 훨씬 컸다.

슬프지만 인정하지 않을수 없는 사실이었다. 비뚤어진 나의 가치관을 직시하자 나도 모르게 고개를 크게 가로저었다. '그렇게 살기는 싫다!' 아무리 돈과 지위, 명예가 있다 해도 주위 사람들의 손가락질을 받는다면 그것은 성공적인 인생이 아니다.

그렇다면 중요한 것은 무엇일까?

답은 비교적 간단했다. 이웃과 사회를 위해서 얼마나 많은 일을 할 수 있는가. 주위 사람들에게 얼마나 따뜻한 존재가 되어 줄 수 있는가. 그리고 그들을 얼마나 많이 이해해 줄 수 있는가…

어려운 줄 알지만 이런 것들을 실천할 수 있다면 '내 인생은 행복하다'고 가슴을 쫙펴고 말할수 있을 것이다. 그러나 어떻게살든 누구에게나 꼭 필요한 전제가 하나 있다. 다름 아닌 '나를 소중히 여기는 마음가짐'이다.

'소중하게 여겨야 할 나'란 도대체 어떤 존재인가?

'사람은 왜 살아야 하는가'라는 철학적이고 어려운 문제는 질색이었던 내가 새삼스럽게 '나는 어떤 사람인가'라는 문제로 고민을 시작 했다.

가장 먼저 '장애인'이라는 세 글자가 떠올라 나도 모르게 화들짝 놀라고 말았다. 남의 눈에는 당연히 장애인으로 보이겠지만 정작 본인인 나는 그 동안 '장애'를 별로 의식하지 않고 살아왔던 것이다.

왠만한 일은 스스로 해결해 왔다. 도저히 할 수 없는 일은 부모님과 친구들이 '해 주는' 것이 아니라 자연스럽게 '거들어' 주었다. 장애인이라고 해서 왕따를 당한적도 없고, 제약을 받은 기억도 별로 없었다. '나도 팔다리가 멀쩡한 정상인이다'라고 억지를 부린 적도 없었지만 내가 장애인이라는 것을 굳이 자각할 기회도 그리 많지 않았다.

초등학교 고학년이 되었을 때 어려서부터 나를 돌보던 의사 선생님이 어머니에게 이런 말을 했다고 한다.

"대개 이런 장애를 가진 아이는 네다섯 살이 되면 자신이 다른 사람들과 다르다는 것을 깨닫고는 '왜 나는 팔다리가 없지요?'라고 물어오는데 오토는 그런 질문을 전혀 하지 않는군요."

어머니는 그 말이 '댁의 아드님은 좀 유별나군요'라는 뜻으로 들려서 왠지 얼굴이 뜨거웠다고 하셨다. 사실이 그랬다. 그런 질문이나 의문을 품은 기억이 없다. '장애인'으로서가 아니라 어디까지나 한 사람의 '인간'으로 살아왔다.

그런데 이밤 '나는 어떤 사람인가'라는 고민을 하는 내 머릿속에 가장 먼저 떠오른 '장애'라는 단어, 왜 나는 장애인일까? 많은사람이정상인으로 태어나는데, 왜 나는 장애를 지닌 채 태어났을까. 거기에는 혹 시 어떤 의미가 있지는 않을까. 생각은 이미 여기에까지 미쳐 있었다.

장애인이기 때문에 할 수 없는 일이 있는 반면에, 장애인이기 때문에 해낼 수 있는 일도 있다. 예를 들어, 정치가나 관료가 '장애인을 위해 복지정책이 필요합니다!'라고 외치는 것보다 내가 계단 앞에 서서 '우리에게는 이 계단 한 칸이 그 무엇보다도 높은 벽 입니다!'라고 호소하는 것이 훨씬 더 설득력 있다. 아주 사소한 예에 불과하지만 장애를 가진 사람만이 해낼 수 있는 일이 이 세상에는 반드시 존재한다. 나는 바로 그 일을 위해 이런 몸으로 세상에 태어나게 되었다.

고민의 실마리가 보이자 이번에는 '그렇다면 나는 뭘 하고 있었지?' 라는 생각이 잇따른다. 정말 그런 사명을 갖고 태어났다면 그 동안 나는 얼마나 안이한 삶을 살아왔는가? 라는 자책이 들었다. 주어진 사명을 제대로 살리지 못하고 방치해 두다니….

장애가 특권의식처럼 보이지 않으면서도 오토다케 나만이 할 수 있는 일은 무엇일까? 이물음의 답을 찾아서 실천하는 것이 '어떻게 살 것인가'라는 물음에 대한 내 인생의 답일 것이다. 생각이 여기까지 이르렀을 때 시계는 새벽 2시를 가리키고 있었다.

한번 일렁인 흐름은 멈추지 않았다. 나는 놀랍게도 다음날부터 그흐름에 휩쓸렸다. 시기가 기가 막히게 맞아 떨어진 것을 생각하면 보이지 않는 '신의 손'이 작용하지 않았나 하는 전율조차 느껴진다.

새벽녘에야 잠이 들어 그만 늦잠을 잤다. 자꾸 감기는 눈을 비비며 첫수업을 들으러 갔다. 그때 '이봐, 오토다케'하고 부르는 소리가 들렸다. 뒤돌아보니 요코우치 씨였다. 정말 우연한 재회였다.

요코우치 씨를 만난 것은 두 달 전이었다. 내가 아이젝 활동을 하면서 스폰서를 구하기 위해 방문했던 '도쿄콜로니'라는 기업의 담당자가 바로 그였다. 이 회사는 일할 의지와 능력은 있지만 일반기업에 취직하기 어려운 중증의 장애인을 고용해서 인쇄와 컴퓨터 업무를 맡김으로써 자립을 돕는 사회복지 법인이었다.

그러나 이익이 별로 남지 않아 그들이 자립할 수 있는 임금마저 주기 힘든 형편이었다. 그런 회사에 행사 자금을 대달라고 갔으니 우리가 얼마나 철부지이고 경험이 부족한 사람들이었는지 지금 생각해도 얼굴이 뜨거워질 정도이다. 그러나 요코우치 씨는 우리를 나무라지않고 복지, 사회, 회사, 컴퓨터 등에 관하여 자세히 설명해 주었고 나중에는 사무실과 인쇄공장까지 안내해 주었다. 단 하루였지만 성실하고 사려깊은 인품이 저절로 배어나오는 그에게 강한 인상을 받았다.

요코우치씨가 그날 와세다 대학에 온것은 다음과 같은 이유에서였다. 96년부터 도쿄 23개 구에 있는 점포 사업자의 쓰레기 배출이 유료로 전환되었다. 그 소식을 들은 와세다의 상인회에서는 '쓰레기를 배출한다고 돈을 내라니 세상에 그런 법이 어디 있냐'며 쓰레기 재활용 운동을 폈다.

그 해 여름에 있었던 '에코 서머 페스티벌 인 와세다(echo Summer Festival In Waseda)'라는 행사를 통해 '생명의 거리 만들기' 운동은 전개 되었다.

'에코 서머 페스티벌'의 탄생 배경은 퍽 재미있다. 와세다 대학의 본부인 서(西) 와세다 캠퍼스에는 평소 3만명 이상의 학생이 들끓지만 여름방학이 되면 절반이하로 떨어지기 때문에 그 시기에 문을 닫는 상점도 적지 않다. 그러다 보니 거리가 너무 썰렁해서 남은 사람들끼리라도 '뭔가 해 보자'는 의견으로 만들어진 것이 바로 에코 서머 페스티벌이었다.

행사 내용으로 초등학생의 합창대회 등 여러가지 안이 나왔지만, 최종적으로 '생명의 거리 만들기'로 결말이 났다. 그 배경에 사업자 쓰레기 배출의 유료화가 놓여 있었음은 말할 나위도 없다. 그래서 후원자가 압도적으로 많았다. 신주쿠 구는 '전면적으로 협력 하겠다'고 약속했고 와세다 대학은 오쿠마 강당의 광장을 빌려 준 것은 창립 이래 처음 있는 일이었다.

이야기는 계속 진행된다. '환경을 주제로 한 행사장에서 쓰레기가 잔뜩 나왔다가는 망신만 당한다'는 의견이 나왔기 때문에 행사장에 '깡통 회수기' 등을 설치해서 '쓰레기 제로'를 달성하기로 했다. 결과도 좋았다. 행사가 열리는 날은 날씨가 나빠서 주스와 맥주가 200캔밖에 팔리지 않았지만 모여진 깡통 수는 1300개 였다. 페트병은 130개가 넘게 모였다.전국적으로도 보기 드문 행사실적을 NHKTV등 언론까지 나서서 다루었다. 첫 시도 치고는 대성공을 거둔 셈이다.

그러나 어떤 대학 관계자가 '학생도 없는 여름방학에 해놓고 성공이다 아니다를 말할 수 있겠냐'며 꼬집었다. 그래서 캠퍼스가 학생들로 넘칠 때 다시 한 번 도전하기로 했다.

그날 요코우치씨가 와세다 대학을 찾은 이유는 이 행사를 개인적으로 지원하기 위해 격려차 들른 것이었다.

회사업무와는 전혀 관계가 없는데도 이런 활동을 하고 있으니 요코우치씨는 역시 대단하다고 내심 감탄하고 있는데, 저쪽에서 어떤 남자가 다가오더니 인사를 건넨다. 그의 이름은 기타니였는데, 와세다 지구를 관할하는 신주쿠 구 청소사무소의 소장이었다. 기타니 씨도 '쓰레기 제로 평상시 실험' 운동을 지원하고 있었다.

두분으로부터 활동 내용을 좀더 자세하게 듣는 중에 기타니씨의 입에서 엄청난 이야기가 나왔다.

"몇 개월 동안의 과정을 통해서 우리는 문제가 재활용에만 국한된 것이 아님을 알게 되었네. 지진대책과 지역교육 문제 같은 것들이 복잡하게 얽혀 있어서 접근하기가 쉽지는 않아. 결국 모든 문제가 동시에 해결되어야 한다는 결론이지, 그래서 우리는 '생명의 거리 만들기'라는 관점을 중심으로 다각적인 방향에서 움직일 생각이야, 그중의 하나로 '마음의 장벽없애기(barrierfree)'라는 이름아래 장애인과 고령자에 대한 대책도 적극적으로 세워볼 생각인데, 이것 만큼은 당사자들의 의견이 반영되지 않으면 전혀 의미가 없어. 그래서 자네 힘을 꼭 빌리고 싶은데, 도와주겠나?"

귀를 의심했다. '장애인인 나만이 할 수 있는 삶을 살고 싶다'고 결론 내린 것이고 어젯 밤의 일이었다. 정확하게 7시간 전이었다. 그런데 이렇게 느닷없이 '실천의 장(場)'이 주어지다니.이 흐름은무엇일까?' 무서운 힘이 작용하고 있는 것 같았다. 특별히 종교를 믿는 것도 아니면서 그 순간 나는 신의 존재를 확신했다.

"영광입니다"

문득 정신을 차리니 내가 대답하고 있었다. '마음의 장벽없애기'란 '장애인과 고령자에게 장벽이 되는것(배리어)을 제거한다(프리)'는 의미다. 그동안 이런 단어가 있었는지 조차 몰랐던 내가 과연 무엇을 할 수 있을까 하는 불안이 없었던 것은 아니지만 하늘이 내려 준 절호의 기회를 놓칠 수 없었다. 대학생활의, 아니 내 인생의 막이 새롭게 열리는 순간이었다.[22]

그렇다. 앞에서 본 바와 같이 핵심가치는 저절로 발견된다기 보다 오토다케 히로타다의 경우처럼 스스로 발견하고자 하는 과정을 통하여 자신이 진정 행복해하는 것이 무엇인지 알 수 있게 되는 것이다.

핵심가치가 가져오는 여분의 혜택들

일본의 식품회사 카고메(Kagome)는 토마토 주스에서 출발했다.

1899년에 창립된 이후 장장 90년 동안 카고메는 토마토 주스에만 매달려 왔다. 그러다가 은근히 욕심이 생겼다. 종합식품회사로 도약하고 싶었던 것이다. 그래서 1990년대 초반부터 다양한 제품 개발에 나섰다. 토마토 주스 외에 커피, 홍차, 우롱차, 과일 주스도 만들기 시작 한 것이다. 1996년까지 이런 다각화 전략을 계속 구사했다. 그러나 적자만 늘어갔다. 토마토 주스마저 고전을 면치 못했다. 종합식품회사로의 꿈을 접지 않을 수 없었다.

카고메는 다시 토마토 전문기업으로 선회했다. 카고메만이 할 수 있는 것, 그것에 모든 에너지를 집중키로 한 것이다. 그런데 그것은 다름아닌 토마토 주스였다. 카고메는 토마토 주스를 우유와 같은 국민건강 음료로 키운다는 야심찬 목표를 세워 놓고 제품 개발, 조미료 개발, 종자 개량, 광고에 박차를 가했다.

카고메는 토마토 주스에 소금을 전혀 넣지 않는다. 한층 선명하게 보이도록 하는 첨가제도 넣지 않는다. 제품 개발뿐만 아니라 종자 개량에도 혼신의 힘을 쏟고 있다. 지구상에 두루 퍼져 있는 8,000종의 토마토 중에서 무려 6,500종이나 확보해 놓고 있다. 토마토 주스뿐만 아니라 우수한 품질의 토마토까지 직접 재배해서 팔고 있다. 앞으로 카고메는 연간 1,000톤의 토마토를 직접 생산할 계획이다. 마침내 카고메는 일본 식품업계에서 브랜드 파워 1위 기업으로 부상할 수 있게 됐다. 2001년 닛케이비즈니스 브랜드 조사에서 카고메는 쟁쟁한 식품회사들을 다 따돌리고 당당히 선두 자리를 차지할 수 있었다.

"작지만 강한 기업." 이것이 카고메의 핵심가치인 것이다. 이 핵심가치를 실현하기 위해 카고메는 오늘도 토마토 주스에 그 핵심역량을 다 쏟아붓고 있다.[23]

월마트는 "고객의 기대를 능가하라."는 자신들의 핵심가치를 실현하기 위한 전략 중의 하나로 매장의 입구에서 손님을 맞이했다고 한다. 그리고 노드스트롬은 "고객에 대한 최우선적인 서비스." 이 핵심가치를 실현하기 위한 전략 중의 하나로 매장 로비에서 피아노를 연주했다고 한다.

휴렛 팩커드는 "직원에 대한 존중"이 핵심가치를 실현하기 위한 전략 중의 하나로 오전 10시마다 모든 직원들에게 맛있는 간식을 제공했다고 한다.

핵심가치는 결코 변할 수 없는 불변가치요, 항상 보존돼야 하는 항존가치이다. 핵심가치를 실현하는 전략은 상황에 따라서 변할 수 있어도 핵심가치는 끝까지 보존돼야 한다. 개인이든지 기업이든지 핵심가치가 있어야 한다. 핵심역량을 집중할 수 있는 핵심가치를 가져야 한다는 것이다. 당신이 추구하는 핵심가치는 무엇인가?

1999년 11월 영국 BBC방송이 온라인 여론 조사를 통해 '지난 1세기최고의 탐험가 10인'을 선정했다. 마르코 폴로, 아문젠 같은 위대한 인물들이 선정되었는데 그 이름들 속에는 어니스트 섀클턴의 이름이 포함되었다. 그는 얼핏보면 실패한 탐험가이다. 1914년 8월 27명의 대원들을 이끌고 남극대륙 횡단에 나섰다가 배가 좌초되어 얼음 덩어리를 타고 표류하다 18개월만에 극적으로 구조되었기 때문이다. 그러나 많은 사람들이 그를 존경하는 것은 그의 배 '인듀어런스(Endurance)' 라는 이름대로 그가 5명의 부하들을 6미터짜리 구명보트에 의지한채 얼음산과 해협을 넘어 구조요청을 위하여 수많은 죽음의 고비들을 견디어 내면서 단 한 명도 잃지 않고 살려서 귀환했다는 이유에서이다.[24]

그의 목표는 남극횡단이었다. 그러나 그의 핵심가치는 생명을 보호하는 것이었다. 어니스트 섀클턴의 경우에서처럼 우리는 핵심가치를 지키는 것이 목표를 이루는 것보다 오히려 더 큰 성공이라는 점에 주목해야만 한다.

당신이 추구하는 핵심가치는 무엇인가? 또한 당신의 기업이 추구하는 핵심가치는 무엇인가? 핵심가치는 우리가 생존하는한 계속 보존하고 실현해야 하는 최우선 가치이다.

핵심가치를 발굴을 위한 손쉬운 방법

가치란 무엇인가? 그것은 매우 중요하게 여기는 것, 자신이 아끼는 모든 것을 가치라고 할 수 있다. 그중에 절대로 양보할 수 없는 가치도있다. 그것은 양보가 불가능하기 때문에 양보를 못하는 것이 아니라 양보하면 자신의 행복이 깨어지는 것이기 때문에 양보의 의미가 사라져 버리는 가치 그래서 할 수 없이 양보할 수 없는 가치가 있다.

어떤 이는 자신이 그것을 핵심가치로 가지고 있는 줄을 모르고 있다가 양보한 후에 엄청난 후회를 하는 경우도 발생할 수 있다. 그런 핵심가치를 살아가면서 너무 늦게 알게 되면 그만큼 허비하는 인생을 살수 밖에 없다. 반대로 일찍 알게 된다면 자신을 더욱 알차고 풍요롭게 만들 수 있을 뿐 아니라 잡다한 원망이나 후회들도 훨씬 줄일 수 있게된다. 그러나 분명히 알아야 할 것은 성인들에게는 가치는 발견되어야 하지만 성장기의 소년들에게는 가치는 형성되는 과정에 있을 수 있다. 그렇기 때문에 어린소년들에게 있어서는 가치를 발견하려는데 노력을 쏟기에 앞서서 가치에 대한 이해와 가치 중심의 인생을 경영하는 법을 배우려는 열린 마음이 중요하다.

또 한가지 알아야할 것은 많은 사람들이 중간가치관과 최종가치관을 구분하지 못한다. 그리고 너무 늦게 최종가치관을 발견하기 때문에 안타까움을 되씹으며 노년을 보내게 된다. 그것을 방지하기 원한다면 당신은 지금 당신의 가까이에서 긴급하게 유혹적으로 당신에게 중요하게 여기도록 보여지지만 실제는 그렇지 않은 가치관들을 구별해내야만 한다. 그래서 핵심가치만을 남겨두고 그 핵심가치를 중심으로 새롭게 인생을 전망할 수 있어야 한다.

핵심가치가 가지는 중요성을 멋지게 강조한 CEO가 있다. 안철수사 장은 [영혼이 있는 승부]에서 핵심가치를 이렇게 말했다.

"너무나 확고해서 시장 상황에 큰 변화가 있더라도 절대 바뀌지 않는 가치로, 이를 포기할 바에는 차라리 회사 문을 닫는 선택을 할 수 있을 정도의 절대적 기준을 의미한다."

핵심가치의 발견은 그동안의 인생의 패러다임을 깨고 비전을 새롭게 그리게 된다. 핵심가치의 발견은 당신이 지금까지 가져왔던 어떤 유형을 바꿔버리는 특성이 있다. 어쩌면 당신은 그동안의 생각의 패턴과 행동의 패턴 심지어는 언어의 패턴까지도 변하게 된다. 이처럼 핵심가치는 자신의 정체성을 새롭게 형성하는 동인이 되는 것이다.

핵심가치가 생각의 패턴을 바꿔버린다.

월트 캘러스태드의 말대로 1859년에는 유정에서 얻을 수 있는 것은 오직 기름 한가지뿐이었다. 또한 얻고자 하는 것도 기름이었다.

이런 생각의 패턴은 유정에서 나오는 것은 무엇이든 불이 잘 붙고 위험할 것이라고 사람들은 생각했다. 그러나 로버트 치브러(Robert Cheesbrough)는 그런 패턴에 동화되지 않았다.

화학자인 그는 항상 치료에 대한 생각을 가지고 있었다. 사람들을 치료하고 치료하는 어떤 힘을 발견하는 일이 그에게 행복을 주는 것이었는데 그의 이러한 가치관은 유정을 대하는 일에 있어서도 마찬가지로 작용했다. 즉 유정에 대한 사람들의 생각의 구조는 기름과 불에 대한 패턴으로 그 구조가 발전되어진다. 반면에 어떤 가치가 자신을 사로잡고 그 가치를 중심으로 변화되는 사람은 자신의 가치와 관련하여 새로운 생각의 패턴을 가지게 된다는 사실이다.

로버트치브러가 미국의 첫번째 오일 생산 유정에 방문했을때 그는 유정의 펌프 막대 주변에 형성된 밀납같은 잔류물을 발견했다. 그는 이것이 자신의 가치관에 따른 생각을 따라서 치료하는 힘이 있지 않을까 생각했다. 그의 마음은 이미 선점되고 형성된 지각의 패턴을 따르지않았다.대부분의 사람들이 여러 생각중에 스쳐가는 생각으로 해볼 수 있는 정도를 그는 훨씬 넘어버리고 있었던 것이다.

핵심가치는 사람을 이렇게 바꾸어 놓는 힘이 있다. 그는 거기서 바셀린을 만들어 내었고 나중에는 널리 통용되는 치료약으로 상용화 되었다. 물론 처음에는 사람들이 유정에서 나온 것이라 폭발이나 하면 어쩌나하고 염려하였다. 그때까지도 사람들은 패턴을 벗어나지 못하고 있었다. 그러나 무료로 샘플들을 배포하면서 월트캘러스태드의 생각이 칭송받게 되었다. 핵심가치는 이처럼 생각의 패턴마저 바꾸어버린다. 당신에게 행복을 가져오는 것은 무엇인가?

정체성(Identity)은 행복을 가져다주는 작용에 의하여 형성된다. 반면에 핵심가치는 행복을 가져오는 작용에 의하여 형성된 정체성이 중요시하는 가치이다.

〈1단계〉

핵심가치를 찾는 질문 (대답이 중복되어도 된다.)

1. 당신의 인생의 최고의 행복은 무엇인가?
2. 당신의 인생에 행복을 결정하는 요소는 무엇인가?
3. 가장 최고로 원하는 것은 무엇인가?
4. 당신이 가장 감명을 받는 것의 핵심주제는 무엇인가?
5. 당신의 평생에 누리고 싶은 것은 무엇인가?
6. 당신이 가장 많이 생각하는 것은 무엇인가?
7. 돈을 어디에 사용하고 싶은가?
8. 가장 중요한 시간을 어디에 쓰고 싶은가?
9. 가장 가고 싶은 곳은 어디인가?
10. 가장 중요한 순간에 누구와 함께하는 것이 좋겠는가?
11. 세상 끝까지 해보고 싶은 것은 무엇인가?
12. 당신은 어떤 순간이 가장 좋았었나?
13.당신이 열변을 토하고 싶은 반복적인 주제는 어떤 것인가?
14.사람이 살아가는데 가장 중요한 것은 무엇인가?
15. 당신이 최후까지 절대로 양보하고 싶지 않은 것은?

각 문항마다 3~5개씩 적어놓고 하나씩 탈락시켜보라 한 개만 남기고 다음문항도 그와같이 하라. 15문항의 각 문항의 남은 답을 종류별로 모아 집합군을 만들라.

〈2단계〉

가치관이라고 인정되는 것을 고른 다음, 내용에 추가할 수 있는 것
이 있다면 공란에 추가하라. (8개 이상~15개 이하)

성취	능력	확언	야망	아름다움
통제	경쟁	종교적 가르침	창의성	결단력
신중	부지런함	출세	효율성	협동
고상함	공동체	격려	동정심	계몽
탁월함	순종	성실함	정리정돈	가족
인내	용서	평화	진실성	진취
완벽	자유	실행	절약	끈기
달성	개인적 능력	재미	육체적 활기	겸양
생산성	진실	순수	좋은 취향	우수함
성장	인정	열심	휴식	정직
사람들을 존중	겸손	삶에 대한 존중	유머	환경을 존중
감화시킴	위험 감수	독립	안전	영향력
자존감	도덕성	자기 표현	기쁨	민감함
가식 없음	낮은 자세	사랑	봉사	결혼
성적 만족	돈 벌기	침묵	멘토링	신실함
고독	종교적 성숙	견실성	성공	절제
말조심	평온함	신뢰	관용	진리
승리	종교적 행위			

표에서 고른 단어들을 다음 문항에 따라 배열하라.

1.수단 가치를 가려내십시오.

_____

_____

_____

2.목적가치들을 유사한 개념끼리 묶으십시오.

_____

_____

_____

3.가장 중요한 가치들을 우선순위로 정하십시오.

_____

_____

_____

4.핵심가치를 위한 질문에서 대답한 것과 우선순위에 구별된 개념들을 모아서 당신이 중요하게 생각하는 것을 문장으로 만들어 보십시오 (완성하려고 애쓰지 마십시오)

_____

_____

자신의 사명선언문을 작성하라

사명선언

사명에 대한 관심
사명선언문의 위력
사명이 아닌 것들
사명선언문을 만들라

자신의 사명선언문을 작성하라

사명에 대한 관심

국민교육헌장의 반포

1968년 12월 5일 대통령에 의하여 국민교육헌장이 반포되었다.

"우리는 민족중흥의 역사적 사명을 띠고 이 땅에 태어났다. 조상의 빛난 얼을 오늘에 되살려 안으로 자주 독립의 자세를 확립하고 밖으로 인류공영에 이바지할 때다. 이에 우리의 나아갈 바를 살펴……"

국민교육헌장이 제정된 이유는 첫째, 조상의 훌륭한 전통과 유산이 계승·발전되지 못하고 있으며, 둘째, 물량적 발전에 비하여 정신적가치관 사이의 조화로운 융합이 이루어지지 못하고 있고, 셋째, 국민의 국가의식과 사회의식이 결여되어 민족 주체성이 결핍되어 있으며, 넷째, 국민교육의 지표가 불분명하여 학교교육에서 정신적·도덕적 교육이 소홀히 취급되고 있다25)는 현실 분석 하에 개인·사회·국가의 조화로운 관계를 유지시키고 앞으로 국민이나 국가가 나아갈 방향을 제시해 주는 것으로 사명선언이 서두에 나오고 이를 설명하는 형식이다. 사명선언이 되어야 방향을 제시하고 할 일을 알 수 있는 것이다.

국민교육헌장에 나오는 우리의 사명은 무엇인가? 우리에게 민족중흥의 사명이 있다는 것이다. 그래서 조상의 빛난 얼을 계승하여 안으로는 자주독립의 자세 확립을, 밖으로는 인류공영에 이바지를 해야할 시기를 맞았다는 것이다. 그래서 우선 살펴야 할 것이 … 있다는 것이다. 사명선언에서부터 시작하고 방향과 목표를 설정하며 할 일을 풀어나간다.

사명이란 자신의 존재 목적이나 이유를 가리킨다. 아이덴티티가 자기 스스로에 대한 믿음의 확신으로 인한 자기규정이라면 사명은 자신이 이땅에 존재하는 목적이나 태어난 이유에 대한 의미부여이며 이로 인하여 장차 자신의 삶의 방식의 구체성을 설정한 근거가 되는 것이 사명이다. 이 사명은 나 자신이 부여하는 '의미부여'이다. 그럼에도 불구하고 자신이 장차 이 사명 앞에 수동적이 되기로 결단할 만큼 위력이 실려야 한다. 그리고 인생의 나침판이 되어야 한다. 그렇기에 이 사명을 발견한다는 것은 쉬운일이 아니다. 오죽하면 탁월한 인생설계가인 스티븐 코비 조차도 자신의 사명선언문을 작성하는데 8개월이나걸렸다고 하지 않는가?

나는 당신이 책의 이 부분을 통하여 당신의 사명을 규명하거나 명료화할 수 있기를 소원한다.

사명의 위치

비전이 미래에 존재하기를 원하는 어떤 것에 대한 분명한 그림이라면 목적은 그것을 성취했을 때 얻고자 하는 어떤 것이다. 그리고 목표는 얻고자 하는 것을 어느만큼 표적을 삼은 것이다. 여기에 사명은 이모든 것을 포괄하는 좌표이며 인생지휘관인 셈이다. 그러므로 사명은 목적보다 우선한다. 사명은 사역의 방향을 규정한다. 사명은 전략과 전술을 형성시킨다. 무엇을 행하고 있어야 하는지에 대한 포괄진술이다. 그리고 하는 일에 대한 명료한 압축이다. 열정의 에너지를 쏟아 부을 선로를 정한 열차이다.

기업들에게 까지 번진 사명신드롬

최근 베스트셀러의 대열에 지속적으로 자리를 차지하고 있는 내용이 사명에 대한 것이다. 스티븐코비의 "소중한것을먼저하라(Putting first Things First)", 마이클 해머와 제임스 챔피의 "리엔지니어링 기업혁명 Reengineering the Corporation)", 로리 베스 존스의 "기적의 사명 선언문(ThePath)"등많은 책들이 사명에 대한 주제없이 넘어 가면 마치 큰일이 날 것만 같이 한결같이 짚고 넘어가는 추세이다. 그 만큼 사명이라는 주제가 가져오는 파급효과가 만만치 않기 때문이리라.

이전에는 핵심가치나 사명과 같은 주제는 거의 개인에게만 국한되어 적용되는 것이었지만 최근들어서는 기업들도 기업 자체의 존재의미가 그 기업의 존립을 명확하게 세워준다는 사실이 입증되면서 거의 신드롬에 이를 지경이 되고 있다. 기업사명에 관한 한국금융연수원의 조태연 교수의 글26)들을 정리해보면서 도움을 얻을 수 있기를 기대한다. 그의 글은 다음과 같다.

기업 사명(Corporate Mission)은 한마디로 '조직이 장기적으로 무엇을 추구해야 할 것인가에 대한 최고 경영층의 관점'으로 정의할 수 있는데, 이는 기업이 자신에 대한 강·약점을 파악하고 주어진 기회와 위협이 무엇인지를 적절히 판단함으로써 설정된다고 볼 수 있다.

최고경영층의 기업미래에 대한 관점은 흔히 기업 사명문(mission statement)에서 찾을 수 있다. 이는 대체로 기업 사명문으로 표현되기 때문이다. 결국 기업 사명문은 최고경영층이 추구하는 장기적 목표를 공식적으로 밝힌 요약문인 것이다. 식품회사의 경우 "다각화된 최고의 식품회사가 되는 것"이나 장거리 전화·통신기업의 경우 "전 세계 통신 서비스 산업에서 리더가 되고 수익성 있는 성장을 하는것"과 같은 것들이 이러한 좋은 예라고 할 것이다.

사업을 시작하는 대부분의 기업들은 처음에는 대체로 명확한 기업 사명을 갖는다. 그러나 기업이 성장해 감에 따라 새로운 사업이나 상품이 추가되면서 기업 사명이 점차 불명확해지거나, 또는 기업 사명이 명확하더라도 새로이 변화되는 마케팅 환경에 더 이상 적합하지 않을 수도 있다. 이러한 예가 바로 국내의 삼성그룹의 경우이다.

삼성그룹의 경우는 사업보국, 인재제일, 합리주의라는 기존의 가치관이 새로운 환경변화에 적응하지 못함으로써 경영이념을 다시 정립할 필요성이 대두됐다. 그러한 와중에서 1987년 이건희 회장이 새 회장으로 취임함에 따라 1993년 "인재와 기술을 바탕으로 최고의 제품과 서비스를 창출해 인류사회에 공헌한다"라는 경영이념을 새롭게 제정하게 된 것이다. 그러면 기업이 목표로 하는 바람직한 기업 사명은 어떠한 특성들을 갖추어야 할 것인가?

첫째, 기업 사명은 명확한 가치를 제공해야 한다는 점이다. 즉, 기업 사명은 조직구성원들이 독립적으로 수행하는 업무들이 전체적으로 기업목표와 조화되도록 이끌어 주는 보이지 않는 손의 역할을 수행해야 한다는 것이다.

둘째, 기업 사명은 기업이 활동할 사업 영역을 명시해야 한다는 점이다. 기업은 기업 사명 속에 자신이 진출할 산업들의 범위와 각 산업 내에서 자사 사업이 공략해야 할 시장의 범위를 명확히 정의해야 하기 때문이다.

하버드대의 레빗(T. Levitt) 교수는 사업영역을 제품에 의해 정의하는 것보다는 시장이나 고객욕구에 의해 정의하는 것이 보다 바람직하다고 주장한다. 즉, 제품의 수명은 짧지만 고객의 욕구는 지속되므로 고객욕구를 중심으로 사업을 정의하는 것이 새로운 시장기회를 포착하는 데 있어 보다 바람직하다는 것이다.

셋째로, 기업 사명은 조직구성원들의 동기를 유발하는 것이어야 한다는 점이다. 즉, 기업 사명은 구성원들이 수행하는 일이 의의있고 다른 사람들의 삶에 공헌하는 것으로 자부심을 느끼게 할 필요가 있어야 한다는 뜻이다. 이는 단지 이익을 추구하는 것만이 기업 사명이 되어서는 안 된다는 말이다. 따라서 매출이나 이익 등은 고객들과 사회에 유익한 어떤 일을 수행하는 결과로 얻어지는 것이어야 한다.

넷째, 기업 사명은 기업의 장래에 대한 비전을 제공해야 한다는 점이다. 마케팅 환경의 변화로 인해 과거 기업 사명이 기업의 나아갈 방향을 제시하는 데 공헌하지 못한다면 그 기업 사명은 새로운 기업 비전이 포함되도록 재정립돼야 한다는 것이다.

조교수의 조언에 따르는 기업 사명은 수시로 변경돼서는 안되지만 그것이 신뢰성을 잃거나 전략수립에 바람직한 방향을 제시하지 못한다면 새롭게 정의돼야 하는 것이 합리적이며 또한 너무 광범위하게 정의된다면 마케팅 노력의 초점이 흐려질 수 있는 위험도 역시 존재하기 때문에 기업의 최고경영자는 다음과 같은 질문을 할 필요가 있다는 것이다.

▲우리는 어떤 사업을 하고 있는가?

▲우리 고객은 누구인가?

▲우리 사업이 고객들에게 어떤 가치를 제공하는가?

▲우리 사업이 앞으로 어떻게 될 것인가?

▲우리 사업이 앞으로 어떻게 돼야 할 것인가? 등과 같은 질문들이 기업의 사명을 공고히 하는데 유익한 질문이 될 것이다.

사명선언문의 위력

사명선언문은 갑옷과 칼의 역할을 동시에 수행한다. 그것은 진실을
보호하고 거짓은 가차 없이 베어버린다.

-로리 베스 존스

인생의 좌표

CEOJesus의 저자인 로리 베스 존스(LaurieBethJones)의 말을 빌
리면, 사명 선언문이란 개인이나 기업의 존재 이유를 문서로 공식화
한것을 지칭한다. 그것은 이 사회를 살아가는 데 있어서 매우 실용적
인   문서다.인생의항로를발견하고항해를개시하고그것을평가하고수
정하고 다시 항해를 개시하는 데 불변의 기본틀 역할을 한다.

그것은 진정 우리가 원하는 것이 무엇인지 그 원하는 것을 이루기
위하여 어떻게 살아야 하는지 종국에 어떤 사람이 되는지 등과 같은
삶의 현안들을 구체적으로 조정하고 감독한다. 따라서 명료하게 작성
된 사명 선언문은 당신이 이 사회를 살아가는 데 가장 유익한 동반자
가 되 어줄 것[27]이라고 했다.

좋은 사명문이 갖추어야 할 4가지 요소

> 1. 쉬운 문장, 쉬운 이해, 쉬운 암송이 가능해야 한다.
> 2. 평생의 활동을 포괄할 수 있어야 한다.
> 3. 자신의 정체성과 잘 부합되어야 한다.
> 4. 타인의 지지를 얻을 수 있어야 한다.

사명선언서를 점검하라

사람마다 나름대로 마음속에 크고작은 혹은 불투명하거나 변변치 못한 것이라 할지라도 또는 그것이 사명선언서라고 말할 수 없을지 몰 라도 나름대로의 사명선언서를 가지고 있기 마련이다. 그렇기에 사람들은 매일 아침 일어나서 계획을 세우고 일을 진행하며 어떤 목표를 정하며 열정을 나타낼 수 있는 것이다. 그러나 그런 나름대로의 사명 선언서가 얼마나 유익을 할 수 있을까?

로리 베스 존스의 경험담에 의하면 그는 중서부 지방의 한수의사로 부터 편지를 받았는데 거기에는 진정한 재능을 찾지 못하고 혼란에 빠진 한 여자의 심정이 적나라하게 드러나 있었다. 동물들을 돌보는 소질이 있고 이미 그 분야에 숙련된 기술을 터득한 그 여자 수의사는 동물이 아닌 사람들에게 동기부여하는 일에 매력을 느끼면서 곤혹스러워하고 있었다. "그러한 내 욕구에 문제가 있는 것인가?" 그녀는 무엇보다 이것을 알고 싶어했다. 하지만 내가? 아니면 누군가가?-그녀를 도울 수 있을까? 만일 도울 수 있다면 얼마나 빨리 도울 수 있을까?

사실 그녀의 고민은 다른 많은 사람들에게도 해당되는 것일 터였다. 그리고 그들도 그녀만큼 심각하게 고민하고 있을 것이다. 그러나 그녀를 비롯한 많은 사람들은 새 직업이나 직장이 필요한 것이 아니다. 다만 사명선언문을 보다 넓게 조정할 순간을 맞은 것 뿐이다. 따라서 자신들의 숙련된 전문기술 뿐만아니라 타고난 재능과 관심까지도 활용할 수 있는 사명을 가진다면 그녀의 고민은 자연스럽게 해결될 것이다.

어느 박물관협회에 대한 경험도 있다. 그 협회는 "불꽃의 파숫꾼(the keepers of flame)"이란 칭송 그대로 그 분야에서 명성을 얻고 있었다. 하지만 그들은 일반인이라면 전혀 이해할 수 없는 의학용어로 가득찬 5페이지나 되는 긴 사명선언문을 가지고 있었다. 그 사명선언 문을 꼼꼼히 검토한 결과 로리는 거기에 일관되게 쓰인 것이 "보호하다(preseves)"라는 동사뿐이라는 것을 알았다.

그는 조직의 리더들에게 인터뷰를 요청했고 그것이 진행되는 도중에 매우 놀라운 사실을 발견하게 되었는데 그것은 그들이 단순한 '박물관 파수꾼'의 영역을 넘어 역동적인 교육가로도 전혀 손색이 없다는 점이었다.

로리와 리더들은 함께 머리를 맞대고 기존의 사명선언문을 한 문장으로 압축했다. 그리고 거기에 "촉진하다(promote) 와 교육하다

(educate)"라는 2개의 동사를 추가했다. 그러자 그들은 스스로가 그 분야의 보호자인 동시에 촉진자이며 교육가라는 사실을 깨닫게 되었다는 것이다. 기존의 사명선언문에 단순히 2개의 동사를 추가함으로써 그들은 자신들의 목적 중의 하나가 그 분야의 최고의 교육집단이 되는것 임을 알게 된 것이었다. 더욱 놀라운 사실은 그때부터 그들은 변모하기 시작하였는데 그들은 이전에는 주로 "과거(the past)"에 대한 강의를 주로 맡았던 지도자들이 "교육의 현안"에 대한 연설에 초청되기 시작한 것이다.

사명선언문의 위력은 이처럼 개인이나 기업의 위치를 올바르게 설정해주고, 정열적으로 활동하도록 북돋아주며 그 활동을 측정하는 잣대[28])가 되어주는 것이다.

사명이 아닌것들

1* 직업이 사명이다 — NO
통계에 의하면 사람들은 평생에 보통 4번의 직업을 바꾼다. 서구사회에서는 2중직업을 가진 경우도 흔한일이다.

2* 역할이 사명이다 — NO
흔히 여성들에게 많이 나타나는 경향이나 그리고 수동적인 경향이 많은 사람일수록 자신에게 할당된 또는 맡겨진 역할을 사명으로 여기는 경우가 많다.

3* 환경이 사명이다 — NO

의외로 많은 사람들이 자신이 당한 사고나 당면한 환경이 마치 자신의 사명보다도 지독한 운명인 것처럼 여기는 경향이 있다.

4* 나는 사명과 너무 멀리 떨어져 있다 — NO

사명은 위치나 거리의 문제가 아니다. 인식의 문제이다. 사명에 대한 거리의식이 사명을 멀어지게 하는 것일 뿐이다.

5* 나는 사명을 가질 만큼 중요한 존재가 아니다 — NO

모든 존재하는 것은 다 쓸모가 있어서 존재한다. 그 쓸모 있음이 기본사명이다. 사실상 사명이 없는 사람도 기본사명은 있게 마련이다. 그러나 유용하게 쓸모있게 되기를 원하는가? 그렇다면 당신은 당신 자신에게 이미 중요한 존재라는 증거이다.

6* 많은 사람에게 도움이 되어야만 사명이다 — NO

당신의 지체 가운데서도 많이 도움이 되는 것이있지만 맹장(췌장)처럼 별로 필요치 않은 기관도 있다. 그러나 우주 여행시에 맹장이 반드시 필요하다는 사실을 알게된 것이 얼마되지 않았다. 오직 자기 자신에게만 도움이 된다해도 사명은 사명이다. 영화 '터미네이터'에서처럼 겨우 자신의 생명을 지킨 엄마에게서 인류를 구원할 아기가 태어날른지 아무도 모른다.

7* 사명에는 고통이 따른다 — NO

행복이 따르는 것도 얼마든지 있다. 사명도 더 큰 행복을 위해 고통을 수단이나 통과목적으로의 고통이 있다면 그런 정도의 고통은 행복의 징검다리일 뿐이다.

8* 동료들의 사명과 같다 — NO

물론 같을 수도 있지만 사명은 사명 특유의 '프론티어적 경향'이 형질에 배어있다. 그렇기 때문에 자신의 사명을 발견한 사람은 비록 동료들이 자신의 사명과 동일하게 일하고 있다해도 자신의 사명이 동료들의 사명과 같다고 생각하지는 않는다.

9* 나의 사명은 아직 나타나지 않았다 — NO

자신의 사명이 아직 나타나지 않았다고 생각하고 아무것도 안하고 있으면 그에게는 끝내 사명이 나타나지 않는다. 사명은 대부분 무엇인가를 하고 있는 중에 발견되는 경향이 있는데 그것은 사명이 그 때에 나타났기 때문이 아니라 이미 존재하고 있었던 것이 그제야 발견된 것이라고 보아야 한다.

10* 나의 일이 항상 나의 사명을 위한 것이다 — NO

사명이 있는 상태에서 사명속에서 행하는 일이면 이 말이 맞을 수 있다. 그러나 사명 없는 상태에서의 일은 사명과 직접적으로는 무관하다.

11* 사명에는 기적이 따른다 — NO
기적이 따를 수는 있지만 따르지 않아도 감당하는 것이 사명이고 보면 사명에는 기적이 따른다는 생각을 고정관념으로 갖는 것은 불행하다.

12* 나에게 사명이 있다면 감당할 능력도 생길 것이다 — NO
사명이 있다고 감당할 능력이 저절로 생기는 것은 아니다. 사명 있는 사람은 오히려 그것을 감당하기 위하여 자신의 능력을 계발한다.

13* 사명은 스스로 만들 수는 없다 — NO
스스로 만들 수 없다면 발견을 위한 노력은 스스로 할 필요가 있을까? 인간은 스스로 만들 수 있는 것일 때 수고의 의미가 생긴다. 하나님께서 사람에게 주신 최고의 축복과 권리 중 하나는 자유의지이다. 자유의지에 따라서 최고의 가치에 전폭적으로 이끌려 살게 될 때 사명의 사람인 것이다.

14* 사명은 바꿀 수 없다 — NO
지고의 사명이나 외부에서 다가와서 자신의 전 존재를 내어 바친사명 자체는 비뀔 수 없을지도 모른다. 그러나 그 사명을 이루어 가는 방법과 의미부여의 최종착지는 개인이나 기업의 목적과 포지션에 따라 바뀔 수도 있다.

15* 사명은 바꿀 수 있다 — NO
쉽게 바뀔 수 있다면 이미 사명이 아니다.

이제 당신은 두 가지 반응을 양자택일 할 수 있다. 혼돈에 머물러 계속 혼돈하든지 아니면 자신의 내면에서 결국 자신의 것을 찾을 때 까지 찾기로 결단하는 것이다.

나는 당신이 나의 이 말에 분노할 수도 있다고 생각한다. 그러나 만약 그 분노가 찾을 것을 찾지 못한 경우에만 일어날 것이라는 생각을 할수 있다면 당신은 끝내 당신만의 사명을 찾게될 것이다. 물론 이말은 사명을 찾지 못한 경우를 전제한 것이다.

사명선언문을 만들라

로리 베리 존스에 조언에 의하면 좋은 사명선언문은 세가지 요소를 필수적으로 갖추어야 한다.

> 첫째요소 한 문장을 넘지 말라
> 둘째요소 12살 난 아이라도 쉽게 이해할 수 있어야 한다.
> 셋째요소 쉽게 외울 수 있어야 한다.

걸스카우트 세계연맹의 사명은 소녀와 젊은 여성들이 책임 있는 세계시민으로서 그들의 잠재력을 최대한 개발하도록 하는데 있다.

탈북자 동지회는 한반도의 평화를 수호하고 민주주의에 기초한 민족의 통일을 실현하기 위하여 투쟁하는 것을 기본사명으로 하고 있다.

국제로타리클럽의 사명은 인간의 존엄성과 삶의 질을 향상시키는 개인 및 단체 봉사 활동을 강조하고, 높은 도덕적 수준을 장려하며, 세계 평화의 증진을 위하여 모든 사람들 간의 이해를 촉진시키면서 로타리 강령의 달성을 위하여 로타리 클럽들을 지원, 지도하고, 보다 나은 세계 건설에 로타리가 지속적으로 일익을 담당할 수 있게 하는데 있다고 했다.

어떤 종류의 사명선언이 나올지 어떤 스타일의 사명선언이 나올지는 당신이 결정하는 것이다.

에이브러햄 링컨의 사명은 흑인노예를 해방하고 미합중국의 분열을 막는 것이었고, 프랭클린 D. 루즈벨트는 대공황에 종지부를 찍는 것을 사명으로 여겼고, 넬슨 만델라는 인종차별을 종식시키는 것이 사명이었으며, 잔다르크는 자신의 조국 프랑스를 해방하는 것을, 테레사 수녀는 헐벗고 굶주린 사람에게 자비와 연민을 베푸는 것을, 그리고 오늘 당신은?

개인의 사명선언문을 만들자.

'행복한 디지털 한국의 미래를 개척하기 위한 연구자의 길을 걷는 것'을 사명으로 알고 살고 있다는 KISDI원장의 글[29]을 요약한 것이다.

당신 스스로의 사명선언문 작성에 도움이 되기를 소망한다.

우리는 왜 태어났고 또 왜 살고 있을까. 지금 이 순간, 나는 과연 의미있는 삶을 살고 있을까? 하루세끼 먹으며 양같은 마누라와 토끼같은 자식들 키우면서 사는 게 사실은 잘 사는 삶일까. 내 존재의 의미는 과연 무엇일까. 이렇게 대충 살아도 죽을 때 후회는 없을까. 내가 나이에 걸맞지 않게 가을을 타는 남자일까. 중년의 나이 때문일까. 더 늦기 전에 무언가 이루어야 한다는 생각이 초조하게 만드는 요즘이다…

나의 존재의 이유를 밝힌다면 무엇일까. 2000년 전 예수님이 "내가 온 것은 영원한 생명을 얻게 하고, 그것을 더 풍성히 얻게 하려는 것이다" 라고 한 것이 너무 숭고해서 감히 흉내 낼 수는 없더라도, 우리 통사람도 인생의 목표 정도는 세워야 하지 않겠는가?

내 인생을 위한 불변의 기본 틀은 무엇일까. '삶의 길 (The Path)'의 저자인 로리 존스에 의하면 '이것이 바로 나다' 라는 확고부동한 사명선언문을 가지게 되면 스스로 강력한 추진력을 느끼며 두려움 없는 의사 결정을 쉽고 빨리 할 수 있다고 했다.

삶의 목표가 뚜렷해져서 정말 자신감이 넘치고 판단력도 좋아지고 용기를 가질 수 있다면 오죽 좋으랴. 각박한 삶! 거칠은 벌판으로 나아가는데 힘을 불어넣어주는 것이 바로 나만의 사명의식이라면 우리 보통 사람도 제대로 가져볼 만 하지 않은가.

그렇다면 사명선언문은 어떻게 만들까? 중학생정도면 이해하고 암기할 수 있을 만큼 쉬운, 한 문장 정도로 말이다. 아래와 같은 문장의 틀이 추천되기도 한다.

"나의 사명은(나를 가장 매료시키는 집단/단체)에,의,을,를 위하여, 과,함께 핵심가치를 (동사1~3개)하는 것이다."

IT정책연구자의 입장에서, 우리 KISDI의 연구자들은 자신의 사명을 뭐라고 쓸까? '나의 사명은 대한민국을 위하여 미래지향적인 정보통신정책을 연구하고 전파하는 것이다' 쯤 될까? 아니면, '나의 사명은 KISDI와 함께 우리나라를 IT강국으로 만드는데 앞장서는 것이다' 가더 어울릴까? 글쎄다. 각자가 생각해볼 일이리라.

단, 중요한 사실은 사명선언문이란 그 내용이 평생의 활동을 포용할 만큼 광범위해야 한단다. 명확하고 고무적이고 자극적이고 매력적이어야 한단다. 우리의 열정, 소질 그리고 재능을 구체적으로 기술해놓은 이 문장은 무엇보다도 진실되어야 한단다. 그래야 강력한 힘의 원천이 될 수 있으므로 깊이 생각해 보란다.

직장과 개인생활을 함께 포용하고 조직과 자신의 사명을 조화시키란다. 영감을 주지 못하거나 자신의 이익만을 추구하거나 남이 이해할수 없다면 좋은 선언문이 아니란다. 사명의식이 투철하다면 당연히 행동으로 나타난단다. 선언문이 반드시 마음을 움직일 수 있도록 스스로 만들어야 한단다.

사명은 우리에게 경우에 따라서는 고통도 준다고 한다. 미켈란젤로가 작업장에서 먼지를 뒤집어 쓴 채 힘들게 깎고 조각하는 시간을 보내듯이 말이다. 어찌 보면 갈채는 잠시일 뿐, 그 이면에는 긴장을 늦추지 않고 스트레스도 참으며 사명에 충실해야 하는 인내가 숨어있다.

그 인내와 정성과 기도가 결국 보람찬 인생을 만드는 것인지도 모른다. 고통뿐이랴? 지혜로운 행동도 더욱 필요하다.

예를들어 바람직한 8대 행동전략으로, ①늘 상황 파악을 잘하고 ②구체적인 목표를 세우고 ③자신의 능력을 점검해 가면서 ④사람을 나의 가치로 삼음은 물론, ⑤ 강렬한 인상을 남기도록 노력하고 ⑥ 때론 배짱으로 행동할 것이며 ⑦자신의 언행이 다른 사람들의 눈에 띄도록 하면서 ⑧쉬지 말고 기도할 것이 추천되기도 한다. 즉, 단순한 의지를 넘어 논리적으로 사고하고 전략적으로 행동하고 진심으로 사는 것이 사명을 달성하는데 도움이 된다는 것이다.

굳이 말해야 한다면, 그리고 지금 생각하노라니, 난 개인적으로는

"행복한 디지털 한국의 미래를 개척하기 위한 연구자의 길을 걷는 것"을 사명으로 알고 살고 있다. KISDI원장으로 사는 까닭만은 아니

다. 따지고 보면 오래 전부터 생각이 그랬다. 그래서 KISDI원장이 된 것인지도 모른다. 또한, 아는 것이, 할 수 있는 것이, 관심 있는 것이 그것뿐이며 그 사명에 충실하면 내 자신도 행복하리라고 믿어 온 까닭이다. 과연 그 목적을 위해서만 내가 태어났던가 물으면 자신은 없다. 난 순간순간 열심히 살고 있을 뿐이다. 위의 8대 행동전략을 잘 구사하지 못해서 탈이지만 말이다.

소박한 이 글이 부담스럽지 않아서 맘에 드는가? 아니면 열정이 냄비끓듯하지 않고 뚝배기처럼 은은히 그러나 아주 깊숙이 한길로 유유자적 배어나온 점이 맘에 드는가? 당신 자신의 사명선언문을 만들기 위하여 마음의 뭉친 근육을 풀고 부드러운 마음으로 좀 더 넓게 생각 하면서 시선을 위로 그리고 멀리 바라보고 먼저 당신이 소원하던 큰 그림을그려라. 그리고 윤곽을 드러내고 선명하게 채색하라 무엇이 보이는가?

이제 당신의 시선을 마음속 중요한 곳에 뿌리내린 정체성을 바라보라. 그리고 당신만을 위한 행복 열매를 맺을 나무인 핵심가치를 바라보라 그리고 이제 사명을 서술해보라 문장이 틀려도 좋다.

사명이 중요한 것을 모르는 사람은 없다. 사명 없이 살고 싶은 사람도 없다. 그럼에도 불구하고 실제로는 많은 사람들이 자신의 사명을 모른채 인생을 허비하며 방황의 바다에서 헤매인다. 어느 인터넷 카페에서 본 글중에 사람들이 사명을 찾지 않는 이유를 설명한 것을 보았다.

첫째, 깊이 생각하는 것을 싫어하기 때문이다.

둘째, 바쁘다는 핑계로 게으름을 합리화한다. 그리고

셋째는 사명 만드는 방법에 대하여 구체적으로 배운 적이 없기 때문이라고 했다.

그리고 덧붙이기를 사명을 찾는 것은 자기와의 고독한 싸움을 시작하는 것이므로 '이것이 정답이다'라며 제시할 수 없는 특성을 가지고 있다는 것과 심지어는 사명을 다루고 있는 책들 조차도 명쾌하게 정돈하지 못한채로 심지어 어떤 책들은 목표를 사명처럼 말하고 또 어떤 저자는 비전과 사명을 혼돈하는 저자 조차 있어서 혼란을 초래하고 있다는 것이다. 나도 이 말에 전적으로 동의한다.

한번뿐인 인생이 자신의 기반과 장래를 가장 값지게 가장 탁월하게 경영해 나가는 기둥과도 같고 나침반과도 같으며 매뉴얼과도 같은 체계적으로 정리된 내용이 없다는 것은 너무나도 이상하게 느껴진다.

이제 기업의 사명 선언문을 만들기 위해 또 하나의 사례를 살펴보고자 한다.

기업의 사명선언문을 만드는 사례

기업의 사명(mission)이란 기업이 존재하는 이유 또는 목적을 가리킨다. 예를 들면, 모 인테리어사의 경우 쾌적한 주방환경을 만드는 것을 하나의 사명으로 삼고 있다.

기업은 사명을 확고히 정립함으로써 타사와의 차별화를 꾀할 수 있을 뿐만 아니라 자사의 수많은 사업들을 일관성 있게 지휘·관리할수 있다. 또한 전략과정에의 첫 번째 구성요소는 기업의 사명과 주요 목표를 정하게 되는데 이렇게 기업의 사명을 정한다 함은 그 기업의 최고경영자(CEO)의 가치가 반영된 것으로 기업의 제품 영역과 그 활동 범위를 규정하여 이 영역들에서 어떠한 방법으로 어떤 자원을 투입하여 어느 분야에 중점을 두고 기업의 영속적 활동을 전개 하겠다는 의지가 담겨 있는 것이다.

한 기업의 사명은 기업전략을 수립하기 위한 첫걸음으로 기업의 사염(회사의 염원)을 명확히 규정하는 것이다. 기업의 사명이란 기업의 기본목적에 대한 선언문으로서, 기업이 전체적인 사업영역의 윤곽을 규정하고 있다. 이를테면, 기업의 어떤 사업을 하고 있는가 또는 어떤 사업을 영위할 것인가 등에 관한 내용을 포함하고 있어야 한다.

전략적 목적을 설정하는 과정에서 기업체는 장기적으로 추구할 기업의 사명과 장기적으로 달성하고자 하는 바람직한 결과, 즉 비전을 형성하게 된다. 전략적 목적에서 기업의 업종과 사업 그리고 제품을 결정하는 것은 기업이 추구해야 할 사명을 결정하는 것이며, 기업의 바람직한 가치와 경영방향 그리고 바람직한 결과를 구성원들에게 명백히 제시하는 것이 바로 비전이다.

타임엑스회사에서 렘쿨 회장은 손목 시계를 귀중품이 아니라 일반 소비자들이 모두 즐기는 소모품으로 바꾸겠다는 사명감과 더불어 1달러짜리 값싼 손목시계를 개발하겠다는 비전을 명백히 제시하고 이를 강력히 추구 하였다.

일본의 마쓰시다 전기회사도 창업자 마쓰시다 고노스케 회장이 '

풍요로운 사회건설에 공헌' 하겠다는 사명감과 값싸고 질 좋은 제품을 만들어서 나라에 보답하겠다는 사업보국의 비전을 명백히 제시하고 이를 달성시키면서 세계 제일의 가전제품 생산업체로 성장시켰다.

기업의 사명을 너무 포괄적으로 표현해서는 안 된다. 이를테면, 우리 기업은 최고의 품질을 지닌 제품만 생산하고, 가장 우수한 서비스를 제공하며, 가장 저렴한 가격으로 소비자에게 제공한다 등과 같은 표현은 너무나 광범위하여 기업경영의 구체적인 지침이 되지 못한다.

즉, 바람직한 기업의 사명은 현재의 기업경영방침을 구체적인 언어로 표현함과 아울러 기업의 장기발전에 관한 비전과 지향점을 제시하여 기업의 구성원들에게 동기를 부여할 수 있는 내용을 포함하고 있어야 한다.[30]

IBM은 훈련과정 때마다 회사가 추구하는 세 가지 사명을 큰 소리로 말한다. 당신도 큰 소리로 말하고자 하는 사명문을 작성해보라.

'성공사명문' 탐험을 위한 여행이란 제목으로 올린 블로거의 글[31]이 사명선언문을 작성하는데 도움이 될 것이다.

나는 18개월 동안 고유한 사명을 찾기 위해 고민했다. 이 기간을 통해 200여권의 책도 읽었다. 수 많은 세미나도 참석했다. 수 많은 사람들에게 코칭과 교육도 했다. 그 결과 지금의 사명을 찾을 수 있었다.

내가 찾은 사명에 스스로 흥분했고, 다른 사람들에게도 사명을 찾아주고 싶었다. 그리하여 내가 찾은 방법을 더욱 쉽게 만들어 다른 사람들에게 교육을 했다. 교육을 받고서 많은 사람들이 의외로 쉽게 찾는데 나도 놀랐다. 사명을 찾은 사람들은 한결같이 사명을 찾은 것이 가장 큰 수확이었다고 말하면서 인생이 행복하게 되었다고 증언한다. 이것을 바탕으로 개인적인 코칭과 교육과정을 통해 사명을 찾아내는 단순하고 쉬운 방법을 터득하게 되었다.

이제 당신도 자신만의 올바른 사명을 찾게 될 것이다. 나와 함께 사명찾기 여행을 떠나자. 다음의 스물 세가지 질문에 충실히 따라가다 보면 당신의 사명을 명확하게 찾을 수 있을 것이다.

내 인생의 사명을 찾는 23가지 질문

1. 자신을 가장 잘 나타낼 수 있는 문장을 한 문장으로 기술하라. 예를들어 나는 물이다. 나는 독수리다. 나는 나무다. 나는 촛불이다.
2. 당신이 어렸을 때 어떤 것에 가장 흥미를 느꼈는가?
3. 어릴 때 특별히 잘 했던 일은 무엇인가?
4. 당신의 가장 큰 장점은 무엇인가?
5. 당신의 주변사람들에게 많이 들은 자신의 장점은 무엇인가?
6. 어릴 때 어른이 되면 무엇을 하려고 했는가?
7. 당신에게 가장 큰 영향을 준 사람은 누구인가?
8. 세상에서 당신을 가장 흥분 시키는 것, 세 가지만 적어 보라?
9. 당신이 가장 하고 싶은 일을 하고 있는 사람은 누구인가?
10. 사는데 아무런 제약이 없다면 남에게 무엇을 주고 싶은가?
11. 당장 봉사의 기회가 주어진다면, 어떤 봉사를 하고 싶은가?
12. 가장 가치가 있다고 생각하는 것 다섯 가지를 나열하라?
13. 당신이 사망했다고 생각하고 당신의 사망 기사를 적어 보라?

14. 6개월만 살 수 있는 시한부 인생이라면 무엇을 하겠는가?

15. 모든 것을 다 바쳐서라도 한 번 해보고 싶은 일이 있는가?

16. 지금까지 어떤 일을 할 때 가장 행복했는가?

17. 내 인생에서 가장 행복했던 순간은 언제, 왜, 뭐가?

18. 당신의 기본적인 인생철학은 무엇인가?

19. 돈과 시간이 충분하고 현재 당신에게 주어진 책임이 없다면, 하고 싶은 일 세 가지는 무엇인가?

20. 당신을 대표할 수 있는 것은 무엇인가?

21. 죽을 때 까지 간직하고 심지어 그것을 위해 기꺼이 희생을 치를 수도 있는 근본원리, 원칙, 가치는 무엇인가? 예를 들면 기쁨, 봉사, 정의, 가족, 자유, 평등, 탁월함, 건강, 돈 등이 될 수 있을 것이다.

22. 당신의 핵심 가치는 무엇인가?

23. 당신이 세상에 존재하는 이유와 목적은 무엇인가?

우리 가족의 사명서

서로 사랑하고,
서로 돕고,
서로를 믿고,

다른 사람들을 위해
우리의 시간,
재능,
자원을

현명하게 사용하고,
함께 예배한다.
영원히

- 로저 메릴, 레베카 메릴 -
(Roger and Rebecca Merrill)

시간관리와 리더십 개발 분야의 세계적 전문가,
코비리더십 센터(현 플랭클린 코비사)공동 창립자,
〈균형잡힌 삶을 살아라〉,〈소중한 것을 먼저하라〉저자

내 인생의 사명선언

나_____의 인생의 사명은

집단, 단체,_____에, 의, 을, 를 위하여,

_____과,함께

핵심가치_____를

(동사1~3개)_____

_____ 하는 것이다.

년 월 일.

name :

목적이 이끄는 삶

목적진술

목적은 사명과 어떻게 다른가
목적이 가져오는 응집력
목적에 의한 조직체로 만들기
목적 진술을 위한 단계들

목적이 이끄는 삶

거의 대부분의 사람들이 잘 정리된 목적을 가지고 있지 않다. 목적이 없으면 목표도 없다. 목표는 목적을 이루기를 원할 때만 세울 수 있는 것이기 때문이다.

목적이 얻고자 하는 무엇을 말하는 것이라면 목표는 그 무엇을 얻기 위해서 얼마만큼 하겠다는 설정을 의미한다. 그러므로 인생의 목표를 세우기 전에 반드시 선행되어야 할 것이 바로 목적을 찾는 일인 것이다.

목적은 사명과 어떻게 다른가

목적은 사명을 투영한다.

사명이 무엇을 하여야 하는가에 대한 것이라면 목적은 무엇을 얻고자 하는가에 대한 것이다. 이는 사명을 다 수행했다하더라도 목적이 이루어지지 않았다면 사명은 다시 시작되어야 한다. 사명이 목적을 구사하지 않고 오히려 목적이 사명을 투영하여 만들어 낸다. 물론 이것은 일반적인 경우를 말한다. 그렇지만 특별한 경우가 있다. 특별한 경우는 이런 경우이다. 즉 자기 자신보다 더 중요하다고 여기는 신앙이나 그에 준하는 애국심 또는 신념을 가진 경우가 있는데 이런 경우는 그 사람이 가진 신앙이나 신념으로 인하여 자신에게 경험되어졌거나 알게된 것을 사명으로 여기게 된다. 반대로 비록 신앙인이라 하더라도 그 신앙이 자신보다 중요하지 않을 경우에는 신앙의 교리가 아무리 중요한 사명이라고 하여도 그것은 사명으로 작용되지 못한다.

사명은 이처럼 자신보다 더 중요하다고 믿는 것이 자신에게 요구하는 것이라고 할 수 있다. 자기 자신보다 더 중요하다고 믿은 신념이 자신에게 요구하는 것이라고 믿는 경우를 제외하고는 대부분의 사람들에게는 목적이 사명을 투사시키고 그 투사된 것들이 정리되고 자신을 각성시키는 경험들을 가지게 될 때 사람들은 그것을 사명으로 알게 된다. 사명이 이처럼 목적의 투영이고 보니 목적이 없는 사람은 사명을 가질 수도 찾을 수도 없는 셈이다.

목적과 사명과 비전의 메카니즘

목적이 사명으로 투영되면 금방 사명으로 인식되지 못한다. 먼저 일정한 메카니즘을 따르게 되는데 그것은 다음과 같다.

먼저 목적이 사명으로 투영된다. 그러나 아직 사명일 수 없고 비전으로 형상화되는 단계를 거치게 된다. 그리고 비전을 성취하기 위한 목표를 세우게 되는 것이다. 여기에서 자신이 이루고자 하는 비전과 목적이 자신의 인생을 걸만한 이유를 가지는 것과 또한 인생을 걸도록 인도받는다는 수동적 느낌 사이에 시이소 작용을 하게 된다. 이

때에 오히려 사명으로 인식되는 것은 그 어떤 일을 하도록 인도받는 다는 수동적인 느낌에 의해 자신이 스스로에게 굴복되었을 때이다.

많은 사람이 사명과 관련하여 그 하고자 하는 일이 자신의 의지에서 나왔는지 아니면 의지가 발로되도록 인도받는 것인지에 대한 고민을 하는 단계를 거친다. 어쨌든지 명확하게 사명으로 인식되기까지는 목적은 비전이라는 그림을 그리게 되는 것이다.

물론 이것은 성인으로서 새로운 인생을 살고자 할 때 겪는 경우가 많고 어릴 때 일수록 겪게 되는 메카니즘은 목적 중심이기 보다는 먼저 꿈을 꾸게 된다. 그리고 비전으로 폼을 그리게 되고 그리고 자신의 인성에 따라 목적이 내면에 착상되는 것이다.

그리고 내면에 착상된 목적에 의하여 성인들의 경우처럼 자신이 이루고자 하는 것에 대하여 그것이 자신이 원하는 것인지 아니면 자신이 원하도록 이끌림을 받는 것인지에서 고민하게 되고 거기서 사명화되어지는 경우에 능력을 발휘한다. 그리고 강한 목적의식을 가지게 된다.

그렇지 못한 경우 즉 자신이 원하는 것이라는 측면이 강할 경우는 사명의식보다는 비전성취적인 차원으로 인생을 설계하게 되는 것이다.

목적을 보다 강화시키는 것은 사명의식의 작용이기에 앞장에서 다룬 사명 찾기에 먼저 성공하는 편이 좋을 것이다.

목적이 가져오는 응집력

목표는 도달하면 더 이상 목표가 아니게 된다. 그렇지만 목적은 달성한 후에 오히려 누림이 시작된다.

목적은 우리가 시간과 삶과 물질 재능들을 가지고 무엇을 하려고 하는지를 보여줄 뿐 아니라 무엇을 하지 않았는지도 보여준다. 무엇보다도 목적은 성공에 대한 정의를 내려준다.

목적은 응집력을 강화시킨다.

목적이 이끄는 삶으로 베스트셀러가된 릭 워렌(RickWarren)은 목회자이다. 그는 교회의 일반적 관점의 틀을 과감히 깨고 교회의 새로운 모델로 등장한 목회자이다.

최근 스타벅스는 그의 권고를 받아들여 머그잔에 성경구절도 써 넣기로 했을 정도로 그는 영향력 있는 목회자이다. 42개 나라 60개교단의 교회지도자들이 그의 테이프를 주문하였다. 그가 이와 같은 영향력을 가지게 된 것은 그의 교회를 목적 중심으로 이끌었기 때문이다.

새들백교회는 15년간 79개의 다른 장소로 이사를 다녔다. 1년에 5.3회를 이사했다. 15년 동안을 거의 2개월에 한 번씩 이사를 한 것이다. 릭워렌은 그러면서도 교회를 1만 명규모로 성장하게 하였는데 그것은 목적을 중심으로 응집력이 강화되었기 때문이다. 그 내용을 살펴보면 다음과 같다.

1979년 마지막 몇일 동안에 텍사스로부터 릭 워렌은 5개월된 아기와 5번이나 주인이 바뀐 흉물스런 가구들을 가지고 아는 사람이라곤 단 한 사람도 없는 새들백 밸리에 이사해왔다. 그에게는 돈도 교회도 머물 집도 없었다.

그는 고속도로에서 빠져나오자마자 그의 눈에 들어온 첫 부동산 사무실로 들어갔다. 그리고는 만면에 웃음을 가득 머금고 자신을 소개했다. 그 부동산 업자는 단 데일이었다.

"내 이름은 릭 워렌입니다. 나는 이곳에서 교회를 시작하려고 합니다. 당장 머물 집이 필요한데 사실 돈은 없습니다."

단은 싱글거리다가 크게 웃음을 터뜨렸다. 나도 따라서 웃었다. 나는 앞으로 일이 어떻게 풀려 갈지 전혀 알지 못했다. 단은 "글세 해볼수 있는 데까지 해봅시다." 라고 말하더니 두 시간 안에 우리가 세들어 살 연립주택을 하나 찾아주었다. 첫 달 월세는 무료로 해주었고 더군다나 그는 새들백 교회의 첫 교인이 되겠다고 약속까지 했다.[32]

2주일 후에는 그 집을 소개 해 주었던 부동산 업자의 가족을 포함하여 7명으로 시작된 캘리포니아 오렌지 키운티의 새들백 밸리 커뮤니티 교회가 시작되었다.

이렇게 시작된 새들백 교회는 계속되는 성장에 맞추기 위하여 15년 동안 79개의 다른 건물을 사용해야 했다. 장소를 옮겼기 때문에 성장하는 것이 아니라 성장하여 공간이 채워지기 때문에 이보다 더 큰 공간을 확보하기 위하여 옮긴 것이다. 그들은 새들백 교회는 출석하는 것이 문제가 아니라 어디에 있는지 찾는 것이 문제라고 말하면서 똑

똑한 사람만이 다닐 수 있는 교회라고 농담을 하곤했다.

그들은 네 곳의 고등학교와 수많은 초등학교, 은행건물, 체육관, 극장등 심지어 운동경기장까지 두루 사용하였다. 그리고 마침내는 2300명이 들어갈 수 있는 최첨단 천막을 세웠는데 주말에 4번씩 예배를 드렸다.

릭워렌은 대부분의 교회들이 너무 빨리 그리고 너무 작게 건축하는 것이 아닌가 생각한다며 "신발의 크기가 발의 성장을 결정해서는 안된다."고 말한다.

그의 교회는 15년간을 거의 2개월에 한번씩 이사를 하면서도 자체 건물없이 10,000명의 크기로 성장했다. 교회가 이렇게 많이 이사하는 것을 보았는가? 이렇게 자주 이사하면서 급속도로 부흥 성장하는 교회를 보았는가? 새들백교회가 기존의 통념을 깨고 성장이 가능할 수 있었던 이유는 목적중심의 교회이었기 때문이다. 그가 가진 목적은 "구도자 중심의 교회를 세워가는 것"이었다.

목적은 이와같이 응집력을 강화시킨다.

이론이 뒷받침된 목적은 응집력을 생산한다.

또한 그의 목적은 이론적 바탕을 제공하는 목적을 가지고 있었기에 응집력이 더욱 강하게 나타나는 것이다. 교회와 신앙의 가르침의 근본적 기초인 성경이 무엇을 말하는지를 정리하였는데 그것은 바로 목적 중심의 패러다임이라는 것이다.

그가 성경의 가르침의 방향성을 목적중심으로 규정하고 그 목적이 영혼을 구하는 것이며 영혼을 구하는 교회는 구도자를 중심으로 움직여지는 체제여야 한다는 것이다.

릭 워렌의 성경을 기초로한 목적중심의 이론은 응집력을 강화시켰는데 당시 교회의 성도들에게 질문한 결과에 따르면 "교회의 목적이 예수 그리스도를 위해 잃어버린 영혼을 구하는 것"이라고 대답한 사람은 11%에 지나지 않았다. 그럼에도 불구하고 놀라운 성장을 거둔 것은 잘 정리된 이론이 뒷받침하는 목적은 응집력을 생산한다는 것을 보여준다.

"PURPOSE"가 가져오는 효과

존 맥스웰은 일상생활의 좌충우돌에서 "PURPOSE"가 가져오는 효과를 다음과 같이 제시[33]하고 있다.

Pray- 보통 사람보다 더 기도하게 된다.
Unite- 보통 사람보다 더 연합하게 된다.
Risk- 보통 사람보다 더 모험하게 된다.
Plan- 보통 사람보다 더 계획하게 된다.
Observe- 보통 사람보다 더 민감하게 된다.
Sacrifice- 보통 사람보다 더 희생하게 된다.
Expect- 보통 사람보다 더 기대하게 된다.

프랑스의 영웅 잔다르크가 적들이 진치고 있는 성벽에 다다랐을 때 그 성벽은 난공불락의 성벽이라 그 성벽을 친다는 것은 무모하리 만큼많은 희생이 따를 것이 뻔하였다. 누구든지 참혹한 결과가 예측되는그 성벽으로 나아간다는 것은 있을 수 없는 일이었다. 이 때 잔다르크 는 자신의 참모인 장군에게 말했다.

"저는 우리 군대가 저 성벽을 넘도록 지휘할 것입니다."

그러자 장군은 "한 사람도 당신을 따르지 않을 것이요"라고 말했다. 이 말을 들은 잔다르크는 이렇게 말했다. "나는 그들이 따라오는지 보려고 뒤를 돌아보지 않겠습니다.

잔다르크는 19세의 나이임에도 불구하고 영국군으로부터 자신의 조국인 프랑스 해방을 위하여 나아갈 때 "PURPOSE"의 효과를 여실히 드러내어 주었으며 역사의 영웅으로 자리매김 되었다. 그녀는 자신이 가진 목적이 미래에 어떠한 영향을 끼칠지를 분명히 알았기에 자신의 실패로 인한 죽음의 공포따위는 그녀를 막지 못했다.

그렇다. 당신이 목적을 가지면 당신은 보통사람보다 더 많은 양질의 변화를 경험하게 된다. 그리고 그에 상응한 자리매김이 있게 되는 것이다.

목적에 의한 조직체로 만들기

목적에 의한 조직이 되기 위해서는 필수적으로 거쳐야 할 최소한의 단계가 있는데 그것은 첫째는 목적을 규정하는 단계, 둘째는 목적을 전이하는 단계, 세째는 목적형 시스템을 조직하는 단계이다.

목적을 규정하는 단계

목적은 창조하는 것이 아니라 핵심가치에서부터 비전에 이르기까지의 사이에서 발견하는 것이다. 그렇기 때문에 목적에는 핵심가치가 바탕에 깔려있고 동시에 비전이 반영되어 있기 마련이다. 또한 목적을 창조할 수 없는 이유도 그 때문이다.

그러므로 목적을 규정하기 위해서는 핵심가치를 이미 규정했어야하며 동시에 비전이 선명할 수록 명확한 목적을 발견할 수 있게 된다. 또 한가지는 목적을 규정하기 위한 질문을 사용할 수 있다. 아래에 그 질문들과 질문에 대답해야 할 내용들을 적어본다.

이 조직체가 왜 존재하는가?

이것은 조직체의 발단의 때를 깃점으로 생각해야하는 것이 아니다.

현재 왜 존재해야 하는가를 질문해야 하며, 그럼으로서 얻고자 할 내용이 있어야 한다. 그것은 이 질문이 조직체가 존재해야할 이유를 가지게 되는 동기부여가 될 수도 있음을 생각하고 해야한다. 반대로 조직체가 해체되어야 하는 정당성을 확인하게 되는 동기로 작용할 수도 있다.

그러므로 질문을 어떤 식으로 할 것인지를 선택하는 것은 조직체의 운명과 기로를 달리할 수 있다.

왜 존재하는가?를 질문할 때 당신은 단지 질문을 던지는 것으로 시작할 수 없다. 그 조직 구성원들이 어떤 마인드로 참여하게 되었는지와 현재 서있는 조직의 입장이나 현안문제에 따라서 질문이 서로 다르게 작용하게 할 수 있기 때문이다. 그리고 또 질문이 지정하는 연대기적 시점에 대하여 사람들이 어떻게 이해를 갖게 되는지를 고려하는 것은 너무나도 유의해야 할 사항이다. 그러나 여기서 알것은 왜 존재하는가? 라는 질문이 목적을 규정하는 첫 번째 질문이라는 사실이다.

조직체가 하고 있어야 할 일은 무엇인가?

프로그램은 바뀔 수 있지만 목적은 바뀔 수 없다. 다시말하면 방법론은 바뀔 수 있지만 목적은 흥정의 대상이 될 수 없다. 목적이 무언가의 영향으로 바뀌게 되면 그것은 목적이 아니라 영향을 미친 무언가가 목적이 되기 때문에 목적은 바뀌지 않는다. 그러므로 조직체가 지금 하고 있는 일이 목적에 맞는 일인지 아니면 그렇지 않은지를 평가해 보고 목적과 다르다면 도착지와 다른 방향으로 노를 젓는 것이나 다름없는 것이다.

이 조직체는 점점 어떻게 되어야할 조직체인가?

일시적인 행사를 위한 조직체인가? 아니면 시대적 조류에 변화를 거듭하며 생존하여 이루어야 할 어떤 모습이나 거두어야 할 어떤 성과가 있는가?

목적을 전이하는 단계

때로는 조직체의 목적과는 다르게 조직체의 체질과 시스템이 변질되어 있을 수도 있다. 그런때는 변질된 조직체의 정체성을 다시 정립하는 것부터 시작해야 할 것이다. 그러나 분명히 목적이 유지되어야 하는 ooo기념관 같은 조직체라면 체질과 시스템이 아무리 전통적으로 굳혀져있다 할지라도 잘못 굳혀진 전통을 유지하는 것보다 본래의 목적을 복구하고 재정립하는 것이 우선되어야 할 중요사항이다. 이일은 구성원의 찬성에 의해 이뤄지는 것이 아니다. 오히려 목적에 따른 구성원이 아니었음이 그들에게 드러날 경우 그들은 속으로 반발할 것이다. 그런 경우에라도 목적이 전이되어야 정상이다.

목적이 안 맞으면 돌려보내라

릭워렌은 교회를 세워가는데 막강한 영향을 끼치고 헌금을 많이 하는 영향력 있는 임원을 돌려보냈다. 그는 자신의 단체인 새들백교회 조직에 들고자 등록하고자 하는 사람은 반드시 새들백 교회의 목적을 지지한다는 헌신을 담은 "교인서약"에 서명하게 한다. 그렇게 하는 이유는 목적이 다른 사람들이 잘못된 목적을 실현하고자 등록하는 것을 막을 수 있기 때문이다.

어느 조직이나 단체이든 목적을 가지고 있다. 그런데 그 목적이 불분명하게 희석되면 다른 목적을 가진 사람들이 들어올 수 있게 된다. 그가 자신이 생각한 목적을 위해 열심을 낼 수록 조직은 곤란을 겪게 된다.

릭워렌은 자신의 책 새들백 교회이야기에서 자신의 경험 가운데 희생을 감수한 사건 하나를 소개한다.[34] 그의 교회를 당신의 단체나 회사로 바꾸어 생각하여 보라.

다른 교회(조직 또는 회사)에서 옮겨오는 교인(회원 또는 사원)들은 이전 교회(이후 회사로 표기)의 문화 보따리를 가지고 온다. 그들은 당신의 회사가 채워 줄 의도가 없는 어떤 기대들을 갖고 있을지도 모른다.

나는 이 사실을 새들백의 초기에, 우리가 공적 예배(본격적으로 사업)를 시작하기도 전에 분명히 깨달았다. 그것은 가정 성경공부에 참석하던 한사람에 의해서 였는데 그는 유명한 큰 회사에서 12년간 근무했던 사람이다. 우리가 무엇인가 새로운 것을 시작하려고 계획할 때마다 그는 "제가 있었던 회사에서는 이런 식으로 했습니다."라고 말하곤 했다.

이 말은 그의 반복되는 후렴 구절과 같았다. 8주가 지난 후에 나는 마침내 다음과 같이 말했다. "만약 당신이 당신의 이전 회사와 같은 회사를 원한다면 그 곳으로 돌아가는 것이 어떻겠습니까? 여기서 불과 21km만 가면 되는데요."

그는 나의 충고를 받아들였고 그의 가족 5명을 이끌고 떠나갔다. 그 수는 그 당시 우리 모임의 30%에 해당하는 것이었다. 더군다나 그는 십일조도 하는 사람이었다.

그 당시에는 그의 행동이 나에게 쇼크를 주었지만 지금 돌아보면 그문제를 그렇게 처리한 것이 새들백 교회의 운명을 결정짓는 중요한 결정이었다고 나는 믿는다. 내가 그때 그 사람의 말을 들었더라면 새들백은 바로 그 사람이 다니던 회사의 복사판이 되고 말았을 것이다. 우리의 장래는 매우 다른 모습이 되었을 것이다.

이 경험을 통해 릭 워렌은 지도력에 대해 두가지 중요한 교훈을 얻었다고 고백한다. 그것은 다음과 같다.

첫째, 불평분자에게 교회의 주요 안건을 결정하도록 해서는 안된다는 것이다. 불행하게도 작은 교회일수록 부정적인 교인이 더 큰 영향력을 가지고 있다.

둘째, 어떤 사람이 당신 교회의 목회 철학과 갈등이 있는지를 발견하기에 가장 좋은 시기는 그들이 등록하기 '이전'이라는 것이다. 사람들이 교회에 등록하기 전에 교회의 목적을 설명해 주는 것은 당신 교회에서 겪게 될 갈등과 실망을 줄여 줄 뿐 아니라 어떤 사람에게는 자신의 철학이나 개인적 취향 때문에 다른 교회에 출석하는 편이 더 낫다는 것을 깨닫는 기회도 준다.

아무리 아까운 인재라 하더라도 조직의 목적과 안맞으면 그에게 다른 기회를 가지도록 권하는 것이 바람직하다. 그가 특별한 인재일수록 조직은 목적과 더욱 멀어지게 되어 정체성을 잃게 된다.

결국 조직은 그 인재 개인의 가치를 위한 조직이 되어버릴 것이다. 조직의 목적과 합하여 행복을 추구하던 모든 다른 사원들은 자신의 목적을 수정하든지 아니면 그 괴로움을 받아내던지 하여야 할 것이다.

현장사원을 먼저 목적에 동화시켜라

목적에 의해 움직이는 조직을 만들기 원하면 안에서 밖으로가 아니다. 또는 위에서 아래로가 아니다. 안에서 밖으로 주입하는 형태로 목적을 이해시키는 방법은 별로 효과가 없다. 안에서 즉 중역급에서 부장급 팀장급으로 동심원이 밖으로 퍼지나갈 수록 목적에 대한 의식은 희박해진다.

이것은 너무나도 일반적인 현상이고 지극히 정상적이다. 많은 사람들이 이러한 현상이 나타나는 문제와 씨름하는데 수많은 노력을 기울여도 겨우 희박의 갭을 약간 줄일 수 있는 정도의 효과를 가져올 뿐이다. 그리고 얼마 안되어 곧 전처럼 희박해지곤 하는 일을 반복하게 되는 것이다.

그리고 이러한 방식의 목적에 대한 강조는 오히려 현장사원의 입장에서는 현장과 회사 사이에서의 양분된 태도를 습득하게 한다. 즉 현장에서 일하는 태도와 회사의 상부를 대하는 태도를 각각 달리하는 법을 터득하도록 노력을 유도하게 된다.

그러나 이와 반대로 밖에서 안으로 동화시키는 방법은 현장을 중시하는 태도, 즉 고객중심의 경영이라는 마인드에서 출발해야 한다. 많은 회사들이 고객중심 경영을 외치면서도 목적을 중심으로 일사분란하게 움직이지 못하고 이원화된 갈등을 겪게 되는 것을 볼 수 있다. 그것은 목적을 동화시키는데 뭔가 잘못되었기 때문이다.

진정으로 조직전체가 목적에 동화되어 한 몸같이 기능을 발휘하도록 하려면 밖에서부터 동화시켜야 한다. 그래야 중간관리자들이 고급

관리자가 말하는 이론에 맞추어 일하는 것이 아니라 현장중심의 목적 이론을 습득하여 오히려 중심부에 성과가 있는 정확한 피드백을 할 수 있도록 하게 된다.

이런 시스템을 구축할때 현장의 실무자들이 목적의 실현을 위해 할 수 있는 방법을 익히게 되고 그것을 발표하게 함으로서 목적의 공유의 질을 높일 수 있게 되며 회사에 대한 전체 헌신도가 높아진다.

목적진술을 위한 단계들

이제 당신이 목적진술을 완성한다면 두 개의 파트, 즉 기초공사와 기둥세우기로 되어 각각 4개씩의 파트중 기초공사 4번째 프레임을 완성하게 된다.이것은 당신이 거인형 기초공사를 완료하고 있음을 의미하며 동시에 곧 거인형 기둥세우기를 시작할 수 있음을 의미한다.

"위대한 생각의 소유자들은 목적을 가지고 있고 그 외 다른 사람들은 소원을 가지고 있다. 보잘것 없는 생각의 소유자들은 불운에 정복당하지만 위대한 생각의 소유자들은 그것을 뛰어넘는다."

-Washington Irving.

위대한 목적 진술을 위한 단계적 질문

목적진술을 위하여 먼저 다음의 질문에 단계적으로 대답하라. 그리고 자신의 목적을 글로 쓰라. 목적을 글로 쓰면 기적이 생긴다.

1.나는 (회사) 왜 존재하는가?

- 정체성 _____

_____

_____

2.나는 무엇을 원하는가?

- 핵심가치 _____

_____

_____

3.나는 무엇을 해야 하는가?

- 사명 _____

_____

_____

4.나는 그것을 왜 하려고 하는가?

- 목적 _____

_____

5.위의 4가지 질문에 대하여 답을 찾고 발견한 것들을 글로 옮기라.

_____

_____

6.내용을 체계화하되 번호를 붙이지 말고 서술형으로 표현하라

_____

_____

7.결론을 함축시켜 한 문장으로 쉽게 요약하라.

_____

_____

8.위의 요약된 문장을 다른 사람에게 읽어 주고 1~4항의 질문을 던
지라._____

_____

9. 나의 목적은?

_____

_____

_____

_____

_____

PART 3

거인에게
성공 엔진을 달아라

꿈을 비전으로 바꾸는 능력

목표화

D –Determination(결심)

R –Risk(위험)을 감수하라

E –Expectation(기대) 이루어질 것을 기대하라

A –Aspiration(갈망)을 가지라

M –Motivation(동기)

전반부에서는 꿈을 성공적으로 실현하기 위한 기반작업을 하였다. 즉 정체성, 핵심가치, 사명, 목적을 규명하였다. 이 네 가지는 인생성공을 위한 가장 중요한 절대기반이며 주춧돌이다. 후반부에서는 이렇게 규명된 꿈의 성공기반을 비전화 목표화 실행화 현실화를 실현하는 내용이다. 이 4가지는 인생성공의 절대지지대이며 꿈을 현실에 실현하는 핵심기둥이다.

우리는 Part 2에서 정체성, 핵심가치, 그리고 사명과 목적을 공고하게 구축하여왔다. 이것은 기둥을 세우기 위한 토대형성이며 바탕작업이었다. 여기부터는 그 바탕 작업위에 꿈을 현실로 실현할 기둥들을 세워야 한다. 그 첫 번째가 비전기둥이다. 꿈을 이루기 위해서는 꿈을 비전으로 전환해야 한다. 그렇지 않으면 꿈은 한낱 공상으로 끝나버리기 일수이다.

성공인생을 계발하는 거인형 리더쉽 프레임 예시

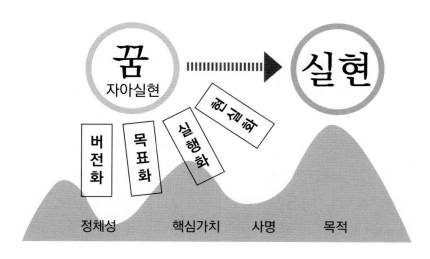

정체성과 핵심가치는 자아라는 내면의 가정에서 부부간이다. 그리고 내면의 자아가정에는 사명과 목적이라는 자녀가 있다. 이 자아가정은 이제 꿈의 실현을 위한 계획단계에 들어가야 하는데 꿈을 비전화 하는 것이 첫 단계인 것이다. 이제부터는 당신의 꿈을 공상으로 날려버리지 않고 비전으로 그릴 수 있도록 하기 위해 월터 캘러스태드(Walther P. Kallestad)가 꿈의 영어 단어들로서 각 알파벳을 머리글자로 기억하기 쉽게 설명한 것[35]처럼 여기서도 같은 방법을 사용하여 꿈을 비전으로 전환하는 작업을 전개하고자 한다.

D .... Determination(결심)
R .... Risk(위험)
E .... Expectation(기대)
A .... Aspiration(포부)
M .... Motivation(동기)

꿈을 비전으로 전환한다는 것은 나의 눈앞에 넓게 펼쳐진 광활한 자연경관을 나만의 화폭에 담는 것이라고 할 수 있다. 그리고 비전(Vision)의 Vis의 어근에는 그림의 의미가 함축되어 있다. 꿈이 추상이라면 비전은 나의 소원하는 바의 투영이라고 할 수 있다. 그러므로 추상의 꿈은 반드시 그림으로 선명하게 채색되어야 더욱 가치가 매겨지는 것이며 작품성을 지니게 되는 것이다. 그리고 허공속에, 생각속에 있던 것을 눈 앞에, 품속에, 손안에 잡아둘 수 있게 되는 것이다.

꿈을 비전으로 바꾸는 능력

비전과 목표가 미래를 바라보는 것에 중심을 맞춘 것이라면 목적과 사명은 현재에 그리고 자신에게 중심을 맞춘 것이다.

D -Determination(결심)을 하라

꿈에 근육을 발달시키라

꿈을 비전으로 전환하기 위한 첫번째 필요한 요소는 당신의 결단이다. 꿈은 누구나 꾼다. 그러나 오래꾸면 죽어 버린다. 꿈은 구체화되어야 근육이 생긴다. 꿈에는 두가지 근육이 있는데 비전과 목표이다. 비전이 그림채널이라면 목표는 구문채널이다.

인생은 모두 꿈을 꾼다.사람마다 저마다의 꿈이 있다. 그러나 살아가면서 그 꿈과 점점 멀어져 가는 사람과 반면에 그 꿈을 이루어 가는 사람으로 나뉘어 진다. 당신은 어느쪽인가? 어느누구도 자신의 꿈과 점점 멀어져가기를 원하는 사람은 없는데도 어떤 사람은 자신의 꿈을 성취하며 행복한 성공자가 되고 어떤 사람은 꿈과는 상관없이 인생의 조연으로 살아가다가 사람들의 기억에 조차 흔적도 없이 생을 마감하고 만다. 이와같은 엄청난 차이를 만들어 내는 것은 꿈을 붙잡는 방법 때문이다.

로버트 기요사키는 [부자 아빠 가난한 아빠]에서 돈에 의해 움직이는 사람과 돈을 움직이는 사람이 있다고 갈파했다. 당신은 스스로 꿈을 이룰 사람이 되든지 아니면 꿈을 못이루고 살아도 되든지를 스스로 선택할 자유가 있다. 만약에 당신이 꿈을 이루지 못해도 아무렇지도 않은 마음이라면 이 책을 읽는 것이 도움이 되지 않을 것이다. 그러나 당신이 꿈을 이루고자 하는 소원이 있다면 이 책은 당신의 인생에 놀 라운 변화를 가져올 수 있다. 당신의 결심이 얼마나 강력한지가 인생의 변곡점을 만들어내는 전환능력과 정비례한다.

결심은 성공의 첫 동기

세계적인 리더십 컨설턴트이자 동기부여 전문가 폴 J.마이어는 1960년 "인간의 잠재능력을 개발하도록 동기부여"하는 일에 전념하는 회사를 설립한 이래 현재 40여개 이상의 기업을 거느린 기업가로서 자기개발, 교육, 컴퓨터 소프트웨어, 재정, 부동산, 인쇄, 제조, 비닐제품, 화이버 글래스, 항공, 자동차 경주, 법정보험, 자선단체 등을 운영하고 있다.

마이어씨는 사업에서와 마찬가지로 취미 분야에서도 독서광, 산악등반, 하이킹, 스키, 사이클, 스쿠버 다이빙, 테니스 등을 즐기는 스포츠맨으로 그리고 사진 촬영의 전문가이며, 오래된 차를 수집하기를 즐기며, 특별히 1936년형 포드 자동차를 수십 대나 소장하고 있다.

이런 꿈을 이룬 성공경영자인 폴 마이어가 거지였다는 사실을 아는 사람은 거의 없다. 그가 이렇게 성공하기까지는 그의 놀라운 결심이 성공의 첫 동기가 되었다.

어느 날 그가 길거리에서 거지 깡통을 차고 앉아 있는데 고급 승용차 한 대가 앞을 지나가고 있었다. 순간 그는 깡통을 찌그러트리고 분노를 일으키며 외쳤다.

"똑같은 인간으로 태어나서 누구는 고급 승용차를 타고 누구는 깡통을 차고 다니냐?" 그는 나무를 붙들고 기도하며 결단하였다. 거지의 신분이었지만 성공을 위해 큰 결단을 하였다. "나도 사업한다. 돈이 없으니까 세일즈맨으로 시작해 반드시 성공적인 인생을 살리라."

드디어 세일즈맨으로서의 생애가 시작되었다. 큰 목표를 가지고 열심히 일하다가 보니까 남다른 아이디어가 나오기 시작했다. "이왕 물건을 팔러 다니는 것, 사장급들만 만나자. 팔리지 않으면 팔리지 않는 것 뿐이지만 일단 팔리면 많이 팔릴 것이다."

이런 생각을 하고 그는 길거리에 앉았다. 거지 출신이었기에 길거리에 앉아 있는데는 명수였다. 폴 마이어는 고급 승용차가 지나가면 차 번호를 재빨리 적었다가 조사하여 주소를 찾아냈다. 그는 그 동네 사장급들을 모두 자신의 고객으로 만들었다[36]고 한다.

오늘날 성공에 대한 관심이 있는 사람이라면 그의 이름을 모르는 사람이 없다. 그는 사람은 누구나 성공에 대한 잠재능력을 지니고 있다는 것을 확고히 믿고 있다고 했다.

당신도 잠재능력이 있다. 꿈을 비전으로 바꾸는 첫 관문인 결단을 강화하라.

결심을 되뇌일 때 나타나는 법칙

첫째로 결심을 되뇌일 때 '강화의 법칙'이 작용된다. 자신이 하고자 한 사실을 되뇌이면 더욱 그 결심에 집중하게 된다. 그리고 그 결심을 이루기 원하는 보다 강력한 마음을 가지려고 여러 생각을 보조하여 결심한 내용을 강화하게 된다.

둘째로 '치환의 법칙'이 작용한다. 부정적인 생각과 나약한 생각이 바뀌어 할 수 있다는 긍정적인 생각과 강한 마음으로 바뀌는 것이다.

셋째로 결심을 되뇌일 때 '선명의 법칙'이 작용한다. 흐릿하던 생각이 분명해지고 멀게 느껴지던 목표가 실행할 수 있게 다가오는 것이다. 명백한 숫자로 선명한 그림으로 구체적인 언어로 분명해지는 것이다.

넷째로 '적극성의 법칙'이 작용한다. 유명 기업체에서 아침마다 사훈을 복창하고 그날의 목표나 자신의 자화상을 외치게 한다. 그것도 그냥 입으로만 하는 것이 아니라 때로는 손뼉을 치며 리듬타며 복창하게 한다. 이렇게 하고나면 이상하리만치 그날의 일과에 적극적이 된다는 것이다.

당신도 큰 소리로 복창해보라. 특별히 꿈과 목적을 복창하라.

매일 아침 일어나면 복창부터 시작하라. 복창은 결심을 되뇌이는데 가장 널리 알려진 방법 중에 하나이다. 그리고 복창하면서 박수를 치면 강화의 효과를 더 많이 경험하는 한 가지 방법이 될 수 있다.

당신의 꿈을 복창하라
당신의 목적을 복창하라

R -Risk(위험)을 감수하라

운전면허를 딴 사람이 사고를 두려워하여 차를 몰고 나가지 않으면 그는 결코 차를 운전할 수 없게 된다. 사고의 위험을 감수하고 차를 몰고 나가야만 멋진 드라이브를 즐길 수 있다.

수영선수가 되는 것이 꿈인 어느 청년이 "나는 수영선수가 되고 싶다. 그런데 수영을 잘하기 까지는 물에 빠져 죽을지도 모르니 절대로 물에 들어가지 아니하겠다"고 한다면 그는 결코 수영선수가 될 수 없는 것이다.

무슨일을 시도하든지 위험이 도사리고 있다. 아예 위험이 도사리고 있다는 사실을 인정하고 출발하는 것이 성공을 위한 처방이다.

위험이 없을 것이라는 기대가 아니라 위험을 대비하라는 것 미국의 역사학자 잘츠 비오드는 은퇴할 무렵 "역사를 연구하면서 배운 중요한 교훈이 무엇입니까?" 라는 질문을 받았다. 그가 대답하였다.

"나는 네 가지를 배웠소.

첫째신이 어떤사람을멸망시키고자할때에는그로하여금권력에

미치도록 방치하여 둔다는 것을 배웠소. 둘째는 하나님의 연자맷돌은 천천히 돌아가지만 마침내 모든 것을 곱게 빻는다는 사실을 배웠소.

셋째는 꿀벌이 꽃에서 꿀을 딸 때에는 그 꽃을 수정시켜 주는 것을 배웠고 넷째는 캄캄한 밤중에야 별을 볼 수 있다는 사실을 배웠소."

실패는 성공의 어머니라는 사실을 배웠다는 것이다. 위험에 이말을 응용하면 위험은 오히려 철저한 준비를 만들어 낸다는 것이다.

위험을 무시하는 것은 결코 잘하는 처사가 아니다. 위험을감수하라는 것은 위험을 맞을 준비를 미리 대비하라는 것이다. 물론 대비하지 못한 영역이나 차원에서 위험을 맞을 수도 있다.

그러나 다시 위험을 맞게 되었다해도 그리고 다음번에 위험을 간과할 수 없다. 결코 당신은 위험을 감수하는 법을 배워야 하는 것이지 위험이 없다는 것을 확증받아야 하는 것이 아니다.

위험을 감수했어도 다시 나타날 수 있음으로 감수체질이 되어라

미국과 영국에 케이블을 연결한 사람은 시러스 필드라는 사람이다.

그런데 지금부터 100년 전에 이미 이런 생각을 했다는 것 자체가 놀라운 꿈의 사람임을 알 수 있다. 그는 꿈에 그치지 않고 비전으로 전환하고 실천에 옮겼지만 실패했다.

그는 3번이나 연겨푸 실패하였으나 4번째 전선을 잇는데 성공했다. 첫 번째 시도는 대서양 500km지점에서 파도로 인하여 케이블이 끊어지고 말았다.

두번째 시도는 1차실패 후 1년이 지나 다시 시작하였는데 이번에는 더 굵은 줄을 사용하여 성공하였다. 양국사이에 통화가 가능했다. 그러나 이번엔 거친 바다에서 견디지 못하고 끊어지고 말았다. 그는 파도의 위험을 감수하였고 거친 바다의 위험을 감수하면서 성공을 위한 전략과 전술도 발전시켜 나갔다.

그는 이번에 또 어떤 위험에 노출될지 모르지만 7년째 되던해에 다시 한번 케이블을 깔았다. 그러나 또 실패의 고배를 마셔야 했다. 수년후 여러번의 위험을 감수하며 맛보게된 실패의 경험이 성공을 위한 지식으로 축적되어 결국엔 완벽한 케이블을 설치하게 되었다.

이제 미국과 영국의 사이에는 통신에 아무런 이상이 없어졌다.

E -Expectation(기대) 이루어질 것을 기대하라

업친데 덥친격이 되어도 포기하지말고 기대하라. 존 맥스웰은 트루엣의 어린시절 이야기를 전해주고 있다. 트루엣의 어린시절 이야기는 그가 타고난 기업가라는 것을 보여준다. 초등학교 2학년때 그는 25센트로 콜라 6팩을 살 수 있다는 것을 알아내고 그것을 하나에 5센트씩 받고 팔아서 20%의 이익을 남겼다.

얼마 후 그는 소다 음료를 상자로 사서 거기에 얼음을 넣어 수입과 이윤을 늘려갔다. 날씨가 추워져서 음료수 판매가 저조해지면 잡지를 팔았다. 그때 그의 나이 11살이었고 신문 배달로 이웃 돕는 일을 시작했다. 12살이 되자 그는 자신의 배달 구역을 갖게 되었다.

청년이 되자 당시의 많은 젊은이들처럼 트루엣도 군에 입대했다. 복역을 마친 1945년 그는 기회를 잡을 준비가 되어 있었다. 그의 흥미를 끌었던 것은 식당 사업이었고 그의 꿈은 형제중 1명인 벤과 함께 일하는 것이었다.

그들은 경영을 어느 정도 배운 뒤 돈을 모으고 장소를 정하고 식당을 짓고 애틀랜타 남쪽에 있는 조지아 해이프 빌에 지금의 드워프 하우스의 전신인 드워프 그릴(Dwarf Grill)을 개업하였다. 그 식당은 일의 양이 엄청나게 많았지만 하루 24시간, 주 6일 동안 열었고 첫 주부터 이윤을 남겼다. 그러나 몇 달이 지나자 트루엣은 처음으로 심각한 문제에 직면하게 되었다.

첫 번째 문제는 식당을 개업한 후 3년 만에 찾아왔다. 트루엣의 두 형제가 개인 경비행기를 타고 테네시의 채터누가로 가는 도중 추락했는데 둘 다 죽고 만 것이다. 사업의 동역자를 잃는 것은 힘든 일이다.

더욱이 한꺼번에 두 형제를 잃는다는 것은 끔찍한 일이다. 트루엣은 망연자실했다. 그러나 즉시 감정의 충격을 극복한 그는 혼자서 계속 나아갔다.

1년후 그는 벤의 아내인 유니스에게 사업의 지분을 갚았다. 다시 1년 뒤에는 두 번째 식당을 열었다. 그때까지는 모든 일이 꽤 순조로왔다. 그러던 어느날 밤 그는 전화벨 소리에 잠을 깼다, 두 번째 식당에 불이 났다는 것이다. 그는 어떻게든 해 보려고 급히 달려갔으나 도착했을때는 이미 모든 것이 다 타버리고 난 뒤였다. 이 사실 하나만 봐도 아주 힘들었다. 그러나 실제로 더 심각한 것은 그가 보험조차 들어 놓지 않았다는 사실이었다.

몇 주 지나지 않아서 트루엣은 그를 허물어 뜨리려는 또다른 어려움에 봉착했다. 그의 결장에 점막 비후로 인한 돌기가 생겨서 그것을 제거해야만 한다는 사실을 알게 된 것이다. 이보다 더 나쁜 타이밍도 없을 것이다. 그는 식당을 새로 짓는 대신 수술을 받아야만 했다. 한 번의 수술이 두 번이 되었고 더 당황스럽게도 그는 몇 달동안 누워 있어야만 했다. 그처럼 열정적인 사업가에게 그 몇 달은 영원이나 마찬가지였다.

적극적인 사업가가 몇 달동안 침대에 누워 있어야한다면 무엇을 하겠는가? 만약 그가 트루엣 캐시라면 백만불짜리 아이디어를 고안해낼것이다. 일을 못하고 어쩔 수 없이 누워있어야 했던 그때 트루엣은 새로운 생각을 하며 지냈다. 그는 언제나 치킨을 좋아해서 치킨은 드워프 하우스의 음식중 중요한 자리를 차지했다.

한동안 그의 식당에서는 뼈없는 치킨 가슴살을 제공해 오고 있었는데 그는 그와 관련하여 이런 생각을 했다. "만약 그 치킨 가슴살을 조미하여 알맞게 튀겨낸 후 적당한 양념과 함께 빵 위에다가 놓으면 어떻게 될까?" 그 답이 칙 필 에이 샌드위치이고 개인 소유로서는 세계에게 가장 큰 체인 식당이 시작된 것이다.

오늘날 트루엣은 패스트푸드 산업에서 치킨 샌드위치를 만들어 낸 업적을 인정받고 있다. 칙 필 에이는 여러 지역에 9백 개 이상의 식당을 운영하고 있고 애틀랜타 남부에 73에이커(약9만평) 대지위에 세워진 20만 평방피트의 본부를 두고 있다. 그리고 2000년에는 10억 달러의 회사가 되었다.

이 회사는 수백만 개의 치킨 샌드위치와 신선한 레모네이드를 수없이 판매함으로써 외식 사업에서 크게 성공한 회사 중 하나가 되었다.이사업은 계속 성장하고 있다.[37]

트루엣을 옆에서 본다면 여러번에 걸친 업친데 덮친격이 되는 위기로 실패한 사람이었다. 그러나 그는 위기와 실패 가운데서 기대를 포기하지 않고 오히려 더 좋은 아이디어를 창출하여 더 좋은 기회로 만들어 버렸다.

그가 이와 같은 성공적인 인생을 살 수 있게 된 것은 무엇때문인가? 그것은 그의 기대이다. 그럼에도 불구하고 더욱 성공할 수 있고 그럼에도 불구하고 더욱 행복할 수 있고 그럼에도 불구하고 더욱 좋은 것을 만들 수 있을 것이라는 그의 기대는 새로운 아이디어를 떠올리게 했고 결국 패스트푸드 산업으로 더욱 멋진 성공을 이루어냈다.

인생을 전체적으로 보는 시각 즉 통관(通觀)을 가지라

어마 봄벡(Erma Bombeck)은 처음 직업을 갖기 시작하면서부터 역 경으로 가득찬 길을 통과했다. 그녀는 아주 일찌감치 언론계와 관련을 맺게 되었다.

10대일 때 그녀가 처음 하게 된 일은 데이턴에 있는 저널 헤럴드(Journal Herald)에서 복사하는 것이었다. 그러다가 그녀가 오하이오 대학으로 떠날 때 상담자는 그녀에게 "글 쓰는 것을 잊어버려라"고 충고했다. 하지만 그녀는 거절했다. 그녀는 데이턴 대학에 편입하여 1949년에 영어전공으로 학위를 받고 졸업했다. 그 후에 곧 신문의 부고란과 여성페이지 담당 작가로 일하기 시작했다.

그해 그녀의 삶에 역경이 닥쳐왔다. 결혼을 한 그녀의 간절한 소원 중에 하나는 엄마가 되는 것이었다. 그러나 슬프게도 의사로부터 들은 이야기는 그녀가 아기를 가질 수 없다는 이야기였다. 그러나 그녀는 자신을 포기하고 실패자로 여기지 않았다. 그녀와 남편은 입양의 가능성을 조사해 보았고 딸을 입양했다.

2년뒤 놀랍게도 어마 봄벡은 임신을 하게되었다. 이것이 오히려 더 큰 어려움을 가져왔다. 4년동안 그녀는 4번 임신을 했으나 그 중 두 아이만 살아남았다.

1964년 그녀는 이웃동네의 조그만 신문사인 케더링 오크우드 타임즈의 편집자를 설득하여 주간 유머칼럼을 쓰게 되었다. 한 기사당 3달러밖에 받지 못했으나 그녀는 꾸준하게 글을 써 나갔다. 그리고 그것이 그녀에게 문을 열어주었다.

그 다음해에 그녀는 예전에 일했던 데이턴의 저널 헤럴드로부터 일주일에 3번씩 기사를 쓸 수 있는 기회를 얻었다.1967년까지 그녀의 칼럼은 무려 900개이상의 신문에 실렸다. 어마는 삼십여년 동안 유머칼럼을 써 왔다. 그 사이 15권의 책을 출판했고 미국에서 가장 영향역 있는 여성25명 중 1명으로 알려졌으며 텔레비전 쇼 '굿 모닝 아메리카'에 자주 출연했고 '타임'지의 표지 인물이 되기도 했다.

그리고 미국 암 협회 명예상을 비롯한 수많은 명예상과 15개의 명예 학위를 받았다. 그러나 그 기간 동안 어마봄벡은 유방암과 유방 절제 수술과 신장 기능 부전을 포함해 엄청난 괴로움과 시련을 겪었다.그러면서도 그녀는 자신의 인생경험에 대한 자신의 시작을 나누는 것을 꺼리지 않았다.

"나는 대학 졸업식에서 연설할때 내가 단위에 있고 그들이 그아래에 있는 이유는 나의 성공 때문이 아니라 나의 실수 때문이라고 말했다. 그리고 나서 나는 그 모든 실수들을 전부 이야기하기 시작했다."

"베이루트에서 겨우 두 장 팔린 코미디 레코드 앨범… 우리 집에서 만든 도넛 길이 만큼밖에 지속되지 않은 시트콤… 브로드웨이에 한 번도 가보지 못한 브로드웨이 연극…겨우 두 사람이 온 저자 사인회, 그것도 한 사람은 화장실 가는 길을 물어보려했던 사람이고, 또 한 사람은 책상을 사려고 왔던 사람이었다."

"당신이 자신에게 해야하는 말은 이것이다. '나는 실패자가 아니라. 나는 어떤 일을 하는 데 실패했을 뿐이다.' 여기에는 큰 차이가 있다. 개인적으로나 직업면에서나 나는 아주 험난한 길을 걸어왔다. 아기들을 먼저 땅에 묻고 부모를 잃고 암에 걸리고 자녀들 때문에 염려해 왔다. 그런데 이 모든 것을 이겨낼 수 있었던 비결은 그것들을 전체적인 시야로 보았기 때문이다. 이것이 바로 내가 살아가면서 겪는 일들이다."

그녀는 69세의 나이로 죽을때까지 매일 산장 투석을 하면서도 계속 글을 쓸 수 있었다.[38] 그러면서도 그녀에게 있어서 인생을 전체적으로 보는 시각을 가짐으로서 희망과 성공에 대한 그의 기대가 결코 감소되는 일이 없었던 것이다.

그녀의 전체적으로 보는 시각 즉, 통관 덕분에 그녀는 자신의 인생에 거는 기대는 그녀의 실수들 마저도 오히려 그녀의 성공을 가속화한것이 되었던 것을 상기할 필요가 있다.

꿈에 대한 부정적인 기대와 긍정적인 기대

---

*Negative Expectations

낮은기대 Low Expectations – 두려움을 조장한다.

기대없음 No Expectations – 의심을 조장한다.

느린기대 Slow Expectations – 과도하게 신중을 기하게 한다.

*Positive Expectations

시도해보는기대 Go Expectations – 영감을 가져온다

성장하는기대 Grow Expectations – 뿌리를 내리게 한다.

달아오르게하는기대 Glow Expectations – 신바람을 가져다 준다.

A -Aspiration(갈망)을 가지라

Aspiration(갈망,포부)이 단어의 형용사형인 aspiring(포부가있는)의 어원을 살펴보면 그 동의어가 Eager(열망하는), Enthusiastic(열광적인), Soaring(솟구치는) 등과 같음을 알 수 있다. 갈망은 열정이다.

무엇을 이루고픈 소망의 정도가 열정의 정도를 결정한다.

최근 '21세기 글로벌 리더십'의 조건은 무엇일까?'라는 질문에서 잭웰치 전 제너럴 일렉트릭(GE) 회장은 '에너지, 비전, 타인을 열광케 만 드는 열정'을 꼽았다.

존템플턴(JohnTempleton)-'월스트리트의 살아있는 전설'이자'영 적인 투자가'로 불리는 그는 미국 테네시 주 윈체스터에서 태어나 예 일 대학교를 수석으로 졸업, 옥스퍼드 장학생이었다. 그는 일약 25세 의 나이에 월스트리트로 진출하여 탁월한 투자능력을 보이며 저가성 장주 발굴의 명인으로 인정받았다.

1954년 Templeton Growth를 설립하여 투자 범위를 세계 전체 로 확대하여 글로벌 펀드라는 새로운 분야를 개척했다. 투자가로서의 활동과 함께 종교 활동도 병행하여 프린스턴 신학교의 이사와 학장을 역임했다. 주식시장의 거물인 존 템플턴이 평생의 경험과 관찰을 통 해 깨달은 인생의 진리를 소개한 자신의 책 '인생에서 성공하는것이 란 무엇인가'에서 그가 찾은 성공의 해답은 "좀더 높은 차원의 도덕적 이며 인격적으로 위대한 성공"을 말하는 것이다. 이 같은 성공을 위해 서 그가 가장 강조하는 것은 바로 열정이다.

더구나 그의 철학은 열정은 누구나 자신안에 이미 가지고 있다는것 이다. 그 열정을 깨우는 것이 성공의 관건이라는 것이다.

어떤 열정이든지 열정을 일으키는 동기가 있게 마련인데 그중에 강력한 열정을 일으키게 하는 동기의 근원은 어떤 것을 이루고 싶어 하는 '소망'이라고 한다. 캔자스 대학의 심리학자인 C.R.스나이더(Snyder)는 대학 신입생들의 첫 학기 학업성취도를 그들이 가진 소망을 통해 사전에 알 수 있다고 말했다.

그가 발견한 것들을 숙고해 보라. "높은 소망을 가진 학생들은 자신에게 훨씬 더 높은 목표를 부과하며 그것을 성취하기 위해서 얼마나 열심히 공부해야 할지를 안다. 학업 성취도에 있어서 대등한 지적 능력을 가진 학생들을 비교 감안하면 그들의 성적 차를 결정하는 것이 바로 갈망(열정)임을 알 수있다.[39]

사람마다 열정을 일으키는 동기원이 다를 수 있다. 어떤 사람은 자신이 해야만 한다는 책임감에 우선적으로 열정을 쏟는 경우도 있고 어떤 사람은 자신이 하고 싶은 일을 발견했을 때 열정을 쏟는 경우도 있다. 그것은 그의 기질이 어떤 것에서 자극을 받게 되는가에 따라서 달라지게 되는 것이다. 그러나 꿈을 비전으로 전환하는데에 열정은 필수 불가결한것이다. 열정이 없는 사람이 꿈을 현실화하기 위해 노력하는 모습을 발견한다는 것 자체가 성립될 수 없는 것이다.

여기서는 그 노력의 정도를 결정하는 요소로서 열정을 말하는 것이다. 열정이 있느냐 없느냐하는 것은 논의할 가치가 없다. 꿈을 자신의 비전으로 분명하게 형상화하기까지 열정의 수위가 그 결과와 정비례한다는 것을 말하는 것이다.

갈망은 새 인생을 가져다 준다.

매기 쿤(Maggie Kuhn)은 인종차별이 심하던 시기에 미국 버팔로에서 태어나 일찍부터 인권문제에 깊은 관심을 가졌던 여성이다. 영국에서 대학교육을 받은 쿤은 미국으로 돌아와 클리브랜드의 YWCA에서 전문직 요원으로 사회활동을 시작했다. 그러다가 뉴욕의 장로교회에서 '교회와 인종'이라는 프로그램을 주관하는 일을 맡게 되었다. 거기서 그녀는 25년 동안이나 전문가로서 탁월한 능력과 일에 대한 집념을 보여주었다.

쿤이 만65세 되기 6개월 전에 충격적인 사건이 일어났다. 25년간이나 일하던 그에게 퇴직의 시간이 온 것이다. 쿤은 이때 건강했고 전문가적 식견은 절정에 달했으며 정력은 넘쳐났다. 더욱이 그녀에게있어서 일은 그녀의 삶 전부였다. 그녀가 은퇴할 무렵인 1969년 당시 미국은 노인문제에 관심을 집중하고 있었다. 노인들을 위한 사회보장제도를 강화해야 한다는 목소리가 높아졌고 그들을 위한 프로그램이 개발 되어야 한다는 말이 여기저기서 터져 나왔다.

당시 교회에서 실시하는 노인들을 위한 프로그램은 부족한 실정이었고 특히 이미 실시하고 있는 프로그램들 조차도 병든 사람이나 죽어가는 사람들을 돌보고 유복한 노인들에게 취미거리를 제공하는 정도에 불과했다. 그러니 대다수를 차지하는 보통의 노인들에게 좀 더 생산적인 활동의 기회를 부여하는 프로그램은 당연히 찾아볼 수 없었던 것이다.

이런 상황에서 은퇴한 쿤은 한 달 이상 현기증과 불안에 시달렸고 상처는 분노로 변해갔다. 그러나 시간이 갈수록 그는 뭔가가 크게 잘못되었다는 확신이 생겼다. 그래서 불평과 무력감으로 늙어가기 보다 차라리 싸우기로 결심했다.

그녀는 힘이 남아도는 베테랑임에도 불구하고 억울하게 은퇴할 수밖에 없었던 친구들을 한데 모았다. 그녀가 불러 모은 친구들은 머리를 맞대고 노인문제 해결을 위한 프로그램을 개발하기 시작했다.

처음 시작한 일은 은퇴한 노인들에게 생산적인 사회활동에 참여하는 방안을 안내하는 '노인컨설팅' 이었다. 노인컨설팅을 시작하자마자 100여명의 회원이 모여들었다.

그후 우연한 기회에 쿤은 노인컨설팅 대표로 TV토크쇼에 출연하게 되었는데 토크쇼에서 그녀는 노인들의 사회참여를 위한 프로그램의 개발의 필요성과 이 일을 하고 있는 노인컨설팅에 대한 많은 이야기를 할 수 있었다. 그리고 많은 지지를 받게 되었고 유명해졌다.

비약적인 발전을 거듭한 끝에 현재 '그레이 팬서스(Gray Panthers)라는 이름으로 미국과 해외에 50개 이상의 지부를 두고 있는 세계적인 노인단체 NGO로 잘 잡았고 쿤의 이름은 지금 미국 명예의 여성 전당(Hall of Fame)에 올라있다.40) 그녀의 갈망은 그녀를 평범한 인생에 가둬두도록내버려두지않았다.오히려은퇴후에그녀의삶은 명예의 전당에 기록될 성공인생을 살게해 주었다.

M -Motivation(동기)를 만들라

동기는 마음에 품어 행동이나 결과를 유발하도록 원인으로 작용한 것을 의미한다. 마음에 품은 것이 밖으로 나오는 것이다. 때로는 성공의 동기를 품어도 실패하는 경우가 있다. 그러나 그 실패속에서 어떤 동기를 다시 품을 수 있는가가 그 사람의 성공의 동기지수(Motivation Quatient)인 것이다.

완벽한 실패도 큰 성공의 동기이다.

영국의 작가 존 번연이 천로역정이라는 세계적인 작품을 완성한 것은 그가 종교재판을 받고 감옥에 갇혀있을 때였다.

마찬가지로 '마지막 잎새'로 유명한 미국의 작가 오헨리도 오하이오주에 있는 감옥에서 소설가로 변신하여 위대한 작가가 되었다. 커다란 업적을 남긴 사람들 중에는 헤어날 수 없는 위험을 맞아 인생의 새로운 전환이 일어난 경우가 많다.

그들은 더욱 빛나는 인생으로 위험을 맞이하기 이전보다도 더욱 성공적인 인생을 살아낸 경우가 많다. 존 밀턴은 장님이 되어 오히려 실낙원을 썼고 더욱 유명한 사람이 되었다. 완벽한 위험이 도사린다해도 두려워하지 말라 그것은 오히려 새로운 성공의 씨앗이 될 것이라고 믿으라.

나쁜동기를 품으면 나쁜결과를 낳는다.

헐리우드의 한 유명한 프로듀서가 카운슬러를 찾아갔다. 그는 카운슬러에게 자신의 인생이 엉망이 되었다고 하소연했다. 직장도 그만두고 쌓아올린 경력도 물거품이 되었고 도무지 밤 잠도 이룰 수 없다고 했다. 그러나 카운슬러는 그가 횡설수설하지만 뭔가를 감추고 있다는것을 알아챘다. 그 프로듀서는 오래 전부터 매력적인 젊은 여배우와 사 귀고 있었다. 그는 유부남이었음에도 불구하고 그녀를 자신의 여자로 만들기로 마음을 먹었다. 그의 마음에 잘못된 동기를 품은 것이다.

앞날을 염려한 여배우는 프로듀서를 거절했지만 그는 강한 집착을 보였다. 프로듀서라는 지위와 자신이 터득한 비주얼라이징(Visual-izing)방법으로 그녀를 충분히 유혹할 수 있다고 생각했다. 그는 마치 시나리오를 쓰듯 그녀를 유혹하는 장면을 처음부터 끝까지 떠올리며 계획을 세웠다. 결과는 그의 상상대로 되었다. 프로듀서는 아무런 죄책감 없이 여배우와 행복한 나날을 보냈다.

그러던 어느 날 여배우가 임신 사실을 알려온 것이다. 그녀는 그가 자신을 사랑하기 때문에 아내와 이혼하고 당연히 자신과 결혼해줄 것이라고 믿고 있었던 것이다. 그러나 그녀의 기대와 달리 프로듀서는 아기를 유산시키라고 했다. 그의 대답에 절망한 여배우는 아파트로 돌아가 그와의 관계를 폭로하는 유서를 남기고 치사량이 훨씬 넘는 수면제를 삼켜버렸다.

온갖 난잡한 남녀관계를 다반사로 여기는 헐리우드에서 조차 이것은 큰 스캔들이 되었다.[41] 잘못된 동기를 품은 것 때문에 프로듀서의 인생은 엉망진창이 된 것이다.

선한 동기를 품을 수 있도록 모델을 가지라

벤자민 플랭클린은 선한동기를 품은 훌륭한 모델이다. 그는 20대 시절 "나는 건강하고 활력이 넘치고 머리도 좋고 성실하고 부지런한데 왜 항상 실패할까?"에 대하여 고민한 후 13가지 덕목들을 실천하기로 결심했다.

선한 동기를 품기 위해서 그는 자신이 갖추어야 할 성품을 13가지 덕목(Moral Virtues)으로 분류하고 그것들이 의미하는 바를 구체적으로 명확하게 정의하였다. 그리고 그것들을 매일매일 점검함으로써 습관화하였다.

미국의 지성 벤자민플랭클린의 이와같은 선한 동기는 매우 많은 사람들에게 선한 영향을 미쳤다. 그가 스스로에게 동기부여한 덕목은 다음과 같다.

1. 절제(Temperance)-과음과식하지 않는다.
2. 과묵(Silence)-불필요한 말을 하지 않는다.
3. 질서(Order)-모든 것을 제자리에 두고 주어진 일을 제때에 한다.
4. 결단(Resolution)-내가 해야할 일은 꼭 하겠다고 결심하고 반드시 실천한다.

5. 검약(Frugality)-다름 사람 혹은 나에게 유익한 것 외에는 돈을 쓰지 않는다.

6. 근면(Industry)-시간을 헛되이 보내지 않고 항상 유익한 일만 하며 불필요한 행동 역시 삼간다.

7. 진실(Sincerity)-남을 속이지 않으며 순수하고 정당하게 생각한다.

8. 정의(Justice)-다른 사람에게 손해를 입히지 않고 나의 유익함도 놓치지 않는다.

9. 온유(Moderation)-극단적인 것을 피한다.

10. 청결(Cleanliness)-몸, 의복, 생활을 깨끗하게 한다.

11. 평상심(Tranguility)-사소한 일로 마음을 흐트리지 않는다.

12. 순결(Chastity)-건강이나 후손을 두는 목적 이외의 성생활은 절제하며 자신과 상대방의 인격을 해치지 않는 범위에서 유지한다.

13. 겸손(Humility)예수님과 소크라테스를 본받는다.

벤자민 플랭클린은 이 13가지 덕목을 습성화하기 위하여 아이디어를 냈다. 그것은 매일매일 자신이 이 덕목들을 얼마나 잘 지켰는지를 작은 수첩에 표를 만들어 체크하는 것이었다.

그 표는 옆의 페이지와 같다. 표의 가로축은 요일이 되고 세로축은 13가지 덕목이 된다. 가로와 세로가 교차되는 각 칸에 그날 덕목을 잘 지키지 못했다고 판단되면 검은 점을 그려 넣었다. 그리고 일주일 단위로 보다 집중적으로 지킬 덕목도 정해서 그것을 습관화 하려고 노력했다.

이것을 1년 동안 계속하다 보니 어느덧 각 덕목들을 적어도 4회씩 집중적으로 습관화한 셈이 되었다. 시간이 지나면서 잘 지키지 못했다고 판단되면 표시해두던 검은 점이 점점 줄어들었고 그것을 확인할때마다 벤자민은 마치 인품의 검은 점이 줄어드는 것 같은 기쁨을 느낄 수 있었다.

물론 처음에는 천성적인 기질을 극복하기 어려웠다. 그러나 이와 같은 습관화 훈련을 평생 동안 계속한 결과 50년이 지난 후 13가지 덕목이 자연스럽게 어느덧 그의 성품이 되어갔다고 한다.[42]

당신도 자신만의 성공을 위한 진행표를 만들어 보는 것이 유익할것이다. 이런 진행표는 사람마다 자신의 강조점과 선호 경향에 따라서 각각 다르게 만들어질 수 있다.

그러나 이 책의 방향에 따라 성공 인생을 위한 전체적인 프레임을 구축하기 위해서 여기서는 보편적인 가치와 의미를 지니는 비전을 그려보기 바란다. 꿈을 비전으로 전환하기 위해 DREAM의 철자를 따라 공상 속에 맴돌다 사라져 버릴 것을 현실적 생각으로 바꾸어 삶의 현장으로 끌어들였다.

벤자민 플랭클린의 덕목은 꿈이나 비전과는 별개로 생각할 수도 있고 비전 실현을 위한 전단계로 하나의 목표로 볼 수도 있다. 그리고 자아 성취의 완성도를 높이고자 하는 또 다른 차원에서의 비전으로 보아줄 수도 있다. 그러나 여기서는 당신이 다른 사람들에게 비전으로

벤자민플랭크린의 자기계발 덕목 13가지 진행표

주	날짜	덕목	월	화	수	목	금	토	일
제1주	월 일~ 월 일	절제							
제2주		과묵							
제3주		질서							
제4주		결단							
제5주		검약							
제6주		근면							
제7주		진실							
제8주		정의							
제9주		온유							
제10주		청결							
제11주		평상심							
제12주		순결							
제13주		겸손							

소개하며 보여줄 수 있도록 표현하는 것이 중요하다.

당신이 비전을 그려내는데 있어서 이해와 분별을 돕기 위해 도표를 제공하고자 한다.

비전과 목표가 미래를 바라보는 것에 중심을 맞춘 것이라면 목적과 사명은 현재에 그리고 자신에게 중심을 맞춘 것이라고 이미 이야기하였다.

다음의 표를 통하여 목적과 사명과 비전의 차이점에 대한 이해를 확인하기로 한다.

목적과 사명 그리고 사명과 비전의 차이

	목적	사명	비전
질문	왜 존재하는가?	무엇을 해야하나?	
목표	행복	성취	
범위	넓다	좁다	
초점	의미	일	
정의		진술	그림
적용		계획수립	의사전달
길이		짧다	길다
목적		정보	영감
활동		알도록	보도록
근원		머리	가슴
순서		먼저	그 다음
초점		넓다	좁다

비전에 목표를 설정하라

실행화

S- Select 목표를 선정하라
U- Unlock 잠재력을 풀어 놓아라
C- Commit 목표를 위해 헌신하라
C- Chart 진로를 구체적으로 설정하라
E- Expert 예견하라
S- Stand Firm 견고히 서라
S- Surrender 모든 것을 내어놓아라

비전에 목표를 설정하라

꿈을 비전으로 전환하는 것이 청사진을 의미하는 것이라면 비전에 목표를 설정하는 것은 무엇일까? 그것은 말 그대로 타켓이다.

목표와 방향설정을 위한 예시

기술-의지 매트릭스 (Skill and Will Matrix)

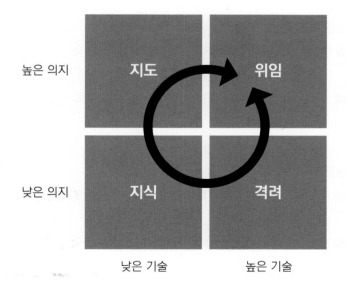

높은 의지　　지도　　위임

낮은 의지　　지식　　격려

　　　　　　낮은 기술　　높은 기술

조직문화에서의 적용방법

낮은 의지 / 낮은 기술

■ 지지 – 직업에 대한 당신의 생각을 이끌어내라. 동기를 부여할
    만한 필요를 찾고, 그것을 완성하는 것과 학습을 연계시켜라.

■ 인도 – 다양한 명령으로 밀어주고(Push) 시간과 지원을 제공
    할 준비를 하라.

낮은 의지 / 높은 기술

■ 지지 – 동기가 될 만한 필요와 열망을 찾도록 이끌어내고, 새
    로운 도전과 목표에 초점을 두는 방법을 발견하게 하라.

■ 인도 – 직원들이 손길을 내밀만한 때를 찾으라. 신뢰 관계를
    세울 준비를 하라.

높은 의지 / 낮은 기술

■ 인도 – 처음에는 감독을 하고, 긴장을 완화시켜주어 그들 스스
    로 방법을 찾도록 직원들을 격려하라.

■ 인도 – 새로운 기술을 가르치고, 확신을 가지도록 달성 가능
    한 목표를 정하라.

높은 의지 / 높은 기술

■ 지지 – 개인과 경력 발전을 위한 기회들을 제공함으로 도전 의
    식을 가지게 하라.

■ 지지 – 그들 스스로의 평가, 아이디어, 선택사항을 들으라.

서람은 계획하지도 않은 목표를 달성할 수 없다. 호랑이를 잡고자 하는 사람이 반드시 다 호랑이를 잡는 것은 아니지만 호랑이를 잡고자 하는 목표조차 없는 사람은 영원히 호랑이를 잡을 수 없다. 성공하기 원한다면 성공을 가져다주는 목표를 만들라.

존 맥스웰이 일곱 가지 성공의 비결을 SUCCESS의 각 철자를 따라 제시한 것은 기억하기 좋은 공식이 되었다. 여기서도 맥스웰의 제시 방법을 따라 성공의 철자를 하나씩 풀어서 제시 하겠다

'S' Select 목표를 선정하라

글로 쓴 목표의 능력

미국의 유명한 리더십 교육기관인 LMI(Leadership Management International)의 설립자이자 보험 세일즈의 전설적인 귀재인 폴 마이어(paul Meyer)가 저술한 DPL(Dynamics of Personal Leadership)이라는 교육 프로그램 교재에 이런 자료가 수록되어 있다.

어떤 대학에서 인구 통계에 대한 조사를 실시하였는데 인구의 3%가 엄청난 성공을 거두어 상류층을 형성하고 있고, 10%는 비교적 여유있게 살고 있으며, 60%는 겨우 생계를 꾸려가고 있고 나머지 27%는 다른 사람들의 도움을 받으며 어렵게 산다는 것이었다.

여기서 흥미로운 사실 한가지는 엄청난 부를 누리며 사회를 실질적으로 이끌어 가고 있는 3%의 상류층에 속한 사람들은 '글로 쓴 구체

적인 목표'를 가지고 있었다는 사실이다. 반면 중산층 10% 그룹은 구체적인 목표를 갖고 있긴 했으나 이를 글로 쓰지는 않고 마음 속에만 품고 있었고 나머지는 거의 목표를 갖고 있지 않았다.

조사결과 상류층 3%와 중산층10%는 학력, 재능, 지능면에서 아무런 차이도 없었다고 한다. 그런데도 상류층 3%는 중산층 10%그룹보다 10배이상 탁월한 능력을 발휘하고 있는데 두 그룹 사이의 차이는 단 한가지 자신들의 목표를 문서화 했는가의 여부 뿐이라는 것이다.

목표를 가지고 있는 10%의 중산층과 목표가 거의 없는 60%의 서민층 사이의 재산, 소득, 사회적인 영향력 등의 격차는 2배 3배 5배 정도에 불과 하지만 목표를 글로 쓴 상류층3%와 글로 쓰지 않은 중산층 10% 사이의 격차는 10배 20배 30배에 달한다는 사실은 깊이 생각해볼 일이다.[43]

브라이언트 레이시는 목표 그 성취의 기술에서 이렇게 말한다.목표들을 적기 시작할 때는 그것들이 어떻게 성취될 것인지 전혀 알 수 없다. 그러나 이것은 중요하지 않다. 중요한 사실은 매번 목표를 적을 때마다 그것이 잠재 의식 속에 더욱더 깊이 새겨진다는 점이다.

어떤 특정한 시점에 다다르면 목표를 성취할 수 있으리라는 확신이 분명히 설 것이다. 잠재 의식은 일단 목표를 의식의 명령으로 받아들이고 나면 모든 말과 행동을 그러한 목표에 일치하는 패턴으로 바꿔나간다. 잠재 의식은 목표를 성취하는데 도움이 될 사람들과 상황들을 삶속으로 끌어들이기 시작한다. 그는 자기자신도 하루벌이를 걱정하던 외판원이었는데 "방문판매로 매달 천 달러를 벌겠다"는 터무니없는 목표지만 글로 써서 가진덕에 결국 백만장자의 컨설턴트가 되었다고 한다. 목표를 글로 썼다는 것 자체가 성공을 보장하는 것은 아닐 것이다. 글로 쓸 정도의 행동계획이 담긴 목표이기에 성공할 수 있는 것이다.

목표가 능력을 가져온다.

폴마이어는 이렇게 말한다. "목표 설정은 인생을 살아가는데 위대한 힘을 발휘하게 합니다. 그것은 달성을 잡아당기는 방아쇠와 같습니다. 목표설정이라는 말은 그 사람의 인생철학, 성공도식 가운데 가장 큰 몫을 차지 합니다. 기한을 정하여 놓고 덤비는 사람에게는 목표 쪽에서 다가오게 마련입니다."

맥스웰 말츠도 말하기를 "활동 면에서 사람은 자전거 타기와 같습니다. 목표를 설정한 사람은 그 목표를 달성하기 위하여 자전거를 탈때처럼 계속 바퀴를 돌려야 합니다. 그렇지 않으면 넘어지기 때문입니다. 그러므로 목표를 분명히 설정한 사람에게는 힘이 솟구치게 되어있습니다."[44]

까마귀들은 호도를 매우 좋아한다. 그런데 그 딱딱한 껍질을 어떻게 까는지 아는가? 그들은 호도를 따서 입에 물고 하늘 높이 치솟아 오른다. 그리고 단단한 바위에 호도를 떨어뜨린다. 호도가 깨지는 것을 보면서 하늘에서 급강하 하여 호도를 즐겁게 먹는 것이다.

당신이 좋아하는 것이 있다면 목표를 세우라 그러면 목표를 성취할 수 있는 능력이 나타나게 되는 것이다.

목표있는 사람이 장수한다.

몇 년 전에 뉴욕에서 개업한 한 의사가 자기를 찾은 남자 환자 15,321명을 살펴보았다. 주된 병의 원인은 인생에 대한 가치관이 분명하지 않고 목표가 불분명하여 방황하면서 살고 있고 인생의 사는 즐거움을 느끼지 못한데서 병이 온 것을 밝혀냈다는 것이다.

목표가 있으면 목표가 없는 사람보다 오래 산다는 것이다. 행복한 아침을 여는 101가지이야기에 나오는 내용이다. 미국에서 요양원과 양로원의 사망률을 조사하여 보니 결혼기념일, 생일, 크리스마스 공휴일 같은 날에는 사망률이 매우 낮았다.

특정 기념일을 앞두고 사망률이 현저히 감소하다가 그날이 지나면 높아진다는 것이다. 그 원인을 분석해보니 대부분의 사람들이 기념일만은 꼭 지내고 싶다는 욕구 때문에 그때까지 삶의 의욕이 높아지지만, 반대로 일정한 목표가 달성되고 나면 삶의 의지가 약화돼 사망률이 급증한다는 사실이다. 목표가 없어지면 사망률이 급증한다는것은 목표가 건강에 큰 영향을 미친다는 사실을 의미하는 것이다.

'U' Unlock 잠재력을 풀어 놓아라

존 맥스웰은 사람들이 성공하지 못하는 가장 큰 이유 세가지[45]를 말한다. 그 첫째는 성공에 별로 신경을 쓰지 않는다는 것이다. 두 번째는 성공을 두려워한다는 것이다. 세 번째는 성공을 잘못 알고 있기 때문이라는 것이다.

첫 번째 사람들은 현재에 만족하며 모든 것이 그럭저럭 괜찮아서 성공에 별 신경을 안쓰는한 성공이 가치있게 다가오기는 어려울 것이다.

두 번째 사람들은 자신이라고 생각할 만한 목표를 달성하려면 힘이 들것이기 때문에 또는 자신의 능력을 과소평하거나 낮게 보기 때문에 목표를 낮춘다. 그리고 세 번째 사람들은 빈곤과 겸손을 동일시하는 이상한 생각 때문이다. 또는 성공을 추구하는 것이 교만은 아닐지라도 영적인 것이 못된다고 생각하는 사람은 성공에 대한 철학을 재정의해야 할 필요가 있다.

일반적으로 사람들이 목표를 설정하지 않는 또 하나의 이유는 다음과 같다.

첫째, 목표가 중요하지 않다고 생각하기 때문이다.
둘째, 명확하고 분명한 목표를 설정하는 방법을 모른다.
셋째, 실패에 대한 두려움 과 실패하였을 때 타인의 비난이나 조롱이 두렵기 때문이다.

목표중심으로 생각하라

성공한 사람들은 대부분의 시간 동안 무슨 생각을 하느냐는 질문을 많이 받는다고 한다. 그들이 내놓는 가장 일반적인 대답은 대부분의 시간 동안 원하는 것과 그것을 얻을 수 있는 방법을 생각한다는 것이다.

반면에 불행한 낙오자들은 대부분의 시간 동안 자신이 원하지 않는 것을 생각한다. 다시말하면 그들은 자신의 문제와 걱정거리를 얘기하고 남을 탓하느라 많은 시간을 허비한다는 것이다. 당신은 어떤가? 성공한 사람들이 가지고 있는 사고와 대화처럼 목표에 집중되어 있는가?

누군가 이런 이야기를 했다. 연락용 비둘기 한 마리를 둥지에서 꺼내 새장속에 집어넣고는 담요로 덮어 밀폐된 트럭에 싣고 아무 방향으로든 1,000킬로미터를 달려 보라. 그리고 트럭에서 새장을 꺼내 그 안에 들어 있는 비둘기를 놓아주면, 비둘기는 하늘로 날아 올라가 세 바퀴 정도 맴돌다가 1,000킬로미터나 멀리 떨어져 있는 원래 둥지로 정확하게 되돌아간다. 이처럼 믿을 수 없는 인공 두뇌학적 목표 추구 기능을 가진 생명체가 있는 것이다.

우리는 연락용 비둘기와 똑같은 목표 달성 능력이 있지만, 놀라운 것을 하나 더 가지고 있다. 목표가 절대적으로 명확하기만 하다면, 그것이 어디에 있든지, 어떻게 그것을 달성할 것인지를 굳이 알 필요가 없다는 것이다. 무엇을 원하는지만 확실히 결정하기만 하면 된다. 그러면 목표는 어김없이 당신에게 다가오기 시작한다. 정신 깊숙이 자리잡고 있는 이 믿을 수 없는 인공 두뇌학적 체계 덕분에 무슨 목표든 거의 틀림없이 성취할 수 있다.

이왕이면 큰 목표를 세워라

작은 목표는 가급적 큰 목표로 바꾸어야 한다. 작은 목표가 영감을 가져오거나 잠재력을 극대화 시킬수 없다. 큰 목표일 수록 오히려 잠재력을 풀어놓도록 자극하게 된다.

뉴욕 유엔빌딩 자리는 본래는 쓰레기장이었다. 그러나 세계적인 건축가 윌리엄 젤겐돌프가 거대한 빌딩 건축 계획을 세웠다. 드디어그는 유엔빌딩을 세웠다.

그가 말하기를 "나의 경험에 의하면 웅대한 계획만이 쉽게 사람들의 공감을 얻는다. 그래서 쉽게 이루어질 수 있는 동력이 생긴다. 위대한 꿈은 위대한 생각을 낳고 위대한 생각은 위대한 신념을 낳게 된다."

목표 추구가 이처럼 자동적으로 이루어지는 것이라면, 왜 자신의 명확한 목표를 설정하고 날마다 그것을 위해 노력하는 사람들이 그처럼 적은 것일까? 이것은 삶의 가장 큰 미스터리 가운데 하나이다.

그럼에도 불구하고 분명한 사실은 목표는 자신의 삶에 대한 의미와 목적에 대한 인식을 부여한다. 목표는 또한 방향감각을 부여한다. 목표를 향해 나아갈 때 더 행복해지고 강해짐을 느낄 수 있을 것이다. 더 활력을 얻고 자기 자신과 스스로의 능력에 자신 있는 유능한 사람이 된 듯한 기분이 든다.

목표를 향해 한 걸음 한 걸음 내디딜 때마다 장차 훨씬 큰 목표를 설정하고 성취할 수 있으리라는 믿음도 더욱 커지게 된다.

러시아의 유명한 소설가 막심 고리키도 "인간은 자신이 목표만큼 변화한다"고 했고 작가 조지 바너는 "혜안이란 마음속에 떠다니는 미래의 가능성을 표현하는 그림과 같다."고 했다. 즉 자신의 소망하는 마음을 목표화하는 것이 지혜이며, 동시에 목표는 다가온 기회들을 포착할 수 있도록 해준다. 그러나 목표가 없다면 그것이 기회인지도 모르고 지나갈 수 밖에 없지 않은가? 그러므로 큰 목표를 세우라 큰 목표가 오히려 잠재력을 계발시켜주는 것이다.

목표는 계획을 생산한다.

인간이 위대한 이유는 위대한 목표가 있기 때문이다.

폴 마이어(Paul Meyer)의 말대로 모든 것을 실현시키고 달성시키는 열쇠는 목표설정에 있다. 그는 자신의 성공의 75%는 목표설정에 있었다고 단언하였으며 꿈이 정적인 생각인데 비해 목표는 움직이는 행동이라고 했다.

목표는 모든 행동의 전제 조건이며 성과는 목표가 가져다주는 선물이다. 가치 있는 목표가 있어야만 자신의 시간과 정력을 알맞게 배분하여 빛이 보이는 정확한 방향으로 전력질주 할 수 있다.

성공한 사람들은 계획을 직접 적는 것으로 모든 일을 시작한다. 피라미드의 건설에서 근대의 거대한 산업 경영에 이르기까지 인류의 모든 위대한 성취들은 사전에 처음부터 끝까지 신중하게 구상되고 철저히 검토된 세부적인 계획들에 의해 착수되고 수행되었다.

계획을 세우는 과정에 들인 1분이 계획 수행 과정에서 10분을 절약해준다고 한다.

'C' Commit 목표를 위해 헌신하라

목표를 위한 헌신은 먼저 계획으로 나타난다.

실패의 가장 큰 원인은 목표에 대한 계획 없는 행동이다. 너무 바빠서 미리 계획을 세울 수 없다고 말하는 사람은 불필요한 실수라든가 시간, 돈, 에너지의 막대한 손실을 각오하고 있어야 한다. 계획을 세우는 과정을 시작하기 전에 우선 종이 한 장을 준비하라. 그런 다음 목표를 성취하기 위해 반드시 해야 하는 일들을 떠오르는 대로 쭉 적어 보라. 새로운 항목이 생각나면 목록에 그것을 추가하라. 끊임없이 목록을 들춰보고 새로운 정보가 생길 때마다 항목과 그에 따른 조치를 수정하라. 이 목록이 바로 당신의 이상적인 목표를 달성하기 위한 청사진, 비전을 목표로 바꾸는 설계도이다.

그리고나면, 어떤 과제나 활동이 더 중요한지를 결정하여 우선순위를 부여하여야 한다. 순서대로 배열하면서 어떤 활동을 다른 활동들보다 먼저 또는 나중에 해야 하는지를 결정하도록 하라. 계획을 수립하는 과정에서 계획의 핵심적인 요소들을 확인할 수 있으며, 또한 성공하기 위해 반드시 미리 성취해야 할 가장 중요한 과제와 활동에 더 많은 시간과 관심을 집중할 수 있다.

최종 목표를 성취하기 위해 단계마다 반드시 달성해야 하는 핵심적 성과들은 무엇인가? 당신은 어떻게 그것들을 계획하고, 우선순위를 매기고, 그것들이 일정대로 완수되리라 보장할 수 있는가? 일이 잘 못될 경우, 그 대책은 무엇인가? 목표를 향해 가는 도중 핵심적인 성과들을 달성하는 데에 훨씬 더 많은 시간과 비용이 든다면, 어떻게 할 것인가?

만일에 대비한 계획은 무엇인가? "위대한 삶은 마치 커다란 배와도 같아서 단 하나의 희망이나 밧줄로는 지탱할 수 없다."

원하는 바를 정확히 결정하고 그것을 종이에 적고, 계획을 세우고 그 계획을 수행하는 능력이 개인의 유능함과 높은 성취를 결정하는 열쇠이다. 이것들은 배우면 익힐 수 있는 기술들이다. 그 기술들을 익히고 나면 곧 삶과 사업을 변화시키고, 판매나 수익률을 두 배로 늘리고, 목표를 성취할 수 있게 된다.

구체적인 계획이 목표를 성공하게 이끈다.

강헌구 교수에 의하면 어떤 고등학생에게 방학 때에 학습목표와 계획서를 작성하라고 했다. 그랬더니 그 학생은 아주 간략하게 '국2, 수2, 영3, 합7'이라고 간략하게 자신의 계획을 적어왔다고 한다. 그러니까 그 학생은 방학기간 내에 국어 2시간 수학2시간 영어 3시간 합해서 7시간씩 공부하겠다는 것이다. 그러나 이것은 그 학생이 실제로는 공부할 생각이 별로 없다는 것을 반영한 것이다.

예를 들어서 '영3'이라는 것은 책상에 영어 교과서를 펴놓고 그위에 영어 참고서 한 권을 갖다 놓고 그 옆에는 영어사전 그 오른쪽에는 노트와 연습장을 놓고 앉아서 영어공부를 하는 분위기로 3시간을 보내겠다는 생각일 뿐이라는 것이다.

그렇다면 어떤것이 구체적인 계획이라는 것인가? 그 학생이 진정으로 공부를 하기 원한다면 이렇게 할 것이라는 것이다.

'영어는 오후 3시부터 6시까지 공부할 것인데 오늘은 가정법에 대한 공부를 할 것이다. 가정법 가운데서도 특히 과거완료 문형, 그 중에서도 주어와 동사의 순서가 바뀌는 도치법에 대해 집중적으로 살펴볼 것이다.

이것을 완벽하게 소화하기 위해 가정법과 과거완료 도치법이 사용된 문장을 교과서 17과에서 6개, 영문법 참고서에서 4개를 골라낼 것이다. 그리고 도치법이 들어가 있는 간략한 문장 5개를 암기할 것이며…, 이런 식으로 계획을 세웠을 것이다.

추상적이고 막연한 목표는 아무런 결과도 가져오지 않는 것이다.

목표를 위한 3P공식

내가 기억하기로는 브라이언 트레이시의 책 [목표 그 성취의 기술]에 나오는 내용으로 기억된다. 그의 말에 의하면 그는 때때로 나는 청중들에게 이렇게 묻는다. "수입을 두 배로 늘리고 싶은 사람 있습니까?" 당연히 모든 사람이 손을 든다.

그러면 나는 이렇게 말한다. "여러분에게 좋은 소식이 있습니다.

충분히 오래만 산다면, 여기 있는 모든 사람은 수입을 두 배로 늘릴 수 있습니다." 수입이 매년 3~4퍼센트의 비율로 증대한다면, 약 20년 후에는 당신의 수입이 두 배로 늘어난다. 그러나 20년은 너무 긴 시간이다! 그렇다면 진짜 문제는 "얼마나 빨리 그 일을 해낼 수 있는가?" 하는 것이다.

항상 끼고 다닐 수 있는 노트 한 권을 준비하라. 그리고는 날마다 노트를 펼쳐놓고, 이전 목록을 참조하지 말고 열에서 열다섯 가지 정도 가장 중요한 목표들을 목록으로 작성하라.

이렇게 하다 보면 놀라운 일들이 일어날 것이다. 첫날은 어느 정도 심사숙고해 목표를 적을 수 있을 것이다. 둘째 날에는 일이 더 수월할 것이다. 그리고 열에서 열다섯 번째에 속하는 목표들은 그 내용이나 순위가 자주 바뀔 것이다. 때로는 전날 적었던 목표가 오늘은 사라져버릴 수도 있다. 또 나중에 다시 나타날 수도 있다.

이 처럼 매일 열에서 열다섯 가지 목표를 목록으로 작성하면, 목표에 대한 정의가 더욱 명확해지고 선명해진다.

이 과정에서 더욱 최대의 성과를 얻기 위해서 몇 가지 참고할 만한 법칙이 있다. 첫째로는 '3P 공식'을 활용해야 한다는 것이다. 긍정문(Positive)으로, 현재시제(Present)로, 그리고 1인칭으로(Personal) 목표를 적고 서술해야 한다.

잠재의식은 현재 시제로 씌어진 긍정문을 통해서만 작동된다. 그러므로 목표를 적을 때는 마치 그것들을 이미 성취한 것처럼 써야 한다. "나는 매년 5만 달러씩 번다."라는 식으로 적는 것이다. 또 "나는 담배를 끊겠다."가 아니라, "나는 비흡연자다." 라는 식으로 긍정적으로 적어야 한다. 그리고 모든 목표를 '나는'이라는 단어로 시작하라.

한편, 날마다 적는 목표에 힘을 불어넣기 위해서는 각각의 목표마다 최종기한을 정해야 한다. 우리의 정신은 최종기한을 좋아하며 '강제 체계' 안에서 최대의 능력을 발휘한다. 목표가 어떻게 성취될지 모른다 하더라도 항상 확고한 최종기한을 정하라. 새로운 정보가 생길 때마다 최종기한을 수정할 수 있지만 반드시 모든 목표에는 최종기한이 설정되어 있어야 한다.

목표들을 적기 시작할 때에는 그것들이 어떻게 성취될 것인지 전혀 알 수 없다. 그러나 이것은 중요하지 않다. 중요한 사실은 매번 목표를 적을 때마다 그것이 잠재의식 속에 더욱더 깊이 새겨진다는 점이다.

어떤 특정한 시점에 다다르면 목표를 성취할 수 있으리라는 확신이 분명히 설 것이다. 잠재의식은 일단 목표를 의식의 명령으로 받아들이고 나면 모든 말과 행동을 그러한 목표에 일치하는 패턴으로 바꿔나간다.

목표를 성취하는데 도움이 될 사람들과 상황들을 당신의 삶속으로 끌어들이기 시작할 것이다. 목표를 위해 헌신하지 않으면 목표도 당신에게 아무것도 가져다 줄 수 없다.

『영혼을 위한 닭고기 수프』의 저자인 마크 빅터 한센은 종이를 높고 자리에 앉아서 평생 성취하고 싶은 최소 100개의 목표를 목록으로 작성해 보라고 조언한다. 이런 목표들을 성취하는 데 필요한 시간, 돈, 친구, 능력, 재원이 모자라지 않다고 상상하라. 자유롭게 꿈꾸고 환상을 가져라. 그러고 나면 놀라운 일이 일어날 것이다.

100개의 꿈을 적은 후 30일 안에 인생에서 엄청난 일이 벌어지기 시작한다. 지금은 상상조차 할 수 없는 빠른 속도로 목표가 성취되기 시작한다. 한번 시도해 보라. 그 결과에 크게 놀라게 될 것이다.

'C' Chart 진로를 구체적으로 설정하라

유람선 퀸 메리(Queen Mary)호에 승선한 한 승객이 선장에게 물었다. "이 배를 멈추려면 얼마나 걸립니까?". 선장이 말하기를 "이 배의 모든 엔진을 끈다해도 완전히 멈추기 위해서는 2킬로미터는 더 가야되겠지요"그리고는 덧붙이기를 유능한 선장이라면 적어도 2킬로미터는 미리 더 생각할 수 있어야 되겠지요.

미래이력서를 작성하라

1958년 미국으로 유학한 어떤 한국 유학생이 자신의 인생 경로와 미래의 모습을 계획하면서 다음과 같은 '미래이력서'를 작성했다.

〈미래 이력서〉

1960년　　　박사학위 취득(29세)

1961~1967　한국 대학에서 조교수

1968~1971　미국 대학에서 교수

1972~1979   한국 대학에서 교수

1980~1984   한국 대학에서 학장

1985~1991   한국 대학에서 대학원장

1992~1999   한국 대학에서 총장

2000년   은퇴 (70세)

큰딸: 1954년생, 18세에 한국에서 대학 진학, 2년후 미국 유학, 24세
     에 결혼(내 나이 47세)

작은 딸: 1956년생, 18세에 한국대학 진학, 2년후 미국 유학 24세에
     결혼(내 나이 49세)

큰아들:1962년생,18세에 한국에서 대학진학, 2년후 도미, 22세에
     대학졸업, 26세에 박사학위 취득(내 나이 58세)

작은아들: 1966년생, 18세에 한국에서 대학 진학, 2년후 도미, 22세
     에 대학졸업, 26세에 박사학위 취득 (내 나이 62세)

그가 위의 미래 이력서를 작성한지 42년이 지난 2000년 여름 그는
〈판에새긴비전〉이라는 자전적 소설을 내놓으면서 후기에 다음과 같
이 술회했다.

"내가 미래 이력서를 작성했던 1958년 당시 우리 부부에겐 두 딸이
있었다. 나는 내게 아들이 둘 있을 거라는 비전을 적었다. 1959년 실
제로 첫 아들은 1959년에 둘째는 1960년에 태어났다. 내가 그린 비

전보다 몇 년 앞당겨진 것이다. 그들은 내가 그렸던 비전 그대로 모두 각 분야의 전문가로 성장하였다.

나의 미래 이력서에 의하면, 나는 1960년에 박사 학위를 받는 것으로 되어 있었다. 비록 1년 늦었지만 그 비전은 실제로 성취되었다. 나는 34세에 한국 문교부 고등교육국장이 되었으며, 39세 되던 1969년 부터 이미 단과대학 학장으로 일하기 시작했다. 그리고 51세에 경희대학교 부총장이 되었고 54세에는 다른 종합대학의 총장이 되었다. 내가 글로 적은 비전보다 여러해 앞당겨진 것이다."[46]

이상의 글을 읽고 무엇을 생각하는가? 그는 비전을 목표화하였고 구체적으로 헌신하였으며 자신의 진로를 분명하게 설정하여 그 목표가 현실이 되는 선물을 받았다.

일본 최고의 벤처사업가 손정의도 자신의 목표에 따라 미래이력서를 작성한 사람이다. 그는 고교 1학년 때 떠난 미국 배낭여행 때에 드넓은 땅과 자유로운 공기속에서 세계 일류기업가를 자신의 목표로 삼고 다음과 같은 미래이력서를 작성하였다.

20대에 이름을 얻고
30대에 1천억 엔 이상을 모아
40대에 정면 승부를 건다.
50대에 사업을 마무리 짓고
60대에는 미련없이 후계자에게 기업을 물려주겠다.

목표를 분산시키는 생각을 제거하라

목표설정을 방해하거나 설정된 목표를 자꾸만 낮추도록 하는 문제를 해결하기 위해 영국의 철학자 윌리엄 오컴은 이른바 '오컴의 면도날'이라는 문제 해결 방법을 제안했다.

이 사고 방법은 여러 세대를 거치면서 널리 알려졌다. 오컴의 말에 따르면 "거쳐야 할 단계가 가장 적은, 가장 단순하고도 직접적인 해결책이 어떤 문제든 명쾌하게 해결해 준다."

많은 사람들은 목표와 문제를 너무 복잡하게 만들어버리는 실수를 저지른다. 그러나 해결책이 복잡할수록 그 실행 가능성은 낮아지고 어떤 결과를 얻을 수 있는 시간도 길어진다. 해결책을 단순화하고 가능한 한 신속하게 목표에 접근하는 것, 바로 이것을 목표로 삼아야 한다.

지금 있는 곳에서 목표하는 곳으로 갈 수 있는 가장 단순하고 직접적인 방법을 찾아라. 그리고 무엇보다도 그것을 행동으로 옮겨라! 앞으로 부지런히 나아가라. '긴박감'을 놓치지 말라. 아무리 훌륭한 아이디어라 한들 실행되지 않으면 아무 가치가 없다.

시인 존 그린리프 휘티어가 말했듯이, "세상의 모든 말 중에서 가장 슬픈 말은 '그럴 수도 있었는데….'이다."

SMART방법의 도움을 받으라

SMART는 다음의 단어의 앞글자이다. 기억하고 목표를 성공가능한것이 되도록 하는데 실제적인 지침이다.

Specific	구체적인 행동
Measurable	측정가능한
Achievable	자신의 노력으로 달성 가능한
Resultoriented	분명한 결과
Time-bounded	기한을 정하기

다음은 어떤 사람이 대인관계를 위한 행동계획서이다.

"나는 1998년 1년동안에 친구, 친척, 선후배 등 가까운 사람들에게 하루에 다섯 통씩 연간 1,825(365×5)통의 안부 전화를 걸 것이다.

이 목표를 달성하게 되면 타산적이며 자기중심적으로 흐르던 나의 단점을 보완 할 수 있을 것이다. 또 전화를 걸어서 가까운 사람들의 소식을 듣고 그 자체를 즐길 것이며, 기회영역, 활동영역 또한 한층 넓어지고 다른 사람을 배려하는 성품도 길러질 것이다. 그러다 보면 분명 의외의 유력한 협력자도 만나게 될 것이다.

그러나 이 목표를 실행에 옮기는 과정에서 상대방이 부재중이거나 통화가 되지 않으면 포기하게 될 가능성도 있다. 이를 위해 차선책으로 팩스나 이메일을 활용하면 훨씬 효과를 높일 수 있을 것이다. 단순한 안부의 전화가 과도한 만남으로 이어져서 시간적인 불균형을 초래할 수도 있다. 그건 스스로 자제할 수 밖에 없다.

인맥관리를 위한 Smart 행동계획 작성하기

Specific 구체적인 행동은 어떤 것인가?

→

Measurable 측정가능한

→

Achievable 자신의 노력으로 달성 가능한

→

Resultoriented 분명한 결과

→

Time-bounded.기한을 정하기

→

이런경우 때로는 계산된 행동이라는 오해를 일으킬 수도 있으니 보다 겸손하고 진지한 어조와 자세로 임해야 할 것이다.

나는 이 목표를 달성하기 위하여 1997년 12월 31일까지 전화 번호부 정리를 마쳐야 한다. 그리고 1월1일부터는 돈지갑, 전화번호 수첩, 스케줄 수첩, 자동차, 손가방 등에 모두 공중전화카드 두 개씩을 넣어가지고 다닐 것이다.

개인별로 한 번 통화 될 때마다 수첩에 正자를 표시하고 매주 토요일 오후에는 전화한 총 횟수를 점검할 것이다. 언제라도 생각 날 때마다 전화하기 위해 전화번호부를 내가 자주 들르는 세 곳의 사무실, 서재, 호주머지, 자동차, 손가 방등 일곱 군데에 늦어도 1998년 1월 5일 까지는 비치할 것이다."[47]

이상의 인맥관리를 위한 행동계획서를 당신이 평가해보라. 그리고 자신을 위하여 작성하여 보라

'E' Expert 예견하라

막다른 골목에서 선택할 수 있는 것은 그리 많지 않다. 그러나 오히려 막다른 골목이 성공을 점프할 기회가 되는 경우도 허다하다. 그러므로 막다른 골목을 예견하는 것은 기분 좋은 일로 받아들이라.

막다른 골목을 예견하라

막다른 골목은 고난이다. 이 고난이 의지력을 키운다. 아무런 의지력 없는 젊은이가 소크라테스를 찾아가 이렇게 말했다고 한다. "오, 위대한 소크리테스여, 지혜를 구하러 당신께 왔나이다."

철학자는 젊은이를 데리고 바다로 내려가 그와 함께 물속을 걸어가다가 그를 빠뜨린 다음 30초간 잠기게 하였다. 그리고 숨을 쉬게 하면서 물에 잠겼을 때 무엇을 원하였는지 물었다. "지혜요, 위대한 성인이여!"라고 그는 재빨리 말했다. 소크라테스는 다시 그를 물속에 더욱 오래 잠기게 하기를 수차례 반복한 다음 다시 물었다. "무엇을 원하였느냐?" 마침내 숨을 헐떡이며 젊은이가 말했다. "공기요! 숨을 쉬고 싶어요" 소크라테스가 말하기를 "좋소, 지금 공기를 원하는 만큼 지혜를 원한다면, 얻을 수 있을 것이요." 라고 대답했다고 한다.

성공을 위해 고난을 대신할 만한 것은 없다. 고난은 의지의 연료이다. 어떤 것을 너무나 원한다면 당신은 놀라운 의지력을 갖게 될 것이다. 막다른 골목에서 거두는 성공이 더 큰 승리감을 준다. 링컨의 경우 핵심가치는 모든 사람은 평등해야 한다. 게티스버그의 연설 즉 "지금으로부터 87년전 우리의 선조들은 이 대륙에서 자유속에 잉태되고 萬人은 모두 평등하게 창조되었다는 명제에 봉헌된 한 새로운 나라를 탄생시켰습니다."라고 하였듯이 만인 평등이다.

그리고 그의 목표는 노예해방이다. 그의 열정은 이를 위해 대통령이 되기까지의 7전 8기의 분투로 승리하여 결국 1863년 1월 1일 미국 대통령 링컨이 노예해방을 선언하였다. 그의 핵심가치와 그의 구체적인 목표는 수많은 역경과 실패속에서도 변경되거나 좌절되지 않았다.

그의 연보를 보면 링컨은 9세가 되던 해에 생모를 잃었다. 농가에서 오염된 우유를 마시고 어머니가 사망한 것이다. 그래서 전 남편 소생인 3남매를 데리고 재혼한 계모와 살았다. 그런가 하면 첫사랑이었던 애인이 백혈병으로 죽어 깊은 상처를 받고 실의와 좌절 속에 몸부림쳐야 했다. 그러다가 일리노이 4선 주의원으로 잘 나가면서 연방 하원의원에 도전, 당선하여 한때 탄탄대로의 길을 가는 것으로 생각되었다. 그러나 하원의원 재선, 삼선에 낙선하고 연방 상원의원에 도전하여 또다시 낙선했다. 이렇게 계속 실패하는 동안 둘째 아들이 죽고 부인은 신경증으로 고생하게 되었다. 그러나 링컨은 변호사로 법률사무소를 하면서 오히려 실패와 패배를 자신의 실력을 기르는기회로 삼아 1860년 대통령 선거에 도전하여 승리하였다.

당신의 인생도 막다른 골목인생 일 수 있다. 그러나 그것이 결코 목표를 변질시키지는 못한다. 다만 방법의 수정이 필요할 뿐이다.

'S' Stand Firm 견고히 서라

누군가 당대의 헤비급 권투 챔피언인 제임스 코버트에게 챔피언이 될 수 있었던 비결을 물었다. 이 때 챔피언의 대답은 간단하고 명료하였다. "한 판 더 싸우십시오" 나폴레옹 힐은 세계갑부 500명을 연구한 결과 발견한 그들의 공통점 중에 하나는 모두가 끈질긴 성격을 지녔다는 것이었다.

목표에 견고히 섰다는 것의 의미

목표가 견고하다는 의미는 무엇일까? 어떤 책인지 기억나지 않지만 내용을 적어 놓은 것이 있었다. 그것이 이 질문에 적법한 대답이 될 것이다.

"목표가 분명한 사람을 절름발이로 만들어 보십시오. 그는 월터 스코트 경이 되었습니다. 감옥에 가두어 보십시오. 그는 존 번연이 될 것 입니다. 폴지 계곡의 눈구덩이에 파묻어 보십시오. 그는 조지 워싱톤이 될 것입니다. 빈곤가운데서 양육해 보십시오. 거기에서 조지 워싱톤으로 나올것 입니다. 소아마비로 때려 눕혀 보십시오. 그는 플랭클린 루즈벨트로 나올 것입니다. 귀를 고장내 보십시오. 그래도 루두비히 베토벤은 작곡을 할 것입니다. 무학자라고 놀려대도 그는 연구하여 앨버트 슈바이쳐로 나타날 것입니다. 큰 화상을 입어 다시는 걸을 수 없다고 진단해줘도 그는 글렌 커닝햄이 되어 1934년 1마일 경주에 참여할 것이고 세계기록의 목표를 달성하고야 말 것입니다."

이것이 목표가 견고하다는 것의 의미이다.

앤서니 라빈스도 "나는 삶이 끊임없이 실천하는 사람들을 위해 마련 되었다고 믿는다"고 했다.

남의 확신이 아니라 자신의 확신 가운데 서라

소니 영화사(구컬럼비아영화사)사장인 피터구버(PerterGuber)는 마흔 여덟살에 영화 산업계에서 가장 존경받으며 영향력을 행사하는 가운데 한 명이 되었다.

그와 그의동업자 존 피터스는 모두 52개의 아카데미상 후보에 올랐다. 그의 작품으로는 [미드나이트 익스프레스] [실종] 그리고 [레인맨] [배트맨] 같은 것들이 있다. 1989년에 소니사는 그 두 사람에게 컬럼비아 영화사의 경영을 맡기기 위해 무려 2억달러 이상을 들여구버-비터스 영화사를 사들였다.

그들은 어떻게 경쟁이 치열한 산업에서 젊은 나이에 그러한 영향력을 행사할 수 있었을까? 비전과 지속적인 끈기로 인한 그들의 헌신이다. 그들이 성공을 거둔 가장 핵심적인 비결은 일단 목표를 정하고 나면 절대로 포기하지 않는 것이다.

구버의 헌신을 보여준 예는 레인맨이다. 그 영화는 당시 누가 보아도 마칠 수 없을 게 뻔했다고 한다. 제작 과정중에 작가가 다섯 번이나 바뀌고 스티븐 스필버그를 포함하여 세 명의 영화감독이 중도에서 손을떼고 그만 두었다. 그들 가운데서 어떤 사람들은 피터 구버가 액션 장면과 살인, 아니면 섹스라도 포함되도록 대본을 고치기를 바랐다.

그들은 자동차 안에 앉아서 전국을 돌아다니는 장면밖에 안 나오는 그것도 자폐증 환자를 포함해서 두 남자만 나오는 영화를 볼 사람은 아무도 없다고 주장했다.

그러나 피터는 감정의 힘을 이해하고 있었다. 그는 인간정신을 감동시키는 영화를 제작하기로 목표를 정한 것이었다. 그는 무엇이 인간정신을 감동시키는지 알고 있었다. 그는 다른 사람들의 의견에 동조하지 않았다. 그는 오히려 사람들에게 이 영화는 인간관계에 대한 영화로 두 형제가 서로를 이해해 가는 이야기만이 영화에 필요한 전부라고 설명하였다. 그리고 이 영화는 오스카상을 받게 될 거라고 말하고 다녔다.

스티븐 스필버그와 같은 좋은 친구들이 그를 설득하려고 했지만 그는 마음을 돌이키지 않았다. 그 영화는 1988년에 아카데미 작품상 남우주연상 감독상 대본상등 4개를 휩쓸었다. 나 역시 이 영화가 개봉되어 한참이 지나서야 보았지만 인간영혼의 변화와 이해에 대한 감동은 아직도 흥건하게 풍겨나오는 것을 느낄 수 있다.

이것은 모두 피터 구버의 포기하지 않고 목표를 위한 헌신에 견고하게 서준 덕택이다.

'S' Surrender 모든 것을 내어놓아라

목표는 인간지향적일 수록 유익하다.

인간 지향적일 수록 감동을 더해준다. 어느 전화회사에서 전화하는 사람들이 무슨 말을 가장 많이 사용하는가를 조사하였다. 그것은 "나, 나, 나"라는 말이었다.

5천번의 대화를 조사한 결과 무려 3,999번이나 '나'라는 말이 사용되더라는 것이다. 역사상 아름다운 표적을 남긴 이들은 거의 모두가 인간 지향적인 목표를 실현시킨 사람들이다.

퀴리부인은 폴랜드 태생으로 아주 내성적이고 수줍음을 많이 타는 여성이었다. 그는 누구나 불가능하다고 여기던 라듐을 발견하였는데 그것은 의학계의 대 발견으로 인정되고 있다.

퀴리는 젊은 시절 폴란드의 어느 부유한 집에서 가정교사로 지내고 있었다. 그녀는 19살 되던 해 그 집에 들어가서 13살 되던 그 집의 딸을 가르쳤다. 그런데 그해 성탄절에 대학교 기숙사에서 생활하던 그 집 아들이 휴가를 맞아 집으로 돌아왔다. 그는 퀴리와 함께 춤을 추고 스케이트도 타며 어울려 놀았다. 점점 사랑이 싹트고 무르익었는데 그 집 아들은 퀴리의 지성적이고 아름다운 기지에 크게 감동을 받아 사랑하게 된 것이다.

드디어 사랑을 고백하기 까지 했지만 이런 사실을 안 청년의 어머니는 기절할 뻔 하였고 아버지는 노발대발하여 소리를 지르고 말았다. "뭐? 그 녀석이 한 푼도 없는 그 계집에게 청혼을 하였다고? 어림도 없는 소리지. 남의 집에 붙어사는 주제에 감히 우리 아들을 넘보고 있어?" 이런 말을 듣고 퀴리는 쇠뭉치로 머리를 얻어맞은 듯한 모욕을 받았다.

결국 그녀는 결혼을 포기하고 파리로 갔다. 그리고 자신의 일평생을 과학에 바치기로 결심했다. 1891년 파리 대학 이공계에 입학하였다. 그러나 너무나 가난하여 한겨울에도 겨우 석탄 두 부대를 가지고 살았다. 그는 자신이 가지고 있는 옷을 모두 꺼냈다. 불을 때지 못한 방이라 너무 추워서 덜덜 떨면서 겨울이면 필사적으로 추위와 싸워야 했던 것이다.

한번은 잘먹지 못하여 비틀 비틀 침대에 쓰러져서 의식을 잃은 적이 있었는데 친구들이 그를 병원으로 옮겨서 간신히 목숨을 건졌다. 의식이 깨어나면서 그녀는 의사에게 말했다. "사실은요 요 며칠 동안 버찌 약간과 무 몇 개를 먹고 간신히 살아왔어요. 그녀는 어렵게 대학을 졸업하였고 3년 후에 35세의 노총각으로 대학에서 강의를 하고 있던 피에르 퀴리와 결혼한 것이다.

그는 젊은 교수였지만 이미 프랑스의 과학계에서 알아주는 과학자로 인정을 받고 있었으나 가난하기는 마찬가지 여서 두 사람이 재산을 모두 합해보니 자전거 2대뿐이었다. 그래서 둘은 자전거를 타고 프랑스 시골로 신혼여행을 다녀왔다. 연구에 열중하는 젊은 신혼부부는 1902년까지 5년간 라듐을 발견하는데 열정을 불태웠는데 피눈물나는 노력 끝에 결국 광석 8톤을 끓여서 작은 콩알 반쪽만한 라듐 10분의 1그램을 얻어내는데 성공하였다.

실험실이 없어서 의학부의 시체 해부실을 사용하였는데 지붕은 하늘이 보였고 여름에 비가 오면 당연히 비가 줄줄새고 추운 겨울에는 실내온도나 실외온도의 차이가 없었다. 끓어오르는 광석과 약품냄새 지독한 연기 등으로 밤마다 목이 아프고 눈이 따가와 잠을 못 이루며 견디다 못한 남편은 가끔 "우리 포기합시다."고 했지만 퀴리는 완강히 거절하였다.

드디어 1902년 꿈에 그리던 라듐을 발견했을 때 퀴리부부는 심각한 갈림길에서 고민해야 했다. 라듐으로 백만장자가 될것이냐 아니면 사욕을 버리고 끝까지 학문을 추구할 것이냐는 문제로 말이다.

당시 라듐은 암치료에 절대적인 요소이기에 특허만 내면 세계적인 상품이 될 뿐아니라 돈방석에 앉게 되는 것이다. 이런 고민을 하던 퀴리부부는 위대한 결단을 하였다. 라듐을 특허내지 않기로 한 것이다.

인류를 위하여 의학계의 발전을 위하여 전체를 내놓기로 한 것이다. 결단 후에 퀴리는 말하기를 "어떻게 이것을 팔 수 있겠습니까? 너무나 값진 것이기에 팔 수 없는 것입니다. 팔려고 연구했다면 진정한 과학자 정신에 어긋나는 것입니다. 라듐은 질병을 고치는데 사용하는 것입니다. 병자의 아픔을 담보로 돈을 번다는 것은 있을 수 없는 일입니다." 그는 억만장자가 되기보다는 인류를 위해 검소하게 사는 길을 택했다.

돈 방석보다는 사랑의 보자기를 들었던 것이다. 인간지향적인 목표를 실현한 그는 노벨 평화상을 받게 되었다.

줄 수 있는 한 열심히 주라

삼포능자 여사는 〈빙점〉을 써서 베스트셀러로 선풍을 일으킨 여인이다. 그녀는 남편이 벌어다 주는 수입만으로는 생활이 어려웠다. 그래서 자신의 집 모퉁이에 구멍가게를 냈다.

정성껏 장사를 한 결과 날로 가게가 번창하였다. 처음에는 물건을 조금 사오던 것이 점차로 성장하여 트럭으로 물건을 사와도 모자랄 정도가 되었다. 그런데 문제가 생겼다. 이웃 구멍가게들이 안되는 것이다. 손님들이 모두 삼포능자 가게로 몰리기 때문이었다. 그녀는 남편에게 말했다.

"우리 가게가 잘 되기에 이웃 가게가 안된다는 것은 하나님의 뜻이 아닙니다. 다 잘되어야 합니다. 우리 가게를 일부러라도 줄여야 합니다."그는 사랑을 실천하기 시작했다. 일부러 사람들을 이웃가게로 보내기 시작했다. 이런 정신을 주제로 〈빙점〉을 썼을 때 그것이 일본의 베스트셀러가 되었다는 사실이다. 그녀는 자신이 할 수 있는 한 사람을 중심으로 생각하였고 사람들은 그녀의 사람을 중히 여기는 마음이 들어있는 〈빙점〉에 열광하였다.

베푸는 좌우명을 가진 CEO들

데프 잼 레코드 공동창업자인 러셀 시먼스는 "받지만 말고 주기 시작하라(Quit taking, start giving)"고 했고, 선 마이크로 시스템즈의 CEO인 스콧 맥닐리도 "항상 다른 이들과 나누고 공유하라(Share and share alike)" 또한 시스코 시스템즈의 CEO 존 체임버스도 "고객을 항상 행복하게 해야한다.(The customer should always be happy)" 그리고 HD넷 공동창업자인 마크 큐번도 고객을 당신의 주인인 것처럼 대접하라왜냐하면그건사실이니까(Treat your customers like they own you, because they do)"라고 했다.

건축설계사인 마이클 그레이브스는 "사회에 환원하는 법을 배우라 (Learn to give back)" 이것이 지금 우리가 알고 있는 유명 인사들의 좌우명이다. 그리고 이건희 삼성 회장의 좌우명에서도 인간중심의 경영을 엿 볼 수 있는 것은 그의 좌우명이 "경청 敬聽"이기 때문이다. 이것은 1979년 그룹 부회장으로 취임할 때 부친인 고 이병철 회장이

써준 휘호였다고 한다.

쉰들러 리스트에서 오스카 쉰들러는 자신의 재산을 사용하여 가스 처형실로 향하던 1300여명의 유태인을 구해줬기에 추앙을 받는 인물이 되었다. 남아프리카 공화국을 세운 세실로즈(CecilJohnRhodes)는 임종의 순간에 "이렇게 조금 밖에 일을 못하다니, 더 많은 일을 할 수 있었는데...,"라고 후회했다고 한다.

당신은 인생의 끝을 후회 없이 맞을 수 있겠는가?

질문에 답해보라

* 당신이 인생 끝에 가장 기쁘고 보람 있다고 말할 수 있는 것이 있다면?
* 만약에 당신의 인생의 끝에 후회가 생긴다면 어떤 후회가 생길 수 있겠는가?
* 그러한 후회가 생긴다면 어떤 것 때문일까?
* 당신이 현재까지 살면서 후회하거나 이렇게 안되었더라면 하는것이 있는가?
* 당면하고 있는 가장 힘들고 후회스러운 것이 있다면? 새로운 기회를 맞는다면?

벤자민 플랭크린식 성공계발 덕목 SMART 진행표

Specific 계발덕목	Measurable 어느 수준	Achievable 사용방법등	Resultoriented 기대하는 결과	Time-bounded 진행확인표							
				기간	월	화	수	목	금	토	일
테니스	조상무와 상대할정도	전문코치의 지도를 받기	중국개발부서 와의 자유로운 교제	3 개 월							
중국어	회화가능	출퇴근시 테이프활용	중국지사에서 실력발휘	6 개 월							

목표는 실행을 위해 존재한다

활성화

이상적인 배우자를 찾는 실행의 방법
목표성취에 필요한 강력한 실행방법
균형있게 목표를 달성하라
목표점검을 위한 지침들

목표는 실행을 위해 존재한다

목표는 실행이 생명줄이다. 우리는 먼저 실행을 위해 목표를 설정하는 것이다. 비전에 사로잡히게 되면 으레히 거치는 다섯 단계가 있다.

그것은 첫째로 각성의 단계이다. 어떤 것이 반짝 떠오르거나 스쳐지날 때 방금 생각난 그 일이 가능한 일일까? 나를 위한 것일까? 내가 그일을 한다면 어떻게 될까? 그것이 나에게 어떤 의미를 가져다줄까?

이것이 각성의 단계이다.

이 단계를 거치지 않는 사람은 아무도 없다. 어쩌면 하루에도 수십 번씩 지금 이 순간에도 당신은 이런 생각이 떠오를지도 모른다. 이것이 각성의 단계이다.

두 번째는 포착의 단계인데 그것을 자신의 것으로 여겨보고 또 이리저리 대입하여 보는 것이다. 그 떠오른 생각을 중심으로 가정을 그려보기도 하고 그 떠오는 생각을 중심으로 미래의 직업을 상상해 보기도 하는 등 그 생각을 마치 자신의 안경이나 되는 것처럼 모든 것을 그 생각에 맞추어서 접근하고 예측하여 보는 것이다. 여기까지는 누구나 할 수 있는 것이다.

그러나 세 번째는 성공할 수 있는 사람과 그렇지 못한 사람을 갈라

놓는 기로의 단계이다. 즉 그 떠오른 생각을 자신의 것으로 받아들이는 착상의 단계이다.

자신의 마음의 자궁 속에 착상하여 잉태하고 끝내 성공을 낳기까지의 인생 여정을 출발하는 사람을 의미하는 것이다. 반대로 성공하지 못하는 사람은 착상하지 못하는 것이다. 두려움과 현실성 등 갖가지 이유들이 그 떠오른 꿈과 비전을 결국 저버리게 만드는 것이다. 결국 평범 그 이상의 삶을 살지 못하는 사람이 되어버리고 만다.

네 번째는 추구의 단계로 여기서 목표설정이 일어난다. 세 번째 단계에서 잉태되는 것이 목적이라면 여기서는 그 목적을 추구하기 위하여 구체적인 실행 목표가 세워지는 것이다. 목적은 실행함으로서 그 성취를 기대할 수 있다.

다섯번째 단계는 바로 성취이다. 성취는 한마디로 우리에게 행복을 가져다 주는 것이다. 여기서는 네 번째 단계인 실행을 위한 목표설정이 어떻게 효과를 가져오는지를 알수 있도록 한다.

이상적인 배우자를 찾는 실행의 방법

목표를 적고 시각화하고 확신한 부인

누구든지 이상적인 배우자를 만날 자격이 있다. 그러나 신중하게 전략을 짜는 사람은 대단히 드물다. 잭 켄필드가 소개한 사례를 제공하고자 한다. 만약 당신이 아직 결혼전이라면 아주 멋진 선물이 될 것이다.

우선 자신이 바라는 배우자상을 적어라. 그 사람의 가치, 미덕, 성격, 특징과 자질들을 모두 적는 것이다. 자세하고 빠짐없이 적도록 하라. 타협하면 안된다. 단 배우자를 찾고 있는 다른 사람과 공동으로 적는 것은 괜찮다.

공동의 노력을 기울이다 보면 좀더 분명한 결과를 만들 수 있다. 대도시에 사느냐 작은 마을에 사느냐는 아무 상관이 없다. 행동이 있으면 결과가 생긴다. 배우자 상을 글로 적었을 때 생기는 이점은 허술한 선택을 막아준다는 것이다. 즉 상대가 이성 친구가 없다는 이유만으로 선택하는 '모집광고 후유증'을 방지한다.

시골 치과에서 경리로 일하는 예순 일곱 살의 어떤 부인은 마크의 충고를 귀담아 들었다.

"효과가 있을 것이라고 인정한다면 해보지 않으시겠습니까? 적어도 시도해 볼 가치는 있습니다."

그 부인은 자신이 기대하는 이상적인 배우자의 성격을 아주 세세하게 적었다. 그리고 시각화했고 나타날거라 확신했다. 당연한 일이지만, 며칠이 지나자 전화 통화는 해 보았어도 만난 적은 없었던 치과 재료 공급자가 로맨틱한 쪽지를 보내오기 시작했다. 명세표 몇 장에 몇 줄 안되는 순수한 구애의 문장을 적어 보내는 것이었다.

기분이 좋아진 부인은 사장이 이런 사랑의 낙서를 눈치채지 않기를 바라면서 친절하게 답장을 써서 보냈다. 그 사랑의 쪽지들은 부인의 가슴을 뛰게 만들었다. 새로운 생명력과 기운이 마음속에 흐르기 시작했다. 어느 날, 치과에 긴급하게 필요한 재료가 생겼다. 부인은 로맨틱한 쪽지를 주고받던 그 글친구에게 전화를 걸어 재료를 인편으로 갖다달라고 요청했다. 부인은 그가 '일흔 두 살에 불과하고' 사귀는 사람이 없다는 것, 그리고 자신과 결혼하고 싶어 한다는 사실을 알게 되었다.

부인은 대단히 기뻐하며 말했다.

"좋아요. 결혼하겠어요."

그들은 지금까지 행복한 결혼 생활을 유지하고 있다. 그리고 여전히 사랑의 쪽지와 추억을 적어 서로에게 건네고 있다. 적고 시각화하고 확신을 가지면 당신도 가능하다.48) 우리는 이미 목표를 글로 적는 것이 어떠한 결과를 가져오는지에 대한 연구들을 나눈 것이 있다. 더구나 이것을 시각화하여 착상시킨 결과만으로도 이 같은 성취를 얻게 되었다니 놀랍지 않은가?

사진첩을 활용한 글렌나

글렌나는 1977년 어린 세 딸과 함께 혼자사는 엄마였고 갚아야 할 집세와 자동차 할부금 그리고 다시 한 번 불을 붙이고 싶은 몇 가지 꿈이 있었다.

어느날 저녁 글렌나는 한 세미나에 참석하여 강연자의 말을 경청하였다. 강연자가 말하는 I×V=R원리 (Imagination(상상력)에 Vividness(생생함)이 결합되면 Reality (현실)이 된다는 원리)에 대해 들었다. 그는 마음이 글이 아닌 그림으로 사고한다고 지적했다. 그리고 원하는 바를 마음속에 생생하게 그리면 그것이 현실로 나타난다고 말했다.

이 개념은 내 마음속에 있는 '자각'을 촉발시켰다. 나는 하나님이 '우리 마음의 소원'(시편37:4)을 이루어 주신다는 것과 '대저 그 마음의 생각이 어떠하면 그 위인도 그러하다.'(잠언23:7)는 진리를 알고 있었다.

나는 글로 적어 놓은 기도 목록을 가져다가 마음으로 그려 보리라 결심했다.

오래된 잡지들에서 '내 마음의 소원'에 해당하는 그림들을 잘라 모으기 시작했고 그것들을 값비싼 앨범에 정리해 놓고 열렬히 이루어지기를 기대하였다.

나는 아주 구체적으로 사진을 모았다.

— 아주 잘 생긴 남자
— 웨딩드레스를 입은 여자와 턱시도를 입은 남자
— 결혼식 꽃다발(나는 로맨틱한 사람이다.)
— 예쁜 다이아몬드(나는 하나님은 다윗과 솔로몬을 사랑하셨는데 그 둘이 역사상 가장 부자였음을 합리화 했다.)
— 눈부시게 푸른 카리브해의 섬
— 사랑스러운 집
— 새 가구들
— 큰 기업의 부사장이 된 여자(나는 여성 간부가 없는 회사에서

일하고 있었다. 그 회사의 첫 번째 여자 부사장이 되고 싶었다.)

약 8주후, 나는 오전 10시 30분에 일 생각에 몰두한 채 캘리포니아 고속도로를 달리고 있었다. 그런데 어디서 빨간색과 흰색이 배합되어 잘 빠진 캐딜락이 나타나 나를 추월했다. 차가 아주 예쁜 탓에 나는 그 차를 바라보았다. 운전자가 나를 보고 웃었고 나도 늘 하던 대로 웃어주었다.

나는 곧 큰 어려움에 빠지고 말았다. 나는 쳐다보지 않은 척했다. 당신도 그랬던 적이 있는가? 그는 15마일을 따라왔다. 나는 무서워 죽을 지경이었다.내가 몇 마일을 더가자 그도 몇 마일을 더 따라왔고,내가차를 세우자 그도 차를 세웠다. 마침내 나는 그와 결혼했다.

첫 데이트를 하던 날, 짐은 내게 여러 송이의 장미를 보내왔다. 나는 그에게 재미있는 취미가 있다는 사실을 알게 되었는데 그는 다이아몬드를 모으고 있었다. 그것도 아주 큰 것들을 말이다! 또 그 다이아몬드로 누군가를 꾸며 주고 싶어 했다. 나는 자원자로 나섰다!

우리는 약 2년간 데이트를 했다. 그동안 나는 매주 월요일 아침마다 줄기가 기다란 붉은 장미와 사랑의 쪽지를 받았다.

결혼하기 약 3개월 전에 짐이 내게 말했다.

"신혼여행에 안성맞춤인 장소를 찾았어. 카리브 해에 있는 세인트 존 섬이야"

나는 웃으며 말했다.

"난 생각지도 못했는데……"

내가 나의 사진첩에 얽힌 진실을 털어 놓았던 때는 짐과의 결혼 생활이 거의 1년이 다 되었을 무렵이었다. 그때 우리는 멋진 새 집으로 이사해서 내가 마음속으로 그렸던 우아한 새 가구들을 들여놓을 예정이었다. (짐은 동부 최고의 가구 제조업자를 담당하는 웨스트 코스트 도매상이 되었다.)

결혼식은 캘리포니아 라구나 해변에서 치렀고 웨딩 드레스와 턱시도를 입는 것도 현실이 되었다. 꿈의 사진첩을 만든지 8개월 뒤에 나는 일하던 회사에서 인사 담당 부사장이 되었다.

어쩌면 이 이야기가 동화처럼 들릴 수도 있다. 하지만 진실이다. 짐과 나는 결혼한 이후에도 많은 '사진첩'을 만들어 왔다. 하나님은 믿음이라는 강력한 원리가 작동하는 모습을 증명하며 우리의 삶을 채워주셨다.[49]

삶의 모든 영역에서 당신이 원하는 것을 결정하라. 그리고 그것을 마음 속으로 생생하게 그리고 원하는 것을 이루기 위해 성취해야 할 개인적인 목표를 만들어 그에 따라 실행하라.

목표성취에 필요한 강력한 실행방법

게리콜린스(Gary R. Colins)는 존 휘트모어가 〈실행을 위한 코칭〉(Coaching for Performance)이라는 자신의 책에서 소개한 GROW 접근법을 제안[50]하고 있다.

그룹을 위한 실행으로 GROW사용하기

G. Goal-setting (목표설정)
사람들로 하여금 어떤 문제를 해결하기를 원하고
어떻게 변화하기를 바라는지 결정하도록 돕는다.

R. Reality-checking (현실 점검)
좌절감과 장애물, 그리고 극복할 필요가 있는 반대를
포함해 사람 들이 현재 처해있는 상황을 탐색한다.

O. Option-strategies (대안전략)
목표를 달성하기 위하여 사람들이 취할 수 있는
행동 전략을 도와준다.

W. Will-based actions (의지에 기반을 둔 행동)
해야 할 필요가 있는 일을, 해야 할 때에 행할 수 있도록
도와준다.

게리콜린스가 처음 이 제안을 보게 되었을때에 그는 네 단계의 순서가 뒤바뀐 것처럼 느꼈다고 한다. 먼저 현실을 점검하고 목표를 설정해야 하는 것이 아닌가? 게리는 여전히 목표를 나중에 설정하는 과

정을 선호한다. 그러나 휘트모어는 그것을 '피상적인 논리'라고 한다.

게리는 그룹을 코치하는 데에 휘트모어의 방법이 고려해볼 만하다고 한다. 그 이유는 대부분의 평범한 사람들이 하는 것처럼 우리가 문제를 확인하여 평가하는 것으로부터 시작하면 과거의 실행에 의해 제한을 받고, 지나치게 부정적이며 문제들에 대해 과도하게 반응하고 마땅히 그러해야 하는 것보다 더 축소하고 종국에는 창의력이 결여된 목표를 설정하기 쉽다는 것이다.

실행과 성취를 극대화하는 방법

첫째로 즉시 목표를 세우자 마자 적어라. 목표를 세우자 마자 적지 않으면 바쁜 일상생활에 목표는 점점 희미해지고 만다. 그러나 목표가 세워지기가 무섭게 즉시 글로 적기 시작하면 목표는 점점 발전하며 실행의 방법과 아이디어가 떠오르기 시작한다.

다음은 목표를 많이 지나칠 정도로 많이 적어라. 단지 많이 적지 말고 수십가지 백여가지를 적어도 좋다. 잭 켄필드는 많이 적어야 할 이유[51]를 다음과 같이 설명한다.

먼저 각각의 목표들은 숙성기간이 다르다는 것이다. 달걀이 부화되기 까지는 21일이 걸리고, 사람이 태어나기 까지는 열 달이 걸리고, 코끼리는 두해가 걸린다. 목표도 마찬가지다. 어떤 것은 빨리 성취되고 어떤 것은 몇 년이 걸리기도 한다.

1974년 마크가 자신의 목표들을 적기 시작했을때 그는 자신이 말은 TV프로그램이 있었으면 좋겠다고 썼다. 파산한지 얼마 안 되는 사람의 욕심치고는 무모한 것이라 생각할지도 모르겠다. 프로그램이 방송에 나가는 것은 고사하고 30분짜리 프로그램을 만드는 데에만 적어도 1만 달러가 드니 말이다. 하지만 목표를 적는 일의 좋은점은무엇이든지 원하는 것을 쓸 수 있다는 점이다.

9년은 족히 지난 후 마크는 HBO의 간부에게서 그의 첫 TV프로그램일과 관련한 전화 한 통을 받았다. 마크는 이렇게 말했다.

"당신의 전화를 기다리고 있었습니다."
그 간부는 웃으면서 말했다.
"내가 전화하리라는 것을 어떻게 알았소?"
마크가 대답하였다.
"9년 전에 벌써 써 놓았으니깐요."

그 목표는 알을 깨고 나오는 데 시간이 좀 걸렸다. 그러나 어떤 목표는 며칠밖에 걸리지 않는다. 늘 결실을 맺을 수 있도록 당신은 여러가지 목표를 가지고 있어야 한다.

영화감독 리처드 아탠보로가 영화〈간디〉의 아이디어를 떠올리고 그것을 목표로 적어 놓은 때는 실제로 영화가 제작되기 만 20년 전이었다. 그는 목표를 세우자마자 곧 그 목표를 이룰 마음가짐이 되어 있었지만 세상은 그렇지 않았다.

20년이 자나서야 사람들은 인도의 위대한 지도자에 관한 영화를 받아들일 준비가 되었다. 마침내 때가 되자 모든 일이 착착 맞아 떨어졌다. 간디 역을 맡을 벤 킹슬리도 준비되어 있었다.

그는 아탠보로가 그 영화를 만들겠다고 마음 먹었을 때 그저 한 젊은이에 불과 했지만 이젠 준비되었던 것이다. 자금지원 및 홍보, 배급 조건이 만족스럽게 준비되었고 그리하여 영화가 탄생되었다.

목표를 많이 적어야 할 또 하나의 이유는 단 한 가지 목표만을 가지고 완수하였을 때 이전에 목표가 주었던 힘과 중요성과 방향성을 단번에 잃어버릴 수 있다.

크든 작든 침체상태에 빠질 수 있다. 새로운 직장을 얻는 것이 유일한 목표였다면 새 직장을 얻음과 동시에 목표는 의미가 없어진다. 다시 목표를 가지기까지 침체기가 얼마나 될는지 모른다. 그러나 목표가 여러 가지라면 몇 가지를 이미 성취했다해도 남은 목표들로 인하여 침체에 빠지는 것이 그만큼 줄어드는 것이다.

당신은 목표를 많이 가지면 집중력이 떨어진다고 생각할 수 있다. 그러나 목표가 같은 방향을 향한 목표라면 같은 목적을 위한 목표들이라면 그것은 결코 집중력을 떨어뜨리지 않고 오히려 하나씩 성취할 때마다 계단을 밟고 한 단계씩 오르는 쾌감을 가져다주는 것이다.

더 높은 목표를 세우고 싶은 마음이 들도록하여 당신을 더욱 성장시\키는 생명이 살아있는 목표가 되는 것이다.

목표를 여기저기 떠벌리지 말라

목표를 떠벌리는 것은 목표에 벌레를 끌어들이는 것과 같다. 목표는 의견이 다른 사람들의 몇마디에 구멍이 나고 허물어 질 수 있다.

진정으로 당신을 사랑하고 당신의 목표를 지원해 줄 사람이 아니면 말하지 않는 것이 좋다. 당신의 목표를 평가받으려고 하지 말라. 오직 당신의 목표를 위해 무엇을 도울 수 있는지를 말할 수 있는 사람에게만 목표를 이야기하는 것이 유익한 것이다. 목표는 비전을 제시하는 것과 절대로 다르다.

나의 비전은 공격을 받더라도 비평정도지만 나의 목표로 인하여 공격을 받을 때는 자리에서 물러나게 될 수도 있다. 그러나 어느 정도 내가 제시한 목표가 성공할 것이라는 어떤 패턴이 사람들에게도 인식되었다면 그것은 오히려 신뢰를 가져오기도 한다.

자유로운 기업 활동을 통해 1984년 올림픽을 흑자 올림픽으로 만들겠다고 선언한 피터 유베드로는 많은 사람들에게 엄청난 비웃음을 샀다. 그러나 1억 5천만 달러의 이익을 얻게 되자 그는 신뢰를 얻게 되었다. 그가 야구경기의 최고 책임자가 되었을 때는 모든 사람들이 그가

자신이 세운 목표를 이뤄낼거라고 믿어 주었다. 심지어 그가 야구선수들의 약물사용을 추방하겠다는 목표를 공언했을 때 사람들은 모두 그의 말을 믿어주었다.

이미 성취한 목표를 지우지 말라

나는 습관적으로 한 가지 목표가 달성되면 그때마다 수첩에 적힌 달성된 목표를 두 줄로 그어놓고 다음 성취해야할 목표들을 달성할 것을 생각한다. 그러나 인생을 성공적으로 경영하는 법을 아는 성공의 선 배들은 결코 좋은 방법으로 보지 않는다.

목표가 손쉽게 취급되는 쇼핑목록처럼 다뤄질 수 없다는 것이다. 나의 삶의 의미와 열정 그리고 이를 위한 숱한 헌신과 영감의 결과로 많은 세월과 수고를 뒤로 하고 달성된 목표들을 달성과 함께 두 줄로 긋고 끝낸다는 것은 결코 지혜롭지 못한 처사이다.

오히려 승리(Victory)의 V자를 멋지게 써서 달성했을 그때의 감정을 써넣어서 당신이 앞으로 달성할 목표들을 바라보다가 난관에 부딪혔을 때에 더 크고 새롭게 흥분되는 달성의 경험을 음미하고 다시 힘을 얻는데 사용할 수 있는 것이다.

당신 스스로 성취한 목표는 당신이 새로운 목표를 달성해 나가는 데 가장 큰 힘을 공급하는 에너지원이다. 당신은 그것을 아주 간단하게 두 줄로 그어 버릴 수 있는가? 이미 달성한 목표들을 다음 목표를 위한 실행과 성취를 극대화하는 에너지로 사용하는 것은 매우 간단하다.

성취했을 때 두 줄로 긋는 대신 단지 성취했을 때의 감동을 적어 넣는 것이다.

균형있게 목표를 달성하라

균형을 잃는 것의 댓가

인생의 균형을 잃는다는 것이 무엇일까? 균형을 잃을 때 어떤 일이 벌어질까? 왜 균형을 잡아야 하는가? 단지 목표를 달성하면 모든 것이다 잘되는 것이 아닌가? 우리는 많은 질문을 던져본다.

그만큼 안전하지 않을지도 모를 일이 기다리고 있다는 것을 이미 알고 있기 때문이다.

인생에는 직장과 가정, 소유와 행복, 가족과 친구등 균형을 이루어야 할 요소가 많다. 균형을 잃어 직장에서 연구에만 몰두하다가 가족들이 다 떠나가버린 후 나중에서야 돌아갈 가정이 없다는 사실을 깨닫게되면 그것은 너무 늦은 것이다. 돌이킬수 없기 때문이다.이처럼 어떤 경우는 성공이 오히려 균형을 깨고 이루어졌을 때 절대적으로 행복하지 않다. 행복하지 않은 성공은 맛 잃은 소금이나 다름없다.

내가 중학교에 다니던 시기에 대중가수 조용필씨는 대단한 국민 영웅이었다. 그의 신곡은 발표되기가 무섭게 배우지 않으면 따돌림을 당할 정도로 그는 성공한 가수였다.

거의 모든 시상식에서 꽃다발은 그의 목에 걸리지 않는 경우를 볼 수 없었을 정도였다. 그런데 어느날 시상식 꽃다발을 받은지 얼마 안 된 그에게 어느 기자가 물었다. 당신은 정말 대단합니다. 이 많은 우승 트로피와 화려한 꽃다발 당신을 열광하는 팬들, 당신 너무나 멋진 사람입니다. 그런데 당신은 혼자있을 때 어떻습니까? 기자의 질문에 그는 이렇게 대답했다.

"외롭습니다."

당신은 혼자일 때 당신의 성공이 주는 만족과 행복의 여운에 안기는가 아니면 외로운가? 당신은 어떤 성공을 원하는가를 결정할 필요가 있다.

영화 월스트리트에서 마틴 쉰은 마이클 더글러스가 자신의 회사를 인수하려는 의도가 무엇인지에 대해 아들인 찰리 쉰과 의논하는 장면이 나온다. 거기서 마틴 쉰은 아들 찰리 쉰에게 이렇게 말한다. "이 아비는 지갑의 크기로 한 인간의 성공을 측정하지는 않았단다."

당신에게 성공이란 무엇인가? 성공을 통하여 당신이 얻기 원하는것들이 무엇인가? 성공을 위해 목표를 설정하기 전에 성공에 대한 자신만의 정의가 먼저 필요하다. 거의 대부분의 사람들이 성공을 통해 얻기 원하는 것이 서로 비슷하다 할지라도 사람들은 각자가 자신이 성공을 통해 얻기 원하는 것이 무엇인지 또는 어떤 성공을 얻고자 하는지를 생각하고 성공을 정의하지 않으면 당신의 성공은 측정할수 없게된다. 그리고 성공은 절대적으로 균형을 필요로 한다.

랄프 왈도 에머슨은 자신의 성공을 정의하기를 "많이 웃기, 지적인 사람들로부터 존경받기, 아이들로부터 사랑받기, 정직한 비평가들로부터 올바른 평가받기, 친구의 배신 견뎌내기, 아름다운 것 감상하기, 다른 사람의 장점을 발견하기, 아이를 건강하게 키우기, 작은 정원을 가꾸어 세상을 좀 더 나은 곳으로 만들기, 나로 인해 한 사람의 삶이라도 더 행복해지도록 하기."[52]

에머슨의 성공에 대한 정의들은 균형을 잃고서는 결코 달성할수 없는 것들임을 알 수 있다.

잭 캔필드와 마크 빅터 한센은 균형잡힌 삶을 살기 위해 평생 열심히 노력한 실베스터 스탤론의 삶을 다음과 같이 소개한다.[53]

그는 어린 시절 외롭게 컸을 뿐만 아니라 과운동성(過運動性)으로 인한 행동 장애가 있었고 정서적인 학대를 받기도 했다. 그는 드렉슬 대학에서 실험을 거친 결과 엘리베이터 수리공이 그의 소명이라는 말을 들었다.

스탤론의 아버지는 머리를 쓸 줄 모르면 몸이나 키우라고 충고하면서 그를 자주 주눅들도록 했다. 스탤론은 이 말을 영화 〈록키〉에서 대사로 인용했다.

스탤론이 연기를 하겠다고 목표를 세웠을 당시 그의 삶은 재정에서부터 정서적인 면에 이르기까지 제대로 균형잡힌 것이 하나도 없는 상태였다. 이러한 불균형 탓에 초기의 배우 생활은 실패의 연속이었다.

그러나 그는 목표를 포기하지 않았다.

마크 빅터 한센이 읽었던 어느 잡지 기사에서 스탤론은 이렇게 말했다.

"성공이란 실패를 이겨내고자 하는 노력이 절정에 이른 상태를 말한다. 내가 연기를 시작하자마자 곧장 성공했더라면 시나리오는 쓰지 못했을 것이다. 하지만 나중에는 글 쓰는 것이 연기보다 더 재미있었다. 나는 실패했기 때문에 문제를 역전시켜 할리우드 주류에 편입

할 수 있는 다른 방법을 찾았던 것이다. 내가 배우로서 곧바로 성공했더라면 어느 단계에서 정체되어 아마 성격배우로 머물러 있게 되었을 것이다."

스탤론은 여러 해에 걸쳐 삶의 정서적 측면, 육체적 측면, 정신적 측면에서 균형을 잡는 방법을 배웠다. 그러던 어느 날 밤, 무하마드 알리와 척 웨프너의 권투시합을 보았다.

관중들은 약자가 시합을 끝까지 해나는 모습을 보고 환호성을 질렀다. 그는 깊이 감명받아 사흘 반나절 만에 시나리오 〈록키〉를 써냈다.

그리고 제작자들을 찾아다니며 자신을 주연으로 기용하는 경우에 한해 시나리오를 팔겠다고 말했다. 대부분의 제작자들은 그의 제안을 거절했다. 그 후의 이야기는 영화사에 길이 남을 이야기다. 〈록키〉의 총 수입은 1억달러를 넘었다.

돈은 많이 벌었지만 그의 삶은 여전히 불균형 상태에 있었다. 그는 충분한 사랑을 느끼지 못해 결국 이혼했다. 그러나 운동을 통해 근육질 사나이로 변모했고 자신의 마음과 정신적인 믿음을 발전시켰다.

그가 개인적으로 변모하기까지는 오랜 세월이 걸렸다. 하지만 그의 변모는 결과적으로 누구도 넘볼 수 없는 성공을 가져다 준 삶의 균형을 낳았다.

오늘날 그는 이익에 따라 분배를 받는 조건과 함께 편당 2천만 달러를 받기로 장기 계약되어 있다. 스탤론은 균형을 잃은 삶에 균형을 잡아주면 어떤 멋진 결과가 다가오는지를 보여준 멋진 사례인 것이다.

목표를 모두 달성하는 방법

신디의 가족은 미국 중서부 작은 동네의 방대한 택지위에 세워진 최첨단 저택에서 생활했다. 신디는 다섯 명의 훌륭한 자녀를 둔 행복한 어머니이자 그 지역에서 가장 큰 교회를 담임하고 있는 목회자의 아내로서 그녀의 삶은 아메리칸 드림처럼 보였다. 그녀는 재능있는음악가이자 작곡가였고 교회에서는 찬양과 예배를 인도했으며 친족들과는 크리스천 밴드에서 활동했다.

신디는 창의력을 분출시키는 또 다른 출구로 소규모 인형극으로 주변지역에서 공연을 벌였다. 그리고 자녀들이 다니는 학교에서 자원봉사를 하였고, 집에서 성경공부 모임을 열었으며, 인기있는 워크샵 강사로도 활동했다. 그녀는 거의 모든것을 할 수 있었고, 실제로 거의 모든 것을 하고 있었다.

그러나 그녀는 그녀의 크리스천 인생코치와의 첫 번째 통화에서 이렇게 고백했다.

"내 삶은 사방으로 흩어져 있어요!"

"나는 너무나 많은 일을 하는 것을 좋아해서 그 모든 일에 내 자신을 전부를 쏟아 붓는답니다. 하지만 더 이상 그 중 어떤 일도 제대로 하는 것이 없어요. 나는 무엇이 가장 중요한지 분별하도록 도와줄 사람이 필요해요."

다음 14개월 동안 신디는 그녀의 인생코치와 한 달에 세 번씩 전화로 면담했다. 그들은 또한 이메일을 주고받았다. 이 작업의 주안점은 그녀의 삶에서 균형감을 높이도록 돕는데 있었다. 그들은 함께 그녀의 성격과 기질의 독특함을 검토하고 그녀의 은사와 소명을 이해하려 하였다. 그들은 신디가 가진 인생의 꿈과 결혼, 자녀 그리고 신앙생활에 대하여 대화를 나누었다. 그러나 주로 그녀의 우선순위에 관하여 이야기 했다.

"이야기 하나 들려주고 싶네요." 어느날 그녀의 코치가 이렇게 말했다.

"시간 관리를 가르치는 대학교수가 어느날 강의실에 들어와서 입구가 넓은 커다란 유리 항아리를 책상에 놓았습니다. 그런다음 주먹만한 크기의 돌한상자를 내려놓고 유리 항아리가 가득찰때까지 하나씩집 어넣기 시작했습니다. 그리고 여러분! 유리항아리가 가득 찼습니까?

교수의 질문에 학생들은 모두가 '예'라고 대답했습니다. 하지만 교수는 '아니오, 항아리는 다 차지 않았습니다.'라고 말했죠.

그런후에 완두콩 만한 자갈이든 상자로 손을 뻗어 그것들을 항아리 속에 넣고 돌 사이사이에 들어가도록 흔들기 시작했어요.

"이제 항아리가 가득 찼습니까?" 그가 질문을 던졌습니다. 사람들이 대답하기를 주저하는 동안 그는 계속해서 모래 주머니를 들고는 유리항아리에 흔들어 넣으면서 다시 다른 돌들 주변에 스며들게 했습니다.

"자 이제 가득 찼나요? " 그가 물었습니다.

이번에는 강의실 전체가 "아니요!"라고 대답했답니다. 그 시점에서 교수는 주전자를 가져다가 항아리에 물을 부었습니다. 드디어 항아리는 정말로 가득 찼지요.

교수가 다실 질문합니다.

"이 실습이 주는 교훈은 무엇일까요?"

학생 중 한 사람이 대답하길, "일정이 아무리 **빡빡할**지라도 언제나 다른 것을 거기에 집어 넣을 수 있다는 것입니다!"

"아닙니다!" 교수가 대답했지요. "여기서의 교훈은 그것이 아닙니다. 여기서 주는 교훈은 먼저 큰 돌부터 넣지 않으면 그 돌들은 앞으로도 넣을 수 없다는 것입니다."

신디의 인생코치는 이야기를 마치자 신디에게 과제를 내 주었다.

"지금부터 다음 번 통화 때까지 한 두 시간정도 시간을 내서 당신에게 '큰돌'이 무엇인지를 종이 한 장에 적기 바랍니다. 좀덜 중요한 것들로 돌의 틈을 메우기 전에 당신의 인생이라는 항아리에 담고 싶은, 당신에게 가장 중요한 것들을 써보세요. 당신이 인생의 이 시점에서 진정 가장 좋다고 느껴지는 것들만 적으세요. 그것을 저에게 이메일로 보내주시면 다음 통화 때에 그것들에 관해 논의하기로 하지요."

후에 신디는 그 과제가 코칭과정에서 전환점이었으며 여러모로 그녀의 생애에서도 커다란 전환점이 되었다고 회고했다.

신디의 코치는 크리스토퍼 맥클러스키였고 그는 상담전문가인 게리 콜린스가 코칭에 관한 책을 쓸 수 있도록 가장 많은 격려를 준 정신과 의사 출신의 인생코치이다.

당신은 신디의 능력이있고 활발한 활동을 하는 그러나 분주한 그녀가 어떻게 자신의 많은 목표들을 최대한 많이 이룰 수 있는지를 생각할 수 있었을 것이다. 이제 당신의 차례이다.

균형을 위한 경보(B-ALERT) 시스템

B. Blueprint 청사진
하루를 위한 청사진을 말한다. 내일을 위한 청사진을
만들기 전에 잠자리에 든다면, 다음날은 자판기 앞에
서성이다가 오전 9시에라야 업무에 겨우 임할 수 있게 된다.

A. Action 행동
바쁘게 보내지 말고 목표를 이루도록 보낸 하루의 행동이
될수 있게 하라. 당신의 행동을 다른 사람의 입에 맞추면
당신은 평생 성공을 쫓는 자로만 살게 될 것이다.
그러나 당신의 행동이 다른 사람의 입의 말을 바꾸면
당신은 성공한 것이다.

L. Learning 배움
배움은 모든 지식과 정보의 가장 탁월한 습득방법이다.
배움은 많은 시간이나 많은 노력을 쏟아 부어야
좋은 것이 아니다. 당신을 생각과 감각을 자극하며
확장하기에 적합한 것을 선택하라.

E. Exercise 운동
당신이 자신의 인생을 성공의 면전에 이끌었다해도
건강을 잃으면 아무 소용이 없다. 오히려 시작하지

못한 것만 못하다. 이미 성공했다해도 그 성공은
그가 건강한 만큼만 제대로된 혜택을 그에게
가져다 줄 수 있다.

R. Relaxing 휴식
휴식은 도끼날을 가는 시간이다. 60분을 계속 일하는
사람보다 50분일하고 10분을 휴식하는 사람이 다음 50분을
더욱 잘 할 수 있는 것이다. 휴식은 소모가 아니라 충전이다.
충전의 휴식을 위해서는 잘 짜여진 계획에 의하여
휴식하여야 한다.

T. Thinking 생각
심사숙고의 생각을 말한다. 이 생각은 당신을 깊은 사람이
되게하는데 같은 돌에 두 번 넘어지게 하지 않으며,
가지 않아도 될 길을 가지 않도록 해주며, 하지 않아도
될 일을 하지않게 해주며,두시간 걸일 일을 한 시간으로
단축하게 한다. 그리고 무엇보다도 당신의 잠자는 90%를
활성화시켜준다.

당신의 약점이 균형문제라면 벤자민 플랭클린이 자신의 인격을 함양하기 위해 사용했던 체크표처럼 균형체크표를 만들어 균형의 습관을 만들 필요가 있다.

잭과 마크와 레스가 공동으로 집필한 〈인생의 맥을 짚어라〉에서 경보(B-ALERT) 시스템을 사용하여 균형을 평가할 수 있도록 표를 제공[54]하고 있다. 자신이 놓친 단계는 눈에 잘띄도록 동그라미로 표시하라고 친절하게 제안해 준다. 다음의 표를 당신의 균형 목표들의실천을 위한 체크표로 활용할 수 있기를 바란다.

경보(B-ALERT) 시스템

월	화	수	목	금	토	일
B ✓	B ✓	B ✓	B ✓	B ✓	B ✓	Ⓑ
A ✓	Ⓐ	A ✓	A ✓	A ✓	A ✓	A ✓
L ✓	L ✓	L ✓	L ✓	L ✓	Ⓛ	L ✓
Ⓔ	E ✓	E ✓	E ✓	Ⓔ	E ✓	E ✓
R ✓	R ✓	R ✓	R ✓	R ✓	R ✓	R ✓
T ✓	T ✓	T ✓	T ✓	T ✓	T ✓	T ✓

목표점검을 위한 지침들

성공적인 인생경영자들의 목표를 세우는 지침들

목표를 점검하기 위하여 앤서니 라빈스의 제안을 받아들이면 도움이 될 것이다. 다음의 5가지를 주의깊게 새기라.

첫째, 적극적이고 건설적인 목표를 세워라. '무엇을 하고 싶지 않다'가 아니라, '무엇이하고싶다'고 확실히 하자.

둘째, 구체적인 형태로 목표를 세우고 기한을 정하라. 기한을 정하지 않으면 미끄럼틀 위에 있는 목표를 달성하는 것 보다 더 어렵다.

셋째, 목표 달성 후 자신의 구체적인 이미지를 생각하라. 그것은 목표 달성에 도움이 된다.

넷째, 자신의 힘으로 달성할 수 있는 목표를 세워라. 자신의 행복은 자신의 힘으로 성취해야 한다. 타인에게 의지하지 말라.

다섯째, 자신은 물론 주위 사람에게도 도움이 될 수 있는 목표를 세워라. 그들이 당신의 목표성취를 가속화시켜주는 엔진이 될 것이다.

목표점검을 위한 10가지 리스트

〈인생의 맥을 짚어라〉에서 목표란 "이루어 질 때까지 가치있는 대상을 지속적으로 추구하는 것이다".라고 정의한다. 그리고 아래와 같은 제목들로 체크할 수 있도록 제공[55])하고 있다. 당신이 원한다면 체크리스트에 대한 많은 정보를 그 책에서 얻을 수 있다. 목표를 체크할 수 있도록 제안된 10개의 리스트는 다음과 같다.

매우그렇다(5) 그렇다(4) 약간그렇다(3) 잘모르겠다(2) 아니다(1)로 각 점수를 표시하여 보라 목표의 성취가능성을 가늠하거나 목표를 명확하게 하거나 수정하는데 도움을 줄수 있다.

목표 체크 사항	5	4	3	2	1
1.당신의 목표는 당신의 것인가?					
2.당신의 목표는 의미있는 것인가?					
3.구체적이며 성과를 잴 수 있는가?					
4.탄력적이며 유연성이 있는가?					
5.도전적이고 흥미로운가?					
6.당신의 가치관에 부합되는가?					
7.삶의 균형을 이루어주는 것인가?					
8.목표는 현실적인 것인가?					
9.사회에 기여할 수 있는 것인가?					
10.필요를 지원받을 수 있는 것인가?					
합계					

에너지 법칙을 가동시켜라

현실화

에너지를 어떻게 증가시킬 수 있는가?
피그말리온 효과를 적용하라
팀 IQ를 높이라
플라시보 효과를 적용하라
당신의 잠재에너지를 분출시켜줄 촉매를 찾으라

에너지 법칙을 가동시켜라

에너지는 잠자는 거인으로서의 성공 프레임을 가동시키는 심장이요 엔진이다. 아무리 훌륭한 사람도 심장이 멎으면 세상에서 더 이상할 일이 없어진다. 멋진 스포츠카라 할지라도 엔진이 가동되지 않으면 무용지물이다. 이처럼 성공프레임을 전체적으로 가동시키는 에너지가 있다. 단지 전기만을 공급하는 에너지를 가동시켜서는 안된다.

기계만을 돌리는 것으로도 안된다. 모든 것이 전체적으로 가동되도록 해야하는 것이다.

아이디어만 반짝이게 하는 것이나 여기저기 일정에 바쁘게 된 생활이 성공인생을 경영하는 것일 수 없는 것이다. 이 에너지는 바로 집중과 열정을 일으키는 요인을 의미한다. 또한 이것은 자발적으로 동기를 부여하는 힘을 가지는 것이다.

전문가들은 성공요인을 찾기 위해 성공한 사람들의 증명서나 지력, 학력, 환경 등의 요소들을 눈여겨보며 공통점을 찾으려 한다. 하지만 RCA의 데이빗 사로노프는 "자신의 일을 사랑하지 않고 성공하는 사람이 아무도 없다"고 했다.

포춘지 선정 500대 기업의 최고 경영자 50%이상은 대학에서 평점C

나 C-를 받은 사람들이다. 그리고 미 대통령의 거의 75%는 학교 시절에 중간 이하의 성적을 받은 사람들이다. 또한 백만장자 기업가의 50% 이상은 대학을 졸업하지 않은 사람들이다. 평범하게 보일 수 밖에 없는 이들로 하여금 엄청난 일을 성취하도록 한 것은 오직 하나 '열정'이다.

성공한 사람들의 삶에서 열정의 자리를 대신 할 수 있는 것은 아무 것도 없다. 아무리 탁월한 꿈이 비전으로 전환되었고 또한 구체적인 목표로 설정이 되었다해도 열정이 없으면 추진체가 없는 로켓과 마찬가지이다.

심리학자인 리처드 창은 열정을 인격적인 강렬함으로 묘사하였고 동시에 열정은 능력을 부여하는것 이라고 했다. 게리콜린스는 열정이란 우리에게 에너지를 공급하고 이끌어가는 강력한 저변의 정서라고 했다. 당신의 에너지 법칙을 가동시킬 열정의 촉매제가 무엇인가?

열정은 사그러들기 쉬운 약점이있다. 그렇기 때문에 열정을 지속적으로 가속하기 위해서는 당신에게 열정을 지속적으로 일으켜줄 요인들을 찾는 것이 중요하다.

성공을 위해 당신 속에 잠자는 거인에게 강력한 에너지를 공급하고 지원하는 열정을 일으키는 요인이 무엇인가를 찾는 것이 이 장에서 할목표이다. 열정을 일으키는 요인들은 각 사람마다 상황마다 다를 수있다. 지금 당신에게 맞는 요인을 찾는 것이 중요하다.

이제 본 장에서 인생을 성공형으로 전체적인 프레임을 가동시키기 위하여 당신에게 열정을 불러일으키는 요인들을 파악할 수 있기를 소망한다.

에너지를 어떻게 증가시킬 수 있는가?

아리스토텔레스는 "성공하기를 원하는 사람들은 옳은 질문을 던져야 한다"고 말했다. 당신이 성공하기를 바란다면 다음과 같은 질문을 던져보라

- 당신은 당신의 일을 즐기는가?
- 당신의 사업이 당신의 가치관과 일치하는가?
- 당신은 자신이 하는 일이 무엇인지를 알고있는가?
- 당신은 당신의 재능을 활용하고 있는가?
- 당신이 하고있는 일이 당신이 생각하는
  이상적인 라이프 스타 일과 잘 맞는가?

만약 이 질문들에 대한 답이 예라면 당신은 성공을 위한 에너지 법칙 제1조를 잘 따르고 있는 것이다.

좋아하는 일을 하라

어느 노인이 김칫독을 등에 메고 온 종일 수십리 길을 걸어서 기진맥진 해진 몸으로 마을로 돌아왔다. 그는 기진맥진 한 몸으로 집에 들어가더니 손자를 업고 피곤한 줄 모르고 손자가 잠이 들도록까지 등

에 업어주었다. 그것을 본 며느리가 물었다. "아버님 아이가 무겁지 않으세요?" "그래 하나도 안무겁다".고 대답하였다. 사실 김칫독보다 아이가 더 무거웠는데도 말이다.

더 무거운 손자를 김칫독보다 무겁지 않게 느끼게 한 것은 무엇일까?

위대한 성공자들이 남긴 근본적이고도 공통적인 가르침은 '자기가 좋아하는 일을 하라' 이다. 사람들은 자기가 좋아하는 일을 하면서 돈을 벌 수 있다는 사실을 믿지 못하는 경향이 있다. 대부분의 경우 사람들은 현재의 상황에서 돈을 벌기 위해서는 싫더라도 견디면서 잘 감당하려고애쓰는데더욱많은노력을한다.그러나성공자들은처음부터 좋아하는 일을 과감히 선택하라고 권면한다.

좋아하는 일을 할 경우엔, 경쟁자들이 포기한 후에도 한참 동안 역경을 이겨내고 희생을 감수하면서 일을 추진할 수 있다. 사실 이런 상황에선 일의 어려움이 오히려 만족도와 성취도를 높여주기까지 한다. 텔레비전 논평자인 데이비드 프로스트는 그것을 이렇게 설명한다.

"110%의 능력을 발휘하는 비결은 바로 일을 아주 즐겁게 하는 데 있습니다. 사서 고생을 하는 격이지만, 실상은 자극과 성취감을 얻을 수 있죠. 일을 좋아하지 않는다면 그 일을 성공시키는 것에 무관심해지게 마련이죠. 그렇게 되면 결과적으로 어떤 성공도 거둘 수 없게 될 겁니다."

빌리진킹의 성공 비결도 좋아하는 일을 한것에서 비롯되었다고 할 수 있다. 그의 성공은 그 누구보다도 게임을 사랑한다는데 있다. 그의 말을 들어보면 다음과 같다.

언젠가 내 아내가 오전 8시 비행기를 타기 전에 아침 6시에 일어나 연습을 하고 싶어했죠. 그 때 빌리 진은 주저하지 않고, 아내의 연습상대가 돼 주기 위해 새벽 6시에 일어나 코트에서 땀을 흘렸습니다. 자신이 하는 일이 사업이든 음악이든 글을 쓰는 일이든 스포츠든 전심전력을 쏟아 부을 때 비로소 110%의 성취가 이뤄지는 마술같은 순간을 체험할 수 있다. 하지만 그것은 흔치 않은 예외적인 순간들이며, 평상시 발전은 점진적으로 이뤄진다. 뒤로 물러섰다가 다시 앞으로 전진하길 반복하며 점점 경기나 거래를 마무리 짓게 되죠. 그러다 99%까지 일을 진척시키는 때가 다가옵니다. 그것은 모든 일을 다하고 마지막 서명만, 혹은 돈만 받으면 되는 순간이죠. 이때도 이제껏해온대로 꾸준한 노력과 끈기를 기울여야 합니다.

그것은 마치 매치 포인트(테니스나 배구에서 시합의 성패를 결정짓는 최후의 한점)와 같습니다. 끝날때가 거의 됐지만 가장 힘든 순간이 남아 있는 겁니다. 이때 챔피언은 그 도전을 음미합니다. 그들은 그런 압력을 즐기며 그것을 재난이 아닌 기회로 바라보죠.테니스 경기에서 이기는 사람은 "좋아, 어서 내게 좋은 서브를 넣어 보라구."하며 자신감을 갖지만, 지는 사람은 "오, 하나님, 제발 상대가 폴트(서브 실수)를 범하게 해주십시오."라고 기도합니다.

챔피언은 흥미가 가득찬 마음으로 하루를 맞이합니다. 시합을 하든 연습을 하든 언제나 변함없는 열정과 헌신으로 최선을 다합니다. 삶이든 시합이든 승리하기 위해선 날마다 목표를 세우고 스케줄을 정할 필요가 있습니다. 매일 밤이나 아침에 그 목록을 적어 보십시오. 물론 사람마다 승리의 의미는 다릅니다. 그리고 모든 사람이 다 승리할 수는 없습니다. 그러나 진정한 승리는 자신의 행복을 이루는 것이며, 세월의 흐름에 따라 승리의 의미도 변하게 마련입니다.

내가 가르치는 선수들은 연습을 시작하기 전과 후에 자신들의 목표를 일지에 적어두게 합니다. 그렇게 자신의 목표를 가짐으로써 스스로의 자긍심을 키우고, 독립적인 존재가 돼가는 겁니다. 나는 그들이 점점 성장하여 내게 도전해주길 바라죠. 그러면 언젠가는 가르칠 게 더 이상 없는 시기가 다가옵니다. 그것이 바로 나브라틸로바가 도달한 상태입니다.

그녀에겐 풀타임 코치가 붙어 있기 때문에 난 가끔씩 가서 놀라게 해줄 뿐입니다. 그녀에겐 오히려 내가 날마다 가지 않는 것이 도움이 되죠. 우리는 그녀가 그날그날 정신적, 육체적, 감정적으로 느낀 것들을 기록하게 했습니다.

그 중에서 정신적인 측면들은 앞으로의 전략과 기법을 바꿔 나가는 데 중요한 자료가 됩니다. 또한 육체적 측면은 그녀의 컨디션이 80%인지 100%인지 가늠할 수 있게 해주죠. 그리고 감정적인 측면은 그녀가 행복한 상태인지, 아니면 신경이 곤두섰는지 등을 알게 해줍니다.

그런식으로 자신의 패턴을 파악해 두면 스스로 세운 목표를 평가할 수 있게 됩니다. 나는 나브라틸로바가 자신의 목표를 알아서 결정할 수 있기를 바라며 지켜보는 겁니다. 그녀 스스로 자신에게 무엇이 있

어야 행복해질 수 있을지 판단하길 바라는 거죠.[56]

자신이 잘하는 일을 중심으로 재정비 하라

찰스 가르시아는 탄탄대로의 법조인의 길을 버리고 비즈니스의 세계에 뛰어들어 멋진 성공을 거둔 인물이다. 그는 자신의 책[내안의 성공코드를 찾아라]에서 자신이 사업을 하기로 결정하게 된것이 자신의 성격과 능력을 이해하고 자신의 강점을 찾아 결단을 내린 결과라고 소개하고 있음을 볼 수 있다. 그는 자신의 책에 자신이 잘할수 있는 것이 무엇인지를 알기위해 강점을 찾으라고 권면하고 있다. 그리고 다음과 같은 갤럽조사 데이터를 소개하고 있다.

갤럽은 63개국 101개 기업에서 170만명이 넘는 사람들을 대상으로 다음과 같은 질문을 했다. "당신은 지금 당신이 가장 잘하는 일을 하고 있다고 생각하십니까?" 유감스럽게도 응답자의 20퍼센트 만이 매일 자신들이 가장 잘하는 일을 하고 있다고 대답했다.

한가지 놀라운 사실은 더 높이 승진할 수록 개인의 강점을 충분히 발휘하지 못하고 있다는 점이다. 대부분의 회사에서 직원들이 갖고 있는 능력의 20퍼센트 만을 활용할 뿐이라는 사실을 알았을 때 나는 이것을 커다란 기회라고 생각했다. 만일 60퍼센트의 직원들로 하여금매일 각자의 강점을 발휘하도록 할 수만 있다면 회사의 생산성을 지금보다 3배 정도 향상시킬 수 있을 것이다.

이러한 조사결과에 기초해 스털링 파이넨셜 그룹은 직원들에 대한 사고방식을 완전히 새롭게 바꾸었으며 직원들을 가장 중요한 자산으로 인식하게 되었다.

이제 우리는 직원들이 약간의 훈련만 받으면 어떤 직책이든 잘 수행할 수 있다고 생각하기 보다는 직원 각자가 갖고 있는 독특한 재능들을 분석했다. 그리하여 직원들의 성장이 바로 각자의 강점에서 비롯된다는 사실을 깨달았다.

한편으로는 대부분의 직원들과 중견 관리자들이 자신의 강점과 맞지 않는 일을 수행하고 있다는 사실을 발견했다[57]고 소개한다. 그래서 그들은 각각의 직원들이 갖고 있는 강점들을 제대로 발휘할 수 있도록 체제를 재정비하였다.

대부분의 경우 우리는 지금까지 학교나 기업의 선배들에게서 안타깝게도 성공을 위해서는 자신의 약점을 파악해서 개선해야 한다고 배워왔다. 그러나 그것은 나의 약점과 대면하기가 곤란한 상대방의 입장을 고려한 것이다. 그러나 우리가 각자 자신의 권리를 중심으로 생각할 수 있는 기회를 줄 수 있다면 상대방의 불편을 제거하기 위한 약점을 보완하기 위해 보내는 시간 대신 자신이 잘하는 강점을 더욱 발전시키는 일을 위해 시간을 보낸다면 훨씬 성공하기가 쉽다는 것이다. 사실 타이거 우즈와 마이클 조던과 같은 운동선수들은 자신의 강점을 발견하고 갈고닦는데 최선을 다함으로 오히려 슈퍼스타가 되었다. 프로 골퍼인 소렌스탐의 경우도 자신의 강점인 골프를 즐긴다고 하지 않는가?

우리 주위에는 자기가 원하는 길이 무엇인지 잘 모르는 사람들이 매우 많다. 자기가 선택할수 있는 길에는 어떤 것들이 있는지, 그가운데 자기가 정말 원하는 길이 무엇인지 조사하고 선택해야 한다.

자신이 좋아하고 잘하는 일을 발견하기

"행복한 부자가 되려면 100년도 넘게 이어져온 돈에 대한 습관을 버리세요." 일본에서만 120여만 부가 팔린 '행복한 부자' 시리즈로 유명 한 혼다 겐(本田健·37)은 20대에 이미 성공한 실업가가 되었다. 그가 서울의 그랜드힐튼호텔에서 한국 독자들을 대상으로 행복한 부자가 되는 법에 대해 강의했는데 그는 강연에서 "대부분의 보통 사람들은 자신이 무엇을 좋아하는지를 잘 모르고 종종 잘하는 일과 좋아하는 일을 혼동한다"고 말했다. 그리고 좋아하는 일을 찾는 방법으로서 '감정의 가계부' 쓰기를 권했다.

> △ 하루 중 기뻤거나 유쾌했던 순간
> △ 자신도 모르게 집중했던 순간
> △ 남이 자신에게 잘한다고 한 일
> △ 겁이 나고 부담스러웠던 순간
> △ 시간이 길게 느껴지고 지루했을 때 등

감정의 플러스와 마이너스를 결산해 보면 자신이 좋아하는 일을 파악할 수 있다는 것이다.

미국 투자은행 메릴린치와 경영자문회사인 '캡 제미니 언스트 앤

영'이 발표한 '세계 부자보고서 2003년판'에 따르면 지난해 말 부동산을 포함한 자산이 1백만달러(약 12억원) 이상인 백만장자는 전 세계에 7백 30만명으로 나타났다. 이는 2002년보다 2003에 20만명이나 늘어난 것이다. 또 재산 3천만달러 이상의 부자들도 5만8천명으로 전년보다 2% 늘었다고 한다.

세계 인구의 0.1% 정도에 불과한 부자들이 전세계 금융자산의 40%를 소유하고 있다. 토마스 J. 스탠리(Thomas J. Stanley)는 1966년부터 23년간 미국 백만장자들의 생활상과 재산 축적 과정을 조사 분석하였다. 미국의 백만장자 733명을 표본 조사하여 얻은 자료를 정리하여 낸책 〈백만장자 마인드〉가 있다. 여기에서 배울 중요한 것이 있다.

그것은 미국의 백만장자들이 자신의 일을 선택했을때, 처음부터 그 일이 미칠듯이 좋아서 선택한 경우는 55%에 불과했다. 그러나 시간이 지나면서 그 일에 대한 사랑 때문에 성공할 수 있었다고 말하는 사람이 80%에 달하게 되었다.

아주 특이한 것은 그들의 직업이 자신의 '적성과 능력'에 부합하기 때문에 선택하게 되었다는 사람들이 무려 81%에 달한다는 점이다. 이것은 그들이 대부분 자신의 강점과 능력에 대하여 사전에 잘 알고 있었다는 사실을 반영하는 것이다. 그리고 66%는 그일이 자신을 부자로 만들어 줄 것이라고 믿은 것으로 나타났다.

이 내용을 변화전문가인 구본형이 〈그대 스스로를 고용하라〉에서 정리한 것을 보면 미국의 백만장자 다섯 사람 중 네 사람에게 있어 경제적 성공이란, 자신이 좋아하고 잘하는 일을 선택한 결과이며, 세사람 중 두 사람은 선택한 일을 잘 해내면 경제적 부가 따를 것임을 믿고 있었다고 할 수 있다.

그렇다면 그들은 어떻게 자신이 좋아하고 잘하는 일을 발견 할 수 있었을까? 우선 그들이 다른 사람의 의견, 예를 들어 직업 소개소나 프랜차이즈 모집을 통해 자신의 직업을 선택하게 되는 경우는 5% 밖에되지 않는다.

이 말은 다른 사람이 말하는 유망업종이라는 것을 무작정 선택하여 성공한 경우가 아주 드물다는 것을 반증하는 것이기도 하다.

오히려 :
우연히 자신의 천직발견 – 29%
시행 착오 – 27%
이전 직업과의 관련성 – 12%
등을 통하여 자신의 천직을 발견하는 경우가
2/3에 달하는 것으 로 나타났다.

그런가 하면 :
직관적으로 자신의 천직에 접근한 경우 – 39%
사업 타당성을 타진하여 선택 – 30%
보다 오히려 높게 나타났다.

특히 이들 백만장자 중 1/3을 차지하고 있는 사업주와 경영자의 경우는, 거의 반(46%)에 해당하는 사람들이 '직관적'으로 자신의 천직을 선택했다는 사실에 주목할 필요가 있다. 직관적으로 자신의 길을 따르게 되었다는 말은, 다른 사람에게 그 방법론을 논리적으로 알려주기 어렵다는 것을 의미한다. 일순간 갑자기 '신속하고 즉각적인 통찰'에 의하여 알게 되었다는 뜻에 가깝다.

그러나 이것은 아무것도 존재하지 않는 진공의 상태에서 무엇인가가 이루어지는 것은 아니다. 오히려 백만장자들이 자신의 길을 찾아가는 과정에서 큰 대가도 없이 즐겁지도 않은 일들을 해야만 했고, 그 과정에서 자신에 대하여 점점 더 잘 알게 되었다는 관측이 설득력 있다.

그래서 그들은 우연히, 시행착오를 거쳐, 자신의 이전 직업을 통해 직관적으로 자신이 좋아하고 잘 하는 일에 헌신하게 된 것 같다.[58]

순수한 열정이 성공에너지이다.

야채장수 두 명이 있었다. 한 사람은 장사수완이 좋아서 돈을 잘벌었다. 그는 야망이 있었기 때문에, 늘 '언제쯤이면 이 야채장사를 그만둘 수 있을까?'라는 생각을 하며 지냈다. 마을 사람들도 똑똑하고 부지런한 그가 빠른 시일 내에 큰 사업가로 성공하리라 믿었다.

또 다른 야채장수는 주목을 받지 못했다. 별다른 꿈이 없는 것처럼 보였던 그는 '야채장사는 나의 천직이다, 아침마다 나의 야채를 기다리는 사람이 얼마나 많은데…' 하는 생각을 하면서 장사를 했다. 그는 늘 즐거웠다. 사람들도 그가 평생토록 "야채 사려"만 외치다 죽을 거라고 믿었다.

몇 년간의 시간이 흘렀다. 그런데 정작 장사를 그만두게 된 사람은 야채를 파는 일이야말로 자기의 천직이라고 여겼던 사람이었다.[59] 열심히 일을 하는 것을 넘어 자신의 일을 사랑하는 것이 열정이다.

사랑을 받을 만큼받은 그 일이 사랑을 쏟아부어준 사람에게 가져다 주는 선물이 성공인 셈이다.

그러므로 열정은 쏟아부으려고 하는 것이 되어서는 안된다. 열정은 잠재력을 깨우는 불꽃이다. 잠재력을 깨우는 불꽃이란 나의 에너지를 불러일으키는 동인이 작용한 현상이다.

'노(no)'를 거꾸로 쓰면 전진을 의미하는 '온(on)'이 된다. 모든 문제에는 반드시 문제를 푸는 열쇠가 있다. 끊임없이 생각하고 찾아 내어라. - 노먼 빈센트 필 -

자신에게 열정을 불러일으키는 동인이 무엇인지를 발견하는 것이 중요하다.

나는 사람에 따라 자신의 잠재력을 깨우는 원인이 다를수 있음을 인정한다. 어떤 사람은 좋아하는 일일 수 있으나 어떤 사람은 옆에서 인정해주는 친구가 가장 강력한 동기를 불러 일으키는 동인일 수 있다.

당신에게 맞는 성공의 열정을 불러일으키는 동인은 무엇인가를 찾을수 있기 바란다. 만약 필요하다면 본서의 끝에 소개한 과정에 참여함으로써 도움을 받을 수 있다.

피그말리온 효과를 적용하라

아무리 좋아하는 일이라해도 그 일을 통하여 성공할 수 있다는 확신이 없다면 취미로 끝나버리고 만다. 인생을 취미에 바칠수는 없지 않은가? 성공을 위해서는 성공의 확신을 더해주는 동기부여가 필요하다. 당신은 피그말리온 효과를 들어본적이 있을 것이다. 여기에서 피그말리온 효과를 적용하는 것이 당신에게 또 하나의 도움이 될 수 있다.

피그말리온 효과(Pygmalion Effect)란?

그리스 신화에 나오는 키프로스의 왕으로 외모에 콤플렉스를 갖고 있어 사랑에는 체념한 채 조각에만 심혈을 기울이다가 자신이 만든 여인의 나체상을 사랑하게 됐고, 이 여인상을 아내로 맞이하게 해달라고 간절히 빌어 결국 소원을 이뤘다는 젊은 왕의 이름이다.

키프로스의 여인들은 나그네를 박대하였다가 아프로디테(로마신화의 비너스)의 저주를 받아 나그네에게 몸을 팔게 되었는데, 이 때문에 피그말리온은 여성에 대해 좋지 않은 감정을 갖게 되어 결혼할 마음이 들지 않았다. 대신 '지상의 헤파이스토스'라고 불릴 정도로 뛰어난 자신의 조각 솜씨를 발휘하여 상아로 여인상을 만들었다. 실물 크기의 이 여인상은 세상의 어떤 여자보다도 아름다웠다고 한다.

피그말리온은 이 여인상에 갈라테이아라는 이름을 붙이고 사랑하였는데, 갈라테이아는 아키스를 사랑한 바다의 님프이기도 하다. 아프로디테 축제일에 피그말리온은 이 여인상 같은 여인을 아내로 삼게 해달라고 기원하였으며, 그의 마음을 헤아린 아프로디테는 조각상에 생명을 불어넣어 주었다.

피그말리온은 인간이 된 갈라테이아와 결혼하였고 이들의 결혼식에는 아프로디테도 참석하였다. 두 사람 사이에서 태어난 딸은 피그말리온의 고향 땅 이름을 따서 파포스라고 불렀다고 한다.

이러한 신화의 내용을 따라 피그말리온은 가능성이 없는 것이라도 마음속에서 할 수 있다고 믿고 행동하면 그 기대가 현실로 이루어질 수 있다는 것을 증명할 때 자주 인용된다.

심리학에서는 타인이 나를 존중하고 나에게 기대하는 것이 있으면 기대에 부응하는 쪽으로 변하려고 노력하여 그렇게 된다는 것을 의미한다. 특히 교육심리학에서는 교사의 관심이 학생에게 긍정적인 영향을 미치는 심리적 요인이 된다는 것을 말한다.

1968년 하버드 대학교 사회심리학 교수이며, PONS(Profile of Nonver bal Sensitivity)검사의 공동 제작자이기도 한 로버트 로젠탈(Robert Rosenthal) 과 레노어 제이콥슨(Lenore Jacobson)은 〈피그말리온 효과〉(Pygmalion in the Classroom)에서 놀라운 연구를 보고하고 있다. 그의 책은 교육학의 고전으로 1950년 이래 가장 많이 읽히고, 가장 많이 인용되는 교육책이기도 하다.

미국 샌프란시스코의 한 초등학교에서 전교생을 대상으로 지능검사를 한 후 검사 결과와 상관없이 무작위로 한 반에서 20% 정도의 학생을 뽑았다. 그 학생들의 명단을 교사에게 주면서 '지적 능력이나 학업성취의 향상 가능성이 높은 학생들'이라고 믿게 하였다.

8개월 후 이전과 같은 지능검사를 다시 실시하였는데, 그 결과 명단에 속한 학생들은 다른 학생들보다 평균 점수가 높게 나왔다. 뿐만 아니라 학교 성적도 크게 향상되었다. 명단에 오른 학생들에 대한 교사의 기대와 격려가 중요한 요인이었다.

이 연구 결과는 교사가 학생에게거는 기대가 실제로 학생의 성적향상에 효과를 미친다는 것을 입증하였다.

교육학 고전으로 지난 30년 간 발행된 사회과학 서적 가운데 가장 많이 인용되는 100대 도서 중 하나이기도 하다. 학생이 성장하려면 그에 대한 교사의 믿음과 기대가 선행되어야 한다는 강력한 메시지를 던진다. 학교에서 뿐만 아니라 일상생활, 의사와 환자 사이, 동물 실험을 통한 결과들까지 넓게 살펴보며 긍정적 기대가 낳는 엄청난 효과들을 상세히 설명하고 있다[60]는 것이다.

믿음과 기대를 가지라

짐캐리는 자신이 1200만 달러짜리 출연계약을 맺는 배우가 되리라고 믿고 기대하였다. 그는 스탠딩 코미디 경력을 포기하고 '인 리빙 컬러'라는 TV 쇼에 합류하여 대형 영화배우로 성장해갔다. 그의 목표는 메이저 영화의 스타가 되어 1200만 달러짜리 계약을 맺는 것이었다.

이를 위해 그가 사용한 방법이 있었는데 그것은 이미 수년 전에 자신이 발행한 1200만 달러 짜리 수표를 항상 지니고 다녔다는 사실이다.

결국 그는[배트맨포에버]에 출연하여 조커역으로 최고의 인기를 누리며 받은 갤런티가 바로 1200만 달러였다.

믿음과 기대를 가지는 것은 자신에게 뿐아니라 자신의 주변 인물들에 대해서도 기대를 가질때 마찬가지 효과를 만들어내기 때문에 당신은 항상 주변 인물들에게 믿음과 기대를 가진 표현을 하여야 한다.

HRkorea의 김귀진 부사장은 핵심 인재들의 잠재력을 발휘할 수 있도록 지원해주는 것을 강조하였다. 그의 말을 인용하면 다음과 같다. 기업에서는 핵심인재 몇몇이 기업의 분위기를 주도하고 조직의 혁신을 좌우하기도 한다. 하지만 대다수의 직원들도 각각 중요한 역할을 하고 있으며, 이들 중에서 핵심인재로 성장할 수 있는 잠재력을 가진 사람들이있다. 인사관리는 바로 이러한 대다수의 사람들이 자신의 능력을 100%, 나아가 120% 발휘할 수 있도록 지원하는 것이 중요하다.

美 포천(Fortune)誌가 매년 실시하는 가장 존경 받는 기업(Most Admired Companies) 리스트에 항상 등장하는 사우스웨스트 항공은 바로 피그말리온 효과를 잘 이용하는 대표적인 회사다. 사우스웨스트 항공이 가장 중요시하는 것은 직원들을 존중하는 것이다.

사우스웨스트 항공은 사업전략을 구상할 때 가장 중요한 것은 당연히 직원들이다. "직원들 스스로 만족하고 열심히 일할 수 있다면, 자연히 고객들에게도 최선을 다할 것이다"라고 대표가 직접 밝힐 정도로 모든 직원들을 존중하고 섬기는데 초점을 맞추고 있다.

이러한 회사 분위기 덕분에 사우스웨스트 항공은 꾸준히 이익을 창출할 뿐 아니라, 가장 존경 받는 기업으로 손꼽히고 있으며 인재들이 선호하는 회사로 성장할 수 있었던 것이다.

직원들의 능력을 인정하고 칭찬해 주며 긍정적인 기대를 심어주는 것은 중요하다. 단, 칭찬의 효과는 바로 나타나지 않는 경우도 있기 때문에 믿음에 대한 기다림이 필요하다.

단기간에 어떤 기대효과도 발견하지 못했다고 해서 실망하고 다그칠 것이 아니라, 믿음을 갖고 지속적으로 기대를 잃지 않는 것이 중요하다. 핵심 인재에게는 더높은 목표를 심어주고, 일반직원들에게도 기대와 칭찬을 아끼지 말자. 간혹 능력이 부족한 사원이라 하더라도 노력하는 태도로 매진할 수 있는 여건을 조성해 주면 노력지능을 발휘할 수 있다.

불안과 불황이 가중될수록 피그말리온 효과가 가져오는 긍정적인 성과물이 기업에 예상보다 훨씬 크고 귀중한 선물을 선사할 수 있을 것이라는 믿음으로 이를 인사관리의 기초로 삼아 여러 직원들이 능력을 발휘할 수 있도록 지원하는 것이 필요하다[61]는 것이다.

응원해줄 아군을 얻으라

새가 자기의 보금자리를 몇 번이고 빼앗기고 나면 나중에는 보금자리를 아무렇게나 되는 대로 짓는다고 한다. 처음에는 온갖 정성을 다하여 둥지를 틀지만 애써 지은 보금자리를 자꾸만 부수어 버리면 마침내 그 새는 자기 둥지를 되는 대로 짓게 된다고 한다.

이것은 여러번 실망을 경험했으므로 끝내는 자포자기의 상태가 되기 때문이다. 그러나 그 새가 자기 짝을 맞이하여 보금자리를 짓게 되면 그 새는 더 이상 아무렇게나 짓지 않고 아주 포근한 보금자리를 짓는 것이다. 응원군을 얻었기 때문이다.

중국에는 거문고를 잘 타는 명인 백아(佰牙)가 있었는데 그에게는 종자기라는 절친한 친구가 있었다. 그는 마음을 터놓고 지내는 친구라기 보다는 자기가 타는 거문고를 가장 정확하게 감상할 줄 아는 벗이었기에 사실은 혼이 통하는 친구였던 것이다.

백아가 마음속에 심산 유곡을 상상하면서 거문고를 타면 종자기는 "아태산을 멀리 바라보는 듯하구나!"라고 말하고, 흐르는 강변을 가슴에 그리며 거문고를 타면 이번에는 "잔잔한 물결이 흐르는 강변에 서있는 듯하구나!"하고 평을 했다.

백아는 거문고를 타는 자기 마음을 읽어 내는 그 친구가 매우 자랑스럽고 기뻤다. 결국 거문고를 타는 사람과 거문고 소리를 듣는 사람의 마음이 서로 하나가 되었기에 거문고를 탈 때 즐거운 마음이었던 것이다.

그런데 어느날 갑자기 종자기가 세상을 떠나자 백아의 슬픔을 이루 말할 수가 없었다. 그러자 그는 거문고를 부숴 버리고 죽을 때까지 두 번 다시 거문고를 타지 않았다고 한다.62) 거문고를 타는 사람은 자기 마음을 이해하면서 들어 줄 사람이 있을 때 더욱 깊게 거문고를 탈 수 있었던 것이다.

당신의 일에 대해서도 당신과 함께 기뻐해 줄 진정한 친구를 얻게 될때 당신의 성공을 향한 잠재력은 더욱 큰 에너지를 발휘하게 되는 것이다.

　다음은 이 책의 핵심 가치를 발견해 나가는 과정에서 소개한적이 있는 오토다케가 즐겁게 학원생활을 마치게 된 것이 무엇 때문이었는지를 알 수 있게 한다.

　오토다케 히로타다는 양팔과 양다리가 없는 채로 태어난 장애인이었다. 그가 대학에 가기로 목표를 정하였을 때 그는 우선 신문광고를 보고 3대 학원 가운데 하나로 꼽히는 슨다이 학원이 가까이 있음을 알게되었다.여타의 다른학원에서 처럼 거부당하지 않을까 염려했으나 이 학원에서는 용케도 받아주었다. 그의 경험을 통하여 우리는 두 가지 면에서의 응원군을 얻은 것이 고생스런 학원을 즐겁게 다니도록 하는데 얼마나 도움이 되었는지를 알 수 있다.

　오토다케 히로타다가 다니고 있던 슨다이 신주쿠 학원은 사람들에게 '유령학원'으로 불렸다. 신주쿠라는 이름 탓에 누구나 신주쿠역 주변에 있다고 생각하겠지만 사실은 오쿠보에 있었다. 오쿠보까지는 집에서 전철로 두 정거장, 그러나 전철로 통학하기가 어려운 그는 걸어서 다닐 수 밖에 없었다.

　전동 휠체어로 꼭 30분 걸렸다. 결코 가깝지는 않은 거리였지만 다카다노바바의 거의 모든 학원에서 문전박대를 당했던 것을 생각하면 그 정도 거리는 문제도 아니었다. 하지만 비라도 오는 날이면 고생은 말이 아니었다. 왼쪽어깨와 목으로 우산을 받쳐들고 바람에 날아가지 않도록 손잡이 부분을 발로 꽉 누른다. 그리고 오른 손으로 휠체어를 운전한다. 상당히 힘이 드는 동작이기 때문에 맑은 날과는 비교가 되지 않을 정도로 체력이 소모되었다. 게다가 우산 때문에 왼쪽 절반 정도는 앞이 보이질 않아 신호등도 잘 보이지 않았고 갑자기 튀어나오는 자동차도 눈에 들어오지 않았다. 이렇게 위험한 상황 속에서 휠체어를 30분씩이나 타야 하는 것은 상당히 힘들었다.

그럼에도 별로 고생이라는 생각 없이 1년을 다닐 수 있었던 것은 학원생활이 즐거웠기 때문이다. 학원생활이 '즐거웠다니?' 하고 의아해하겠지만 정말 즐거웠다. 슨다이는 학급제로 운영되었을 뿐만 아니라 다른 학원과는 달리 고정석이었기 때문에 친구를 사귀기 쉬웠다. 더구나 우리 반의 대부분이 동일한 대학을 지원하고 있었으므로 같은 목표를 향하는 '동료의식' 같은 것이 싹텄는지도 모른다.

처음 알게 된 친구가 리키마루였다. 180센티미터 가까운 키에 머리는 장발이었으며 얼굴이 갸름했다. 언젠가 '저 친구 마약 하는 거 아냐?' 라는 말을 들을 정도로 인상이 고약했다. 쉬는 시간에 혼자서 푸우--담배연기를 내뿜는 모습이 어찌나 거칠었던지 도저히 가까이하기 어려운 분위기를 풍겼다.

어느 날 쉬는 시간에 물 마시러 갔다가 그만 수업에 조금 늦고 말았다. 수업은 이미 시작된 상태였는데 마침 담배 피우느라 늦어 버린 리키마루와 문 앞에서 마주쳤다. 다소 엄한 선생님이었기 때문에 수업 도중 교실 문 열기가 좀 뭐해서 1층 벤치에서 수업이 끝날 때까지 기다리기로 했다.

리키마루와 이야기를 나눈 것은 그때가 처음이었는데 겉으로 풍기는 이미지와는 달리 대단히 씩씩하고 좋은 친구였다. 중학시절 농구부의 팀메이트가 리키마루의 고등학교 친구였다는 얘기를 듣고는 둘은 곧바로 의기투합했다. 그 뒤 우리 둘은 단짝이 되었다.

리키마루는 자전거를 아주 좋아해서 학원에도 자전거로 통학할 정도였다. 지금까지 내 주변에는 자전거를 좋아하는 친구들이 없었기때문에 그의 존재는 대단히 신선했다. 내가 다니던 슨다이 학원에는 지방에서 올라온 아이들도 있었고 사립고등학교 출신도 있었다. 리키마루를 비롯해 그 학원에서 사귄 친구들은 내가 모르는 세계를 경험한 경우가 많았다. 그것이 학원을 즐기며 다닐수있게 해준 또 하나의 원인이었는지도 모른다. 중요한 고비인 여름 방학이 끝날 때 쯤에는 친구들이 그룹으로 만들어져 있을 정도였다.[63]

리키마루라는 응원군과 목표가 같은 학생들과 무려 100여명이나 친구가 될 수 있었던 점이 특별히 오토다케 히로타다에게 대입을 준비하는 고달픈 학원생활을 즐겁게 해나가도록 에너지를 일으켜준 아군들인 것이다.

자기 보상의 원리를 활용하라

제니트라는 한 여성이 체중 조절문제로 고민하고 있었다. 마음을 단단히 먹고 단시일 내에 체중을 큰 폭으로 줄여 놓으면 어느새 원 체중으로 되돌아가곤 하는 것이었다. 줄이는 것보다 줄여 놓은 상태를 유지하는 것이 더 어려웠다.

제니트는 좋은 방법을 찾기 위해 체중조절에 관한 책을 많이 읽었다. 그 결과 체중을 갑자기 많이 줄이는 것 보다 서서히 줄여야 그 상태를 오래도록 유지할 수 있다는 사실을 알게 되었다. 그래서 그녀는 2주에 약0.5킬로그램씩 줄이기로 목표를 정했다. 그리고 제니트의 직장에서는 2주마다 봉급을 주는데 그녀는 봉급날과 체중 감량 목표를 연결시키는 방법을 생각해 냈다.

달력에 앞으로 6개월 동안 봉급날이 언제인지를 표시해 놓고 그 밑에 각 봉급날에 도달해야 될 목표 체중을 적어 놓았다. 그리고 목표대로 전 봉급날 보다 체중이 0.5킬로그램 줄어들면 비록 비싸지는 않지만 요긴한 물건을 하나씩 자기 자신에게 선물하기로 결정했다. 물론먹을 것은 선물하지 않기로 했다. 그녀는 요긴한 물건을 하나 더 장만할 욕심에 자신과의 약속을 열심히 실천했다. 그 결과 봉급날마다 0.5킬로그램씩 줄어든 체중을 확인할 수 있었고 목표를 성취한 대가로 자신에게 선물을 하는 즐거움을 맛보았다.

쇼핑의 즐거움과 요긴한 물건들이 하나씩 갖추어진다는 기쁨은 제니트의 계획 실행에 있어 하나의 '촉진제'가 되었다. 결국 제니트는 '자기보상의 원리'를 이용해 체중조절이라는 목표를 달성하고 요긴한 물건들도 하나씩 장만하는 일석이조의 효과를 얻었다.[65] 이것은 자기 스스로 자신을 칭찬한 실제적인 방법으로 자성예언의 메커니즘이 적용된 사례이다.

자성예언이란 일단 기대가 형성 되면, 우리는 그것이 옳건 그르건 간에 그 기대를 확증하는 방향으로 행동하게 되는 강한 경향을 의미

여러 가지 효과와 법칙들[64]

구 분	내용
링겔만 효과 (Ringelmann Effect)	그룹 속에 참여하는 개인의 수가 늘어날수록 1인당 공헌도가 오히려 떨어지는 현상
티부假說 (TieboutHypothesis)	소비자로서의 유권자는 지방 공공지출의 수준을 근거로 자신이 거주할 지역사회를 결정하기 때문에 지방재 공급의 최적조건을 달성할 수있다는 이론
依存效果 (dependence effect)	소비재에 대한 소비자의 수요가 소비자 자신의 자주적 욕망에 의존하는 것이 아니라 생산자의 광고·선전 등에 의존하여 이루어진다는 현상(Galbraith)
코오즈 정리 (Coase theorem)	협상비용이 무시할 정도로 작을 경우, 외부환경에 대해 이해 당사자 어느 누구에게든 한쪽에게 소유권을 인정해 주면, 정부의 간섭없이도 자발적인 협상을 통해 효율적인 자원배분 달성 가능
불가능성의 정리 (Impossibility theorem)	개인의 선호를 사회적 선호로 완전히 반영시킬 수 없다'는 이론. 이른바 사회적 의사결정(정치적 의사결정이라고도 함)을 내리는 데 완전한 방법은 존재하지 않는다는 것을 의미.
조세지출 제도 (tax expenditure)	국민이 부담해야할 각종 세금을 특정산업 및 특정계층에게 면제 또는 감액하여 주는 제도로, 조세우대조치(preferential tax treatment)라고도 함.
베블렌 효과 (Veblen Effect)	가격이 상승한 소비재의 수요가 증가하는 현상으로 허영심에 의해 수요가 발생하는 효과
파킨슨법칙 (Parkinson's Law)	업무량의 증가에 상관없이 공무원 수는 증가한다는 이론
피터의법칙 (Peter's Principle)	조직 내 모든 사람은 자신이 무능력한 수준에 도달할 때까지 승진하려는 경향이 있고, 이러한 경향 때문에 조직의 폐쇄성과 연공서열적 타성을 그대로 방치할 경우 시간이 지나면서 모든 부서는 무능한자들로 채워지고 아직 무능력의 수준에 도달하지 않은 사람들이 작업을 완수하는 일이 발생한다는 이론
딜버트의 법칙 (Dibert Principle)	의욕적이고 창의적인 시도를 하는 직원보다 무능력하고 비효율적인 직원이 중간 경쟁단계를 거치지 않고 곧바로 승진한다는것

공유지의 비극 (tragedy of commons)	경쟁적인 과잉 방목이 초래하는 공동목초지의 황폐화 현상. 이는 시장실패의 요인이 되며 이러한 자원에 대해서는 국가의 관여가 필요(Garrett Hardin)
공유지의 비극 (tragedy of commons)	경쟁적인 과잉 방목이 초래하는 공동목초지의 황폐화 현상. 이는 시장실패의 요인이 되며 이러한 자원에 대해서는 국가의 관여가 필요(Garrett Hardin)
죄수의 딜레마 (prisoner's dilem- ma)	두사람이 합리적이라고 생각하고 취한 행동이 오히려 두사람 모두에게 바람직하지 않은 결과를 가져오는 상황
그레삼의법칙 (Gresham's law)	악화가 양화를 구축한다는 말. 또한 '기획의 그레샴법칙'이란 관리자는 일반적으로 실행이 용이한 일상적 업무와 정형적 결정을 선호하고, 실행이 어렵거나 쇄신적인 기획 또는 비정형적인 결정을 등한시 내지 경시한다는 것.
나비효과 (butterfly effect)	아마존 정글에 있는 나비의 날개짓이 텍사스주 폭풍에 영향을 줄수 있다"고 말한데서 비롯, 오늘날 제3의 물리학으로 불리우는 '카오스 이론'의 서막을 연 법칙(Edward Lorenz)
피그말리온 효과 (Pygmalion Effect)	강한 바람이 기적을 일으킨다는 의미의 그리스 신화. "지성 이면 감천" "궁하면통한다" "두두리면열릴것이다"라는말 과도 상통.
플라세보 효과 (Placebo Effect)	그약이 실제로는효과가 없지만 자신은 그것을 모르고 "효과 가 있다"고 생각하여 정말로 효과가 나타난 현상.
지라드의 법칙 (Joe Girard's law)	보통 사람이라면 주변에 즐거움이나 슬픔을 나눌 정도의 가까운 사람이 평균 2백50명이 된다는 이론. 자동차를 샀거나 사러온 고객 중 한명이라도 불만족한다면 다시는 자기로부터 차를 문의하지 않는 것은 물론, 주변의 2백50명 친지에게 거래했을 때의 불만스러운 경험담을 들려준다는 것
머피의 법칙 (Murphy's law)	일이 좀처럼 풀리지 않고 갈수록 꼬이기만 하는 경우에 쓰는 용어
샐리의 법칙 (Sally's law)	우연히도 자신에게 유리한 일만 계속해서 일어나는 경우
데자뷰 현상 (dejavu)	최초의 경험임에도 불구하고, 이미 본적이 있거나 경험한 적 이 있다는 이상한 느낌이나 환상.

하는 피그말리온 효과의 또 다른 표현이라고 할 수 있다.

팀 IQ를 높이라

현대 물리학에서 불확실성의 원리 "Uncertainty Principle"의 창시자인 베르너 하이젠베르그는 다음과 같이 이야기 했다.

"대화는 협동 학습 결과의 엄청난 잠재력을 발휘한다. 다른 사람과 협력하면 혼자서 하는것보다 더 많은 통찰력을 가질수 있고 지적으로 될 수 있다. 팀의 IQ는 잠재력으로 각 개인의 IQ보다 높을 수 있다."

홍창선 열린우리당 의원은 자신이 십여년 동안 머물렀던 대덕 연구 현장을 바라보며 다소 씁쓸한 표정을 짓는다.전 세계 어디에 내놔도 손색이 없는 천하의 보물단지가 제대로 자기 강점을 살려내지 못하고 있다는 안타까움 때문이다. 바로 1년 전 연구현장을 떠나 옷깃에 국회 의원 금뱃지를 달고 대덕을 제3자의 입장에서 지켜본 결과 홍 의원은 한국의 보물단지가 애물단지로 전락하고 있다고 진단했다. 그가 제기하는 대덕의 고질적인 문제는 간단하다. 팀 아이큐(Team IQ) 수준이 매우 낮다는 것이다.홍 의원은 대덕인들을 향해 이렇게 말한다.

"세상의 온갖 고급 지식이 몰려있는 대덕은 세계적으로 흔치 않은 곳입니다. 그런데 그 강점은 지금까지도 살려내지 못하고 있죠. 대덕 여러분들! 이제부터라도 팀 아이큐를 높이는데 자존심을 거십시오."66)

팀(Team)이라는 영어 단어는 "Together Everyone Achieve More"의 머리글자를 딴 것이다. 이 말은 Together '다 함께', Everyone '모두', Achieve '성취하다', More '더', 즉 "모두 다 함께 연합할 때 더 많은 것을 성취할 수 있다"는 의미를 가지고 있는 것이다.

리더십을 연구해 온 사람들이 이구동성으로 말하는 중요한 명제 중 하나는 팀의 IQ는 개인의 IQ의 합보다 언제나 높다는 것이다. 팀의 능력은 언제나 개개인의 힘을 뛰어넘는다.[67]

팀의 IQ가 개인의 IQ보다 뛰어난 실례는 얼마든지 많다. 오히려 팀의 IQ가 아니면 감당할 수 없는 일이 너무나 많다고 해야겠다.

가령 영화 만들기는 감독과 작가와 촬영과 의상과 조명과 배우 등등이 함께 자신의 IQ를 한 껏 발휘해야 좋은 영화가 될 수 있을 것이다. 릴레이 경주나 단체 경기인 축구 시합 등은 팀의 IQ가 절대적인 경기이다.

성공에너지를 발휘하기 위해서는 팀의 환경을 조사할 필요가 있다. 당신이 소속된 팀의 IQ를 높이면 당신뿐 아니라 팀원 모두가 성공에너지를 발휘한다. 팀 IQ를 높이기 위해서는 팀원 모두가 노력하면 더할 나위없이 좋겠지만 반드시 전원이 다 동의하거나 참여해야 팀IQ가 높아지는 것은 아니다.

IQ높은 사람들의 모임이 팀IQ는 낮을 수도 있다.

팀IQ를 높이기 위해서는 IQ높은 사람들을 모으는 것이 아니라 팀으로서의 IQ를 높이는 것이다. 영국 켐브리지 경영대학원에서 최근 아주 재미있는 실험을 했다. 학생들을 120개의 경영팀으로 나눈 후 어떤 가상 비즈니스 현실 문제를 주고 거기에 대한 대응 방안을 만들게 한 것이다. 이중에 몇 팀은 최고의 IQ를 가진 천재들로만 구성하여, 상대적으로 낮은 개인 IQ를 가진 팀들과 비교했다. 그런데 결과는 놀랍게도 그토록 뛰어난 천재들로 구성된 팀들이 오히려 다른 "평범한" 팀들보다 더 못한 성과를 이뤄낸 것으로 나타났다.

그 원인은 크게 두 가지로 분석됐다.

먼저, 높은 개인적 IQ를 가진 사람들은 서로의 생각이 옳다고 하는 경쟁적 토론에 너무 많은 시간과 에너지를 소비하는 바람에, 대안이 아닌 지적 쇼맨쉽 싸움으로 그룹 타임의 대부분을 허비해 버렸다.

개인별로 뛰어난 천재들이 모인 그룹의 또 하나의 결정적 약점은 모두가 주어진 일의 이론적인 면들을 분석하는 데에만 골몰했지 실제적으로 그것을 실행에 옮기고, 관리하고, 각 부서가 서로 조화를 이루며 나가는 과정 등을 챙긴 사람은 별로 없었다는데 있었다. 한 마디로 지나치게 뛰어난 개인적인 능력을 가진 사람들이 서로 부딪치고 엉기면 오히려 팀 전체의 실력을 저하시킬 수도 있다는 결론인 것이다.[68]

팀 IQ를 높이는 촉매자를 지원하라

팀 IQ란 나와 너의 능력을 절묘하게 조화시켜서 최대 공약수를 창출하여 어떤 일을 탁월하게 처리하는 집단능력을 의미한다.

미국 캘리포니아 산호세에 위치한 실리콘밸리(SiliconValley), 미국뿐 아니라 전세계의 하이테크 산업의 메카로 자리매김한 이 곳에서는 70년대 후반부터 수많은 벤처기업들이 무섭게 자라났다. 이들은 모두 탁월한 아이디어나 혁신적인 기술이 기적을 불러 올 수 있다는 신념에 사로잡혀 있었다. 그러나 뛰어난 아이디어가 성공적인 비즈니스로 발전하기 위해서는 한 가지 결정적인 요소가 필요했다. 그것은 함께 협력하여 최대 공약수를 산출해 내는 팀웍(collaboration)이었다.

실리콘밸리의 전설적인 벤처 투자가로 불리는 존듀어(JohnDoerr)(로터스, 컴팩, 네스케이프 같은 기업들이 다 그의 지원으로 태동했음)의회사는 매년 제2의 빌게이츠를 꿈꾸는 수많은 벤처 기업가들의 투자 지원 요청을 받는다. 보통 2천5백개의 회사들이 지원 요청을 하는데 그 중에 100개 정도를 심각하게 검토하고 실제 투자하게 되는 회사는 25개 미만이라고 하니 선택될 확률은 100분의 1인 셈이다. 그렇다면 듀어는 과연 어떤 기준으로 투자 대상을 골라낼까?

"제게 투자 요청을 해 오는 회사들은 대부분 자신들의 기술과 상품, 서비스를 선전하려 합니다. 그러나 우리가 주로 보는 것은 그들 자신들에 관한 것들입니다. 회사 핵심을 이루고 있는 팀 구성원들의 실력과 인격, 그리고 그들이 과연 함께 잘 팀웍을 맞출 수 있는가를 봅니다."

듀어는 투자 지원을 한 회사의 간부들과 만나는 회의에서 팀 멤버들간의 유대 관계를 유심히 관찰한다고 한다.

- 그들의 우선순위가 분명한가?
- 반대 의견이 자유롭게 개진되는가?
- 그것을 다른 멤버들이 잘 핸들하는가?
- 팀 멤버들이 자신들의 감정을
  어느 정도 잘 콘트롤하는가?
- 그들의 가치관과 문제 해결 스타일은 어떠한가?

이런 팀 웍이야말로 "위대하게 될 벤처 기업과 적당히 끝나거나 쉽게 사그러져버릴 벤처기업의 차이를 만든다"고 듀어는 말한다. "요즘 세상엔 기술이나 기업정신, 자본은 얼마든지 있습니다. 그러나 훌륭한 팀은 정말 찾기 어렵습니다."

그룹IQ에 대해서 오랜세월 연구를 해온 예일 대학의 웬디 윌리엄스(Wendy WIlliams)와 로버트 스턴벅(Robert Sternberg) 교수는 아무리 개인의 능력이 탁월해도 다른 팀 멤버들과의 의견 차이를 대화로 해결하고, 양보하고, 협력할 수 없는 사람들은 팀 전체의 생산력을 현저하게 떨어뜨린다고 지적했다.

탁월한 머리나 능력을 가진 사람은 팀원들 중에 한 두 명은 있어야 하지만 그의 기획력을 현실화시키기 위해선 팀원들이 끈끈하게 뭉쳐 줘야 한다는 것이다.

또한 열심히 일하긴 하지만 지나치게 자기 의견이 강하고 자신이 모든 것을 장악하려 하는 팀원이 하나 있으면 그 또한 그룹 IQ에 부정적인 영향을 미친다고 한다. 그리고 모든 팀원들이 공유하고 확신하는 분명한 목표가 있을 때 그룹 IQ는 훨씬 높아진다고 한다. 어쨌든 한 개인의 탁월성보다 더 중요한 것은 팀원들이 얼마나 서로 사랑하고 대화하는 활발한 관계를 유지할 수 있느냐 하는 것이다.

국가 경쟁력이란 것이 무엇인가? 한 마디로 말해서 이 민족의 그룹 IQ일 것이다.[69)]

팀 IQ는 유사성이 없는 사람들에게서 높아진다.

영국 런던에 있는 헨리(Henley) 연구소에서 팀웍에 관하여 재미있는 연구를 하였다. 관리자를 대상으로 여러 가지 형태의 팀을 구성하고 비즈니스 게임을 통해 어떤 팀이 우수한 평가를 얻고 승리를 하는지 알아본 것이다.

우선 IQ가 높은 사람들로 팀을 구성하면 팀의 성과도 높은지 알아보았다. 그런데 뜻밖에도 IQ가 높은 팀이 승리하는 경우가 매우 드물었다. 25개팀 중 3개팀만이 우승을 기록했던 것이다.

> 첫째는 외향적이고 안정적인 형이고,
> 둘째는 외향적이고 초조한 형이며,
> 셋째는 내성적이고 안정적인 형이고,
> 넷째는 내성적이고 초조한 형이다.

다음으로 성격이 유사한 사람들끼리 팀을 만들어 보기로 하였다. 성격은 두 가지 차원으로 측정하였다. 하나는 외향성과 내향성이고 다른 하나는 안정성과 초조성이다. 그래서 성격유형을 다음과 같이 네가지로 나누었다.

이렇게 하여 유사한 성격을 지닌 사람들을 한 팀으로 구성하였는데 결과는 일률적으로 나타나지 않았다. 팀마다 특색이 있고, 상황에 따라 성과가 달리 나타났던 것이다.

* 외향·안정형은 서로 협력해서 종합된 성과를 내려 하기보다는 개인기를 발휘하는 경향이 강했다. 그래서 팀의 성과도 불규칙했다.

* 외향·초조형은 변화가 심한 상황에서는 유리했으나 보통의 상황에서는 좋은 결과를 내지 못했다.

* 내향·안정형은 내부결속은 강하나 새로운 요인이나 이질적인 요인을 받아들이는 데는 인색하였다.

* 내향·초조형은 좋은 아이디어를 내는 경향은 있으나, 이에 너무 집착하여 내부 결속도 약했다. 유사 성격자 팀들도 일반적으로 좋은 성적을 내지 못했다.

헨리연구소는 결국 성공하는 팀은 지능에 있어서나 성격에 있어서나 유사성이 높은 팀이 아니라는 사실을 알았다. 지적인 능력과 사회적인 특성이 다양한 사람들로 구성된 집단이 성공하는 빈도가높았다.

그리고 이러한 팀은 구성원들의 특성을 살려 내부에서 역할을 잘

나누고 있었다. 적어도 다음 다섯가지 역할이 비교적 뚜렷히 구분될 때 성공확률이 높았다

첫째는 의장역이다. 이는 회의의 사회를 보고 팀을 대표하는 역할이다.

둘째는 창안역인데, 새로운 아이디어를 많이 내는 역할이다.

셋째는 비판역이다. 이 사람은 자신이 아이디어를 내는 일은 거의 없지만, 남이 내놓은 아이디어를 가지고 꼬집는 일을 잘 한다. 비판역이 팀내에 긴장을 일으키기도 하지만 그의 덕분에 초기 아이디어의 문제점이 노출되고 더욱 다듬어지기도 한다.

넷째는 마무리역이다. 만들어진 아이디어를 끈기를 가지고 집행한다.

다섯째는 분위기 조성역이다. 이 역할은 일자체보다는 팀원들의 동태와 팀의 분위기에 관심이 높다. 따라서 팀원들 사이에 유머와 재치, 그리고 적절한 제안으로 팀원들의 사기를 살려주고 분위기를 부드럽게 해 준다.

한국인은 동질성이 높은 민족이다. 오랫동안 한 핏줄을 이어오고 농경 생활을 해 온 탓일 것이다. 그러나 이제는 민족의 동질성 또는 기업의 가족성에 안주할 수 없는 환경으로 변화하고 있다. 우선 고객의 욕구가 다양화되고 시장이 다원화 되고 있는 상황에서 고객을 만족시키고 경쟁력을 갖추려면 다양한 사람들이 다양한 시각으로 일을 하게 하는 다양성의 문화를 회사내에 만들어야 한다.

앞의 연구에서 보는 것처럼 어려운 의사결정을 하고 새로운 것을 만

들어 낼 때는 그 불편과 그 고통이 문제를 분석하는 힘이 되고 더욱 좋은 아이디어를 내게 하는 원천이 된다.[70]

제록스(Xerox)연구팀을 총 지휘하는 존S.브라운은 "성공하는 사람들은 그들이 아는 대부분의 것을 서로에게서 배운다"고 했다. 즉, 인간을 업그레이드 시키는 학습 능력은 단순히 책을 읽고 지식을 축척하는것이 아니라 다른 이들과 대화하고 부딪치고 어울리면서 얻어지는 부분이 많다는 것이다.

판단보다 전체조각을 보는 문화를 강조하라

옛날에 어느 작은 마을에 한 노인이 살고 있었다. 그는 비록 가난했지만 모든 사람의 부러움을 샀는데 그것은 노인이 아름다운 백마 한 마리를 가지고 있었기 때문이었다. 임금님까지도 노인의 보물을 탐낼 정도였다. 그 말처럼 잘 생기고 품위있고 힘센 말은 이 세상 어디에도 없었다.

사람들은 엄청나게 많은 돈을 주고 그 말을 사기원 했지만 노인은 번번히 거절했다. "나에게 있어서 이 말은 그냥 말이 아닙니다. 그것은 사람과 같습니다. 어떻게 사람을 판다는 말입니까? 이 말은 또한 재산이 아니라 친구입니다. 어떻게 친구를 팔 수 있겠습니까?" 노인은 가난했고 따라서 유혹에 넘어갈 만도 했는데도 결코 그 말을 팔지 않았다.

그런데 어느 날 아침에 그 말이 없어졌다. 마을 사람 모두가 몰려와서 그를 비웃었다. "가엾은 영감님, 누군가가 당신의 말을 훔쳐갈 것이라고 말했었지요? 분명히 그 말을 도둑맞을 거라고 경고했었잖아요?

당신은 너무나 가난해요. 그런데 어떻게 그렇게 값비싼 짐승을 보호할 수 있을거라고 생각했지요? 진작에 그 말을 팔아 버렸으면 돈이라도 많이 벌지 않았겠어요? 부르는게 값이었잖아요. 이제 말도 없어졌고 당신은 저주를 받은 거예요."

그러나 노인은 이렇게 대답했다. "그렇게 속단하지 말게. 그 말은지금 마구간에 없을 뿐이라네. 우리가 아는 것이라곤 그것 뿐이야. 나머지는 판단이지. 내가 저주를 받은 것인지 그렇지 않은지 자네들이 어떻게 아나? 어떻게 판단할 수 있지?"

사람들은 그와 논쟁을 벌였다. "우리가 바보인줄 아세요? 우리는 철학자가 아닐지 모르지만, 이 일에 관한 한 어떤 철학도 소용없을 겁니다. 분명한 사실은 당신의 말이 없어졌다는 것이며 그것이 저주 아니겠어요?"

노인은 다시 말했다. "내가 아는 것은 마굿간이 비어있고 말이 없다는 것 뿐이야. 나머지는 나도 모르네. 그것이 저주인지 축복인지 단정할 수는 없다네. 우리가 보는 모든 것은 한 조각의 파편일 뿐이야 . 그다음에 무슨 일이 일어날지 누가 알 수 있겠나?"

마을 사람들은 웃어댔다. 그들은 노인이 미쳤다고 생각한 것이다. 그들은 언제나 노인이 어리석다고 생각했다. 그렇지 않다면 그 말을 팔아서 그 돈으로 편하게 살았을 것이다. 그러나 그 가난한 노인은 늙어서 까지 숲에서 땔나무를 잘라다가 끌고 와서 팔았다. 그는 입에 풀

칠하기가 어려울 정도로 가난하게 살았다. 그런 중에 이번 일로 그가 정말 어리석다는 것이 증명된 셈이었다.

그런데 15일이 지난 후에 그 말이 돌아왔다. 그 말은 도둑맞은 것이 아니라 무슨 이유에서인지 숲속으로 도망쳤던 것이다. 그리고 그 말은 혼자온 것이 아니라 열 두마리의 야생마와 함께 돌아왔다. 다시 한번 마을 사람들이 그 늙은 노인에게 몰려와서 말했다. "영감님, 당신이 옳았고 우리가 틀렸습니다. 결국 그것은 저주가 아니라 축복이었군요.

부디 우리를 용서해 주세요."

노인은 이렇게 대답했다. "자네들은 또 앞서나가는군. 그저 말이 돌아왔다고만 말하게. 그리고 열 두 마리의 말이 내 말을 따라왔다고만 말하라구. 하지만 판단하지는 말게. 이것이 축복인지 아닌지 자네들이 어떻게 아나? 자네들은 한 조각만을 보고 있어. 모든 것을 알지 못하면서 어떻게 그렇게 판단할 수 있겠나? 자네들은 책의 한 페이지 밖에 읽지 않았어. 그러고도 책 전체를 판단할 수 있나? 문장에서 단어 하나밖에 읽지 않았다는 말일세. 그런데 그 문장 전체를 이해할 수 있겠나? 인생이란 너무 광대해 그런데 자네들은 한 페이지 또는 한 단어를 가지고 인생 전체를 판단하고 있어.

자네들이 가지고 있는 것들은 모두 파편 조각일 뿐이랴. 이것을 축복이라고 말하지 말게. 아무도 알 수 없는 거야. 나는 내가 아는 것으로 만족하네. 결코 내가 알지 못하는 것을 가지고 고민하고 싶지 않다네."

"저 노인의 말이 옳을지도 몰라." 그들은 서로 그렇게 말했다. 그리고 더 이상 아무 말도 하지 않았다. 그러나 마음속으로는 노인이 틀렸다고 생각했다. 그들은 그것이 축복이라는 것을 알았다. 열 두 마리의 야생마가 한 마리의 말과 함께 돌아오지 않았는가? 조금만 애쓰면 그 말들을 길들여서 많은 돈을 받고 팔 수 있을 것이다.

노인에게는 외아들이 있었다. 그 아들이 야생마들을 길들이기 시작했다. 며칠 후에 그는 말에서 떨어져 두 다리가 부러지고 말았다. 다시 한 번 마을 사람들은 노인에게 몰려와서 자신들의 판단이 잘못되었음을 인정했다.

"영감님의 말이 옳았습니다." 그들은 말했다. "영감님의 말대로 열 두 마리의 말은 축복이 아니라 저주였군요. 당신의 하나밖에 없는 아들의 다리가 부러졌으니 늙은 당신을 도와 줄 사람이 없게 되었군요. 이제 당신은 그 어느 때보다도 어렵게 되었습니다."

노인은 다시 말했다. "자네들은 판단을 하는 일에 사로잡혀 있군. 그렇게 앞서 나가지 말라구. 그냥 내 아들의 다리가 부러졌다고만 말하게. 그것이 축복인지 저주인지 누가 알겠는가? 아무도 몰라. 우리는 파편들만 가지고 있으니까. 인생이란 파편들 속에서 나오는 거라네."

이 일이 있은지 몇 주가 지나서 그 나라는 이웃 나라와 전쟁을 하게 되었다. 마을의 모든 젊은이들은 군대에 입대해야만 했다. 그러나 오직 노인의 아들만이 제외되었다. 그는 몸이 온전치 못하기 때문이었다. 다시 한 번 마을 사람들은 노인에게 몰려와서 지신들의 자식이 징집된 것으로 인해 울며 통곡을 했다. 그들이 살아서 돌아올 가능성은 거의 없었다. 적이 너무나 강했기 때문에 전쟁에 지게 될지도 몰랐다.

그들은 다시는 자신들의 아들들을 보지 못할 것이 분명했다.

"당신이 옳았습니다. 영감님."그들은 울면서 말했다. "하나님은 당신이 옳았다는 것을 알고 계십니다. 이렇게 증명이 되었지 않습니까?

당신의 아들이 사고를 당한 것은 축복이었습니다. 그의 다리는 부러졌지만 적어도 그는 당신과 함께 있습니다. 우리의 아들들은 영원히 떠나 버리고 말았습니다."

노인은 다시 이렇게 말했다. "자네들은 그렇게 말할 수가 없네. 자네들은 항상 결론부터 내린다니까. 아무도 모르는 일이야. 그냥 이렇게만 말하게. 자네들의 아들들은 전쟁에 나갔고 내 아들은 그렇지 않았다고."[71]

팀 IQ 는 서로를 인정해주는데서 상승된다. 서로를 인정해 주려면 단편적인 일로 판단하는 것을 지양해야 한다. 인생을 전체적으로 보지 못하면 서로 저주와 축복을 속단하여 상생의 질서에 혼란을 가져온다.

결국 팀IQ를 저하시키게 되는 것이다. 단체에서 팀IQ가 높아질 때 개 개인의 창조적 아이디어가 실행으로 옮겨질 수 있다. 그러나 팀 IQ가 낮아지면 창조적 아이디어는 제시됨과 동시에 고사되고 만다.

서로가 당장에 보이는 일에 평가하지 말고 멀리 보아주고 전체적으로 보아주는 팀 문화를 형성해야 팀 IQ가 상승하고 팀 IQ가 상승해야 아이디어가 실행되어 성공을 기약할 수 있게 된다.

아이디어와 팀IQ의 역학관계

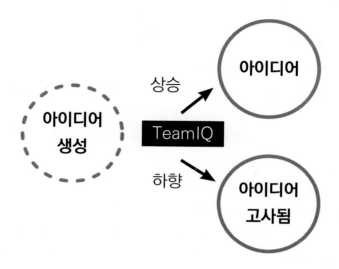

인생에 성공을 약속하는 무지개 지수

무지개의 의미는 다시는 물로 생물이 멸망을 당하지 않도록 하겠다는 구약성경에 기록된 하나님의 보호약속의 표식이다.

당신의 인생이 성공지향적으로 보호받는 표식으로서 무지개지수를 소개하고자 한다.

무지개의 색깔을 나누면 일곱가지로 나타낼 수 있는 것처럼 인생경영의 성공지수를 일곱가지로 나누어 소개한다.

인생에 성공을 약속하는 무지개 지수

첫째는 DQ (Developing Quotient 개발지수)

– 아이디어 개발지수로 항상 자신을 개발해 나가는 것을 의미한다.

둘째는 GQ (Goal Quotient 목표설정지수)

– 성취하고자 하는 것에 대한 구체적인 표현능력을 의미한다.

셋째는 PQ (Passionship Quotient 열정지수)

– 가슴속에 진정으로 하고자 하는 열망을 표출하는 것을 의미한다.

넷째는 EQ (Emotional Quotient 감성지수)

– 대상물을 보면 어떤 느낌을 감각하여 정서적으로 교감하는 것을
의미한다.

다섯째 PQ (Partnership Quotient 동반지수)

– 자신이 하려는 일에 대하여 지지자를 얻는 능력을 의미한다.

여섯째 MQ (Morality Quotient 덕성지수)

– 자신의 것을 해당분야나 사회 전체적으로 파급,확산시키는 것을
의미한다.

일곱째 SQ (Spiritual Quotient 영성지수)

– 하고자 하는 것에 존엄성이 배어나 영속적으로 지속될 수 있도록
하는 것을 의미한다.

지수는 고정적이지 않다. 계발되고 발전된다. 당신의 성공 방향을 보존하고 지속시켜줄 지수 개발에 투자하라.

플라시보 효과를 적용하라

플라시보의 연구 결과를 살펴보면 정신의 힘을 분명하게 확인할 수 있다. 플라시보 효과(placebo effect)란 의사가 진짜 알약처럼 보이는 설탕으로 만든 가짜 약을 처방했을지라도 환자가 효과가 있을 것이라고 믿고 복용했을 때 상태가 호전되는 현상을 말한다. 플라시보 효과는 의사의 처방에 대한 확신이 정신의 차원을 넘어 신체에 영향을 미친 것이라고 할 수 있다.

처방약이 병을 낫게해 줄 것이라는 말을 의사로 부터 들었기 때문에 환자는 그 약을 먹으면 병이 낫게 된다고 믿게 되고 결국 환자의 병세는 호전된다.[72] 객관적인 실험 결과에 의하면 병세는 실제로 호전되는 사실이 입증되었다.

생각의 변화에 따른 물리적인 힘의 차이

데일 카네기의 글에 인용된 유명한 영국의 병리학자 해드필드 (J.A.Hadfield)는 〈힘의심리〉라는 54페이지 짜리의 소책자 속에서 한가지 사실을 설명하고 있다.

그는 악력계(握力計)를 사용하여 정신에 대한 암시가 팔의 힘에 미치는 영향을 남자에게 실험해 보았다. 그는 우선 그들에게 힘껏 악력계를 잡게 했다. 이것을 각각 세 가지 다른 조건하에서 시켰던 것이다.

보통 때에 테스트한 그들의 평균 악력은 101파운드였다. 그는 그들에게 최면술을 걸어 당신네들은 사실은 약하다는 암시를 준 후에 측정했더니 불과 39파운드로 보통 때의 3분의 1이하로 떨어졌다. 세 사람 중에서 한 사람은 권투선수였으나 최면을 걸어 당신은 약하다는 암시를 주었더니 "내 팔은 어린애의 팔처럼 작다."고 말했다.

그런 후에 헤드필드는 세 번째의 테스트를 실시했다. 이 때는 당신네들은 강하다는 암시를 주고 나서 측정했더니 평균 악력은 142파운드에 이르렀다. 그들의 마음에는 강하다는 적극적인 관념이 차 있어 그들의 육체적인 힘이 50퍼센트나 증가되었던 것이다. 이것은 우리의 정신자세에 따른 믿기 어려운 힘을 입증하는 것이다.[73)]

데일 카네기는 35년 동안 성인강좌에서 강의를 해오면서 누구나 자신의 생각을 바꾸면 자신의 생활이 놀랍게도 믿을 수 없을 만큼 변화가 일어나는 것을 보아왔기에 나이가 들어갈수록 사고력의 위대함을 확신한다고 고백했다.

플라시보 덕분에 친구를 사귈 수 있게 된 딸

찰스 가르시아에게는 어린 딸이 있었다. 아이의 이름은 올리비아이다. 그 아이가 학교에서 친구를 사귀는데 어려움을 겪고 있을 때 어느날 저녁에 그는 올리비아를 서재로 데리고 가서 안락의자에 앉히고 플라시보 효과를 가져올 마음깊은 면담의 시간을 가지게 되었다.

"올리비아!"

딸아이는 호기심 어린 눈으로 나를 물끄러미 쳐다보았다.

"요즘 학교에서 친구들과 잘 어울리지 못한다면서? 아빠가 도와줄 수 있는데......"

"정말이예요. 아빠?"

올리비아는 희망 섞인 목소리로 말했다.

나는 호주머니에서 작은 상자를 꺼낸 다음 딸 아이를 바라보았다. 나를 바라보는 올리비아의 얼굴에 호기심이 가득했다.

"올리비아. 이걸 받으렴."

딸아이는 예쁘장한 은팔찌를 상자에서 꺼내면서 기뻐했다.

"와! 아빠, 고마워요."

그런데 선물을 살펴보던 딸아이가 나를 올려다 보았다.

"아빠, 이게 어떻게 날 도와준다는 거예요?"

나는 딸아이의 손목에 팔찌를 채워주면서 말했다.

"올리비아, 이 팔찌는 마법의 팔찌란다. 친구들을 만나면 그애의 눈을 바라보면서 마음속으로 주문을 외워보렴. '너를 사랑해!'하고 말이야 그럼 이 팔찌가 도와줄 거야."

"알았어요, 아빠. 내일 학교에 가서 그렇게 해볼게요. 아빠, 이 팔찌 차고 자도 되죠?"

"물론이지."

나는 딸아이를 꼭 안아주었다. 올리비아는 엄마에게 팔찌를 보여준다면서 사라졌다.

다음날 퇴근을 해서 막 현관문에 들어서는데 올리비아가 기쁜 표정으로 달려왔다. 나는 딸아이를 안아주려고 몸을 숙였다.

"우리 예쁜 공주님."

팔찌가 정말 마법을 부렸을까? 애가 무슨 말을 할까 마음이 조마조

마 했다. 부모들은 다 알겠지만, 아이들의 입에서 무슨 말이 튀어나올지는 도무지 감을 잡을 수가 없다.

"오늘 학교에서 날 별로 좋아하지 않던 여자애 두 명이랑 남자애 하나랑 인사했어요!"

"그게 정말이니?"

"네. 우린 이제 친구가 됐어요."

"그것 참 잘 됐구나. 그 팔찌가 마법을 부렸네, 그렇지?"

"맞아요."

나는 딸아이를 안고 거실을 지나 부엌에 있는 아내에게로 갔다.

"여보, 올리비아가 오늘 친구 세 명을 사귀었다는데, 알고 있어?"

나는 딸아이를 놓고 아내에게 키스하면서 말했다.

"아빠, 내일도 팔찌 끼고 학교 가도 되죠?"

"물론이지."

하지만 그 팔찌는 이틀 동안만 마법을 부릴 수 있을 뿐이고 모레부터는 마법이 팔찌를 떠나 몸 안으로 들어간다고 말해주었다. 올리비아는 두 눈을 크게 뜨고 나를 쳐다보았다.

"정말 내 몸 안으로 들어와요?"

올리비아는 다음날도 어제처럼 친구 두 명을 사귀었다고 이야기해주었다. 딸애가 나에게 팔찌를 건네줄 때 나는 말했다.

"그 팔찌를 내게 준 분에게 다시 돌려줘야 해. 그래야 마법이 필요한 다른 아이들에게 그분이 그 팔찌를 줄 수 있으니까."

올리비아는 팔찌에 마법이 깃들어 있다고 생각했다. 그리고 그 생각이 딸 아이의 삶을 새롭게 바꿔 놓았다. 팔찌는 딸 아이에게 아이들과 대화를 나누고 새 친구를 사귀는 데 필요한 자신감을 심어주었다.[74]

플라시보가 악하게 쓰일 수도 있지만 또는 정녕숭배나 애니미즘적인 사고를 가질 수 있게 하는 위험을 피할 수 있다면 이 효과는 의학계에서 뿐아니라 어린아이에게 적용할 뿐아니라 지금 당신 자신에게도 적용될 수 있다.

그러나 한 가지 의사들은 환자가 위약에 의해서 치료를 받는다는 사실을 아는 순간 그 효능을 잃게 된다고 말한다. 그렇다면 비록 위약이라해도 실제로 믿지 않으면 약효가 없다는 말이다.

그렇다면 어떻게 실제로 믿을 수 있을까? 사람은 통계적으로 열 여섯 번 반복하여 읽으면 자기 것이 된다고 한다. 또 이미 형성된 습관도 11배의 노력을 하면 바꿀 수 있다고 한다.

지금 당신이 하고자 하는 것은 이미 많은 사람들이 시도하여 성공한 것이라는 사실을 기억하라. 그러나 어떤 사람들은 실패했다. 문제는 당신의 결단이다.

성공을 위한 결단은 꿈을 비전으로 전환하게 하고 비전은 목표를 낳고 목표는 방법을 낳는다. 그리고 목표를 실행하는데 필요한 잠재에너지를 가동시키기 위해 당신은 기어코 에너지를 지속적으로 촉발시켜줄 열정의 동인도 찾아내게 될 것이다. 간절한 마음으로 기대하고 사모하고 바라면 기어코 이루어진다.

앤서니 라빈스는 "사고를 집중하면 현실을 만들어 내는 생각이 된다."고 가르친다. 스스로를 위해 자신만의 열정의 동인을 발견하라.

플라시보적 적용에 있어서 왜곡

폴 투르니에의 〈모험으로 사는 인생〉이라는 책에 다음과 같은 이야기가 있다.

모든 사람은 데카르트와 마젤란 사이에 서있다. 데카르트를 따르면 그는 마젤란의 시각을 잃을 것이고, 마젤란을 따른다면 데카르트의 시각을 잃을 것이다. 나의 환자는 내게 자신의 문제가 무엇인지 발견했다고 했는데 그것은 모든 실제 행위에 대한 그의 반감이었다.

모든 행위는 어느 정도 모험과 충실의 통합일 수밖에 없다. 모험을 어떤 행위라고 생각할 수도 있지만 그것이 어디에도 뿌리를 내리지 못하고 멀리 더 멀리 혹은 모험에서 모험으로 날아다니는 수단을 의미하는 것은 아니다.

우리는 종종 어디에도 졸업을 하지 못하고 이학부에서 저학부로 끊임없이 옮겨다니는 학생을 본다. 이들은 모험을 하고 있는 것이 아니라 자유롭지 못하기 때문에 옮겨 다니는 것이다. 진정한 모험은 자신의 행동을 선택할 수 있는 자유가 있어야 한다. 이 학생들은 이런 자유가 없기 때문에 학부에서 학부로 옮겨다니며 끊임없이 학업을 연장함으로써 직업인으로서의 생활에 책임지기를 회피하려 한다. 겉 보기에는 모험처럼 보이지만 실상은 전혀 모험이 아닌, 판에 박힌 듯한 일련의 행위를 계속하는 사람들이 많이 있다.[75]

이런 류의 사람은 직업인이 되어서도 여전히 존재한다. 이 직장 저직장을 수도 없이 옮겨다니며 실제 삶의 터전을 위한 기반을 그 직장과 현재의 환경속에서 스스로 준비하기 보다는 요행스럽게도 자신의 멋진 꿈을 이뤄줄 직장이나 환경이 저절로 나타나기까지 계속 옮겨다 닐 것이라는 모습을 유지한다.

심지어 이들의 모습은 자신들에게 딱맞는 직장과 틀림없이 결국 맞 딱뜨리게 될 것이라는 확신을 가지도록 까지 만든다. 이들이 분명히 이렇게 하다보면 플라시보 효과가 나타나 자신에게 유리한 어떤 일이 일어날 거라는 기대를 가질 수 있다.

이러한 모습도 일종의 플라시보적 효과가 진정한 직장을 만날 때까 지 그를 견디게 하는 힘을 가져다주는 것으로 이해할 수 있다. 그러나 이런 모습은 왜곡된 모습이다.

이것이 왜곡된 모습이라고 하는 이유는 현실도피라는 병리현상을 더 크게 확대시키는 결과를 낳기 때문이다.

플라시보는 현실도피로서의 효능을 위한 것이 아니라 현실치료 내 지는 문제해결까지를 위한 효능이 있을 때에 제 기능을 다한것이다.

이런 경우는 사람으로 하여금 문제해결의 방향으로 이끌어가지 않 고 도리어 문제회피의 방향으로 유도하기 때문에 명백한 왜곡이 되 는 것이다.

플라시보적 적용의 윤리

과거의 멋진 경험을 처방함으로 건강을 유도할 수도 퇴행을 유도할 수도 있다. 즉 존경받기를 원하는 어떤 사람이 더 이상 어떤 모험을 두려워 한다면 그의 옆에 조언자가 그에게 말하기를 "당신은 이미해 놓은 멋진 성공의 경험이 있으니 그것이 당신을 더욱 존경스럽게 할 것이다"고 했다면 그리하여 그 말을 진실로 받아들여 더 이상의 어떤 모험이나 존경을 위한 도전을 하고자 하는 의욕을 갖지 않게 되었다면 플라시보적 효과가 나타난 것이다.

그는 건강을 해치지 않게 될 것이다. 그러나 더 이상 존경받는 성공을 이루지도 못할 것이다. 여기서 그는 과거에 했던 어떤 성공적인 경험이 그를 현재나 미래에 다가올 두려움으로부터 보호하여 신경쇠약 등에 노출되지 않도록 약리작용을 한다면 그것도 플라시보적인 것일까? 아니면 성공해야 할 사람을 포로로 잡아 더 이상 성숙하지 못하게 막고 있는 것일까?

10년전 또는 20년 전에 그것은 참으로 모험이었다. 너무나 스릴이 있는 짜릿한 모험이었기 때문에 그것이 꽤 오래된 낡은 경험인데도 불구하고 거기에 계속 머물러 있기를 원한다. 이들은 그들의 보물을 상실하고 평범한 일상적 생활의 공허속으로 빠져들어가는 것을 두려워 한다. 그들은 과거의 모험을 붙들고 늘어짐으로써 삶을 특징지우는 계속되는 모험의 기회를 박탈당하는 것이다. 그러므로 모험의 본능이 개발되려고 하면, 개입(engagement)과 후퇴(disengagement) 사이에 리듬이 필요하다.[76] 여기에 플라시보적인 적용에 있어서의 윤리가 개입된다.

모험과 미래에 대한 두려움이 그들을 과거의 기억에 묻혀서 자위하게 하는 것은 성공을 목표로 한 관점에서는 결코 건강한 플라시보 효과가 아니다. 이런 경우 그들이 성공을 위해서는 더욱 새롭고 개인적인 성장에 투신할 자유를 얻기 위해 첫 번째 모험으로부터 자신을 분리시킬 수 있어야 한다.

그러나 그가 건강을 해칠것이 너무나 자명하다면 성공과 건강의 우선순위의 차원에 따라 건강을 우선하여 처방함이 마땅할 것이다.

당신의 잠재에너지를 분출시켜줄 촉매를 찾으라

촉매를 찾는 질문을 던지라

질문은 당신의 잠재력을 향상시키는 핵심적인 방법이다. 특별히 앤서니 라빈스에 의하면 질문의 세가지 기능이 있다.

> 첫째. 생각의 초점을 순간적으로 변화시켜 우리의 감정을 바꾼다.
> 둘째. 우리가 집중하는 것과 삭제하는 것을 바꾼다.
> 셋째. 우리가 가진 잠재능력을 변경시킨다.

아무리 매장량이 많은 유전이라 할지라도 개발되어지지 않으면 무용지물이다. 그런데 실제로 많은 사람들이 엄청난 잠재능력이 있음에도 불구하고 개발하지 못한 유전처럼 방치되고 있다. 작가 멘켄(H.L.Mencken)은 "80% 이상의 사람들이 창의적인 생각을 가져보지못한 채 생을 마감한다."고 했다. 당신스스로 창조적인 생각을 하게하는 질문을 던져보라. 그리고 당신의 에너지를 활성화 하는 촉매제가 어떤 것들이 있는지 알기 위하여 아래와 같은 질문을 던져보라.

〈질문1〉
* 당신의 삶에 잠재력을 분출시키도록 열정을 불러일으킨 적이 있는가?

_____

* 매일 아침 일어날 때마다 하루에 대한 열심이 느껴지는 때가 있었는가?

_____

* 당신의 삶에 잠재력을 분출시키도록 열정을 불러일으킨 적이 있는가?

_____

* 또 기대와 흥분 때문에 잠못이루던 것은 어떤 것들이었는가?

_____
_____

사회학자인 토니 캄블로는 "물질주의적일뿐 아니라 그보다 못한 우리 나라의 풍토가 만들어낸 특별한 과정속에 우리들은 묶여있다. 우리는 감정적으로 죽은 사람들이다. 노래를 부르지도 춤을 추지도 않으며 심지어는 열정에 의해서는 죄 조차도 짓고 있지 않다." 며 열정 없음이 죄보다 큰 죄라고 고발한다.

당신의 열정을 사그러뜨리는 것은 어떤 것들인가? 당신은 그 원인들을 어떻게 대하고 있는가? 열정적으로 직면하는가?

〈질문2〉
* 당신이 꼭 이루기 원하였던 것들 중 이루지 못한 것들은 어떤 것들이 있었는가?

_____

* 만약 그것이 당신 스스로 이루기 원한 것이라면 이루기 위해 어떤 것들이 더 필요했었는가?

_____

_____

그래프를 그려라

자신의 마음 안에서의 스스로의 감정동요에도 자극을 받는 열정의 동인을 찾으려면 그래프를 그려라.

당신은 앞서 인생 여정표를 작성한 것을 다시 한번 검토하면 서상승 작용한 부분을 통하여 당신으로 하여금 상승할 수 있도록 열정을 일으킨 상황과 원인을 파악할 수 있었을 것이다.

그와 같은 방법으로 아래의 예시처럼 의욕그래프를 그려보라. 그러면 열정을 일으키는 요인을 보다 일목요연하게 분석할 수 있다.

직장에서의 의욕그래프

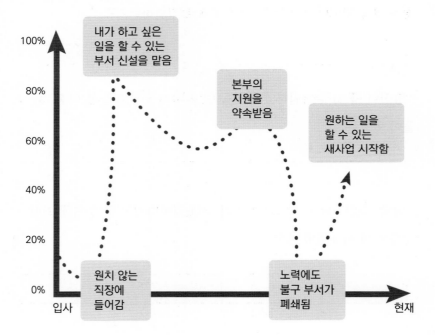

이와 같은 방법으로 가정에서의 의욕 그래프, 또는 인간관계 의욕 그래프 등을 자유롭게 그려볼 수 있다. 그리고 나서 자신의 의욕이 상승하도록 하는 요인을 찾아내어 잠재력을 분출시키는 열정의 촉매제 여부를 판가름할 수 있다.

그리고 다음과 같은 체계적인 질문응답지를 작성하라.

직장에서 에너지를 불러 일으키도록 하는 요소들은?

사람 1. _____

　　 2. _____

　　 3. _____

감정 1. _____

　　 2. _____

　　 3. _____

행사 1. _____

　　 2. _____

　　 3. _____

상황 1. _____

　　 2. _____

　　 3. _____

　요소가 되는 주제들이나 각 사항들은 당신에게 해당하는 것만큼 얼마든지 추가할 수 있다.

　목록을 완성하였다면 다시 처음으로 돌아가서 당신이 그런 에너지를 분출시키도록 하는 동인이 지속될수 있도록하기 위하여 행동을 취할 필요가 있는 것들을 적고 계획을 세우라.

　어떤 사람은 자신의 가정상황에 의하여 영향을 받는 경우도 있을 수 있고, 어떤 사람은 자신의 건강상태나 응원군이 요인일 수도 있다.

　감정상의 요인이 작용할 수도 있고 목표에 대한 표현방법이 여느 때와 다르게 표현되었을 때 열정이 솟았을 수도 있다. 가령 열정을 일으키는 동사들로 구성되었을 경우에 반응이 탁월하게 나타날 수도 있다.

　열정을 일으키는 단어를 찾으라

　실제로　다음표에는당신을흥분시키는동사들을모아놓았다.이동사들은 당신의 핵심가치를 구체적으로 실행에 옮길 수 있는 표현방법들이다. 목록 중에서 당신을 가장 흥분시키는 단어 다섯 개를 선택하라. 목록에 없으면 당신이 새롭게 기록하라.

관계하다	영향을 미치다	열광적이다	인도하다
결정하다	주도적이다	동기화하다	도전하다
새롭게하다	대접하다	함께 놀다	발견하다
창조하다	고안하다	조직하다	명령하다
도와주다	봉사하다	감동시키다	주목받다
개선하다	나아지다	완전하다	앞서가다
부여하다	임명하다	맡기다	보수하다

개정하다	해방하다	맞서다	가르치다
관리하다	효율적이다	알게 하다	고양시키다
견디다	만들다	만지다	기안하다
고려하다	꿈꾸다	모으다	모험하다
상담하다	연결하다	저축하다	상승하다
전진하다	묵상하다	생산하다	반영하다
제공하다	선발하다	열중하다	설득하다
방어하다	완수하다	존경하다	용서하다
보호하다	유지하다	분배하다	숭배하다
즐기다	식별하다	지지하다	사용하다
약속하다	자원하다	장려하다	촉진하다
활용하다	획득하다	치유하다	판매하다
휴식하다	칭찬하다	희생하다	토론하다
포용하다	표현하다	통합하다	협력하다
회복하다	나누다		

　　이 단어들을 자신의 꿈을 성취하고자 하는 목표를 서술하는 공식에
이 단어들을 사용하여 표현해 보라.

　　나아가 당신은 앞서서 작성하였던 인생사명선언서 "나의 사명은(나
를 가장 매료시키는 것/집단/단체)에, 의, 을, 를 위하여, 과, 함께 핵
심 가치를 (동사1~3개)하는 것이다."를 이제 완성해보라.

어떤 경우에는 시간적 제한이 있는 긴박성에서 잠재력이 발휘되는 경우도 있다. 그런 경우는 D-Day를 설정하는 방법을 주로 활용하는 것이 도움이 될 것이다.

또 다른 경우는 같은 시간적 제한과 긴박성에서 잠재력이 발휘된다 하더라도 D-Day 설정방법이 아니라 1주일을 168시간으로 하루를 1440시간으로 나누어 시간을 관리할 때 생산적일 경우도 있다.

또 다른 경우는 새벽 시간을 이용하는 경우에 정신 집중과 창조적 직감이 뛰어나게 나타나 잠재력이 활성화 되는 경우도 있다. 그런 경우에는 당연히 새벽시간을 중심으로 생활주기를 변경하고 중요한 우선순위를 그 시간에 배치하는 것을 필요로 한다.

당신은 당신의 꿈을 성취하기 위하여 잠재력을 계발하여 드러난 10%가 아닌 잠자는 90%가 당신을 위해 일어나 거인의 족적을 남기며 일하게 할 수 있다. 이를 위하여 에너지를 활성화시키는 열정의 동인을 찾는 것이 중요하다. 그것은 마치 태평양에 나간 배가 많은 고기를 포획하기 위하여 탐침봉을 사용해야 하는 것과 같다.

자기계발 리더십 코칭을 받으라

만약 이것으로 부족하다면 아니 좀더 체계적이고 전문적인 도움을 받기 원한다면 당신은 TMI 진단 툴을 통해서 도움을 받을 수도 있다. 부록에 TMI 진단툴에 대한 안내가 수록되어 있다.

그리고 당신은 자기계발 리더십 코치, 즉 성공형 자기계발을 위하여 리더십을 갖춘 인생 코치를 찾아 전문적인 도움을 받으라는 것이다.

당신은 그에게 개인적인 도움을 받아 본서에 소개된 것을 실제자신의 것으로 만들 수 있다. 그리하여 평생에 흔들리지 않을 핵심가치와 절대적으로 뒤바뀌지 않을 정체성과 후회하지도 않을 사명선언등 자신만의 성공인생을 위한 8가지 프레임을 구축할 수 있다.

클라우트 해머 박사는 퓰리처상을 수상한 신문 칼럼리스트이다. 그는 하버드 의대시절에 전신이 마비되는 사고를 당하여 더 이상 학업을 계속할 수 없었다. 그러나 당시 부학장이었던 리스코 박사는 그가 병상에서 수업을 받을 수 있도록 교수들을 설득하며 심지어는 대학 내에서 수업과 치료를 겸할 수 있는 공간을 만들어 주면서 크라우트 해머의 재활을 도왔다.

리스코 박사 덕분에 크라우트 해머는 학위 과정을 마칠수 있었고 메사추세츠 종합병원의 선임 레지던트로 일할 수 있었고 후에 카터 행정부의 과학 담당 고문을 맡았고 월터 먼데일 대통령 후보를 위한 연설 원고 작가로 활동하기도 했다. 그리고 급기야는 1980년대 글쓰기에 주력하여 퓰리처 상을 수상하였는데 이는 자신의 멘토이며 코치가 되어준 리스코박사의 도움이다.

인생은 나홀로 성공하는 것이 아니다. 당신은 당신의 성공을 기뻐해 줄 멘토가 있는가? 자신의 성공을 도와줄 코치가 있는가?

코치는 경청과 질문을 사용하여 원하는 바를 얻도록 돕는 사람이다. 코칭스킬을 사용하여 상대방이 있는 경우 질문을 하게 되면 관계질문이 된다. 여기에 세가지 효과가 나타난다.

첫째. 상대방 스스로 뭔가 희망을 발견하게 된다.

둘째. 나를 만나면 항상 좋은 것을 얻는다는 생각을 갖게된다.

셋째. 도움을 받으면서도 항상 자존감을 인정받는다는
느낌을 받는다.

당신이 잠재력 활성화 프레임을 구축하는데 리더십 코치의 도움을 받을 수 있다. 찰스 가르시아는 훌륭한 멘토가 있다면 어떤 분야에서도 자신의 열정을 추구할 수 있다고 했다. 이것이 얼마만한 가치가 있는지는 말할 수 없다. 그러나 분명한 것은 우리가 어떤 가치있는 것을 얻기 위해서는 댓가를 치르고 위험도 감수해야만 한다.

실제로 인생에서는 모든 것이 위험하다. 만일 모든 위험을 피하고 싶다면 존 맥스웰의 말 처럼 다음의 어떤 것도 하지 말라.[77]

첫째. 자동차를 타지 말라- 사망사고 원인의 20%나 된다.

둘째. 비행기나 열차나 배로 여행하지 말라
- 모든 사고의 16%가 이런 행동으로 인해 일어난다.

셋째. 거리를 걸어다니지 말라 - 모든 사고의 15%가
거기서 일어난다.

넷째. 집에도 있지 말라 - 모든 사고의 17%가 거기서 발생한다.

인생에서 안전한 장소는 아무 데도 없고 댓가없는 추구는 불가능하며 위험부담이 없는 활동은 아무것도 없다.

성공하려면 기꺼이 새 일에 도전하라

그동안의 자신에게 짐 지우지말고 자신속에 잠자는 거인이있다. 본서에서 제시한대로 8가지 프레임을 구축하고 당신의 꿈을 실현하라.

카플란 교육센터의 설립자인 스탠리 H. 카플란은 지금도 연설활동을 계속하고 있으며 82세의 고령에 책을 출판하기도 했다. 기자들과 인터뷰를 하면서 카플란은 이런 말을 했다. "나는 은퇴하는 것이 아니라 새 타이어를 갈아 끼우려고 잠시 퇴장하는 것 뿐이라오."

루이지애나 주지사인 미이크 포스터는 70세이 법대에 입학하였으며 80세에 박사학위를 받았다. 샌더스 대령은 60대에 KFC를 설립하여 놀라운 성공을 거두었다. 손자를 여럿 둔 할머니인 모세스가 화가로 활동하기 시작하였을 때 그녀의 삶은 다시 활력에 넘쳤다.

상원의원을 지낸 존 글렌은 언젠가 우주여행을 해보겠다는 꿈을 가지고 있었다. 글렌은 1962년 에프렌드십 7호를 타고 지구 궤도를 세 바퀴나 돌았으며 77세 때인 1988년에는 우주왕복선 디스커버리호에 승선함으로써 자신의 꿈을 이루었다.[78]

성공은 나이 제한이 없다. 환경의 제한이나 학력의 제한이나 태생의 제한은 더더욱 있을 수 없다.

새 일을 대하는 두 종류의 비교

새 일을 시도하지 않는 사람		새 일을 놓치려하지 않는 사람
resist 기회에 저항한다.	1	find 기회를 발견한다.
rationalize 그들의 책임을 합리화한다.	2	finish 그들의 책임을 완수한다.
rehearse 불가능을 늘어 놓는다.	3	feed 불가능을 먹이로 삼는다.
rain 열정에 비를 뿌린다.	4	fan 열정의 불길에 더욱 부채질 함
review 자신의 부적당한 점 재음미	5	face 자신의 부적당한 점과 직면함
recoil 타인의 실패를 보고 움찔함	6	figure 타인의 실패이유를 알아냄
reject 개인적인 비용지불을 거절함	7	finance 생활속에서 그 비용을 조달함
replace 목표를 쾌락으로 대체한다.	8	find 목표에서 기쁨을 찾는다.
rejoice 실패하지 않았다고 즐거워 함	9	fear 실패말고 무익함을 두려워 함
rest 일을 마치기도 전에 휴식	10	finish 휴식하기 전에 일을 마침
resist 지도력에 저항한다.	11	follow 지도자를 따른다.
remain 변화없이 그대로 있다.	12	force 변화하게 만든다.
replay 문제를 재연한다.	13	fish 해결책을 낚아 낸다.
rethink 자신의 약속을 재고한다.	14	fulfill 자신의 약속을 완수한다.

성공은 성공하기로 작정한 사람들에게 자신을 성공형으로 준비시키고 급기야 성공을 선물하는 것이다.

이제 부록의 8가지 거인형 인생을 계발하는 리더십 프레임을 완성하라. 당신이 이 책을 읽으면서 책의 권면을 따르지 못했다면 지금이라도 다시 처음부터 이 책을 읽으면서 자신의 인생을 성공형으로 기획하기 바란다.

PART 4

부록

8가지 인생성공을 위한 프레임을 구축하기
나만의 거인형 리더십 프레임
잠재력 계발을 위한 진단 모듈
자기계발리더십코칭 과정안내

8가지 인생성공을 위한
프레임을 구축하기

성공을 성공하려면

성공하기보다 성공을 지속하는 것이 더 어렵다.

만약 당신이 지속적인 성공을 원한다면

부록편을 활용하여 계승적인 지지가 가능한

거인형 리더십 프레임을 구축하라.

블러그에 잘 정돈된 글이 있었다. 그 내용을 나누고자 한다.

대다수의 기업인들이 뼈를 깎는 노력으로 기업을 세우는데 비해 실상 그 기업들이 망하는 데에는 그리 많은 시간이 걸리지 않는다고 한다.통계에 의하면 1970년 미국 [포천] 지가 선정한 500대 회사의 3분의 1이 세계무대에서 사라지는 데 13년밖에 걸리지 않았고, 그나마 반세기 이상 회사를 유지하는 기업들도 손에 꼽을 정도라고 한다.

성공보다 그 성공을 유지하는 것이 얼마나 어려운 일인지 알 것 같다. 기업을딱딱한조직(Organization)이아닌각개인들의살아있는유기체(Organism) 로 본다면 한 사람이 성공하는 것과 한 기업이 성공하는 데에는 같은 원리가 작용하고 있음을 미뤄 짐작 할 수 있다. 그렇다면 무엇이 성공하는 기업과 성공하는 개인을 만드는가? 나아가 무엇이 지속적인 성장을 가능케 하는가? 우리 부모들은 언제나 경쟁의 원리를 우리에게 주입시켰다.

'아무도 2등을 기억하지 않는다'는 무시무시한 광고 카피를 보며 자라난 세대는 2등이 되는 것을 수치스럽게 생각해야 했고, 그나마 등수에도 들지 못한 소위 낙오자들은 차라리 창문을 열고 뛰어내리는 시늉이라도 해야만 했다. 남을 밟고 최고의 자리에 오르게 된 이들은 그런 가치관을 기업문화에 그대로 반영했고, 자연스럽게 소수의 이익 독점과 부정축재, 온갖 특혜와 비리로 얼룩진 왜곡된 기업 문화를 낳은 것이다. 이러한 기업은 결국 피라미드의 꼭대기에 있는 소수의 사람들에게만 이익이 집중됨으로 회사에 대한 사원들의 충성도는 떨어질 수밖에 없으며, 그 힘은 노조에 실리게 된다.

한편, 사회에 아무런 기여도 하지 않은 대기업에 대해 각성한 소비자들은 그 기업의 상품을 외면하게 되므로 기업의 매출은 줄고 곧 문을 닫게 되는 수순을 밟게 되는 것이다. 그러나 반대로 오랜 역사에도 불구하고 지속적인 성공을 기록하며 아직도 막강한 브랜드 파워를 자랑하고 있는 기업들이 있으니, 이들에 대한 연구를 통해 우리는 지속적인 성장의 비결을 배울 수 있다. 700년이 넘은 스웨덴의 스토라, 400년이 넘은 일본의 스미토모, 셸, 듀폰, 그레이스, 코닥, 마쓰이, 지멘스 등 세계적인 장수 기업들을 연구한 학자들은 이들이 가지고 있는 몇가지 공통적인 기업 문화에 주목한다.

첫 번째는 보수적인 자본의 조달이다.

두 번째는 시대의 변화에 맞춘 끊임없는 변신이며,

세 번째는 새로운 아이디어에 대한 열린 마음이다.

그리고 가장 중요한 네 번째는 회사와 사원간, 혹은 회사와 고객간의 일체감이었다.

네 번째 요소는 성공을 유지한 기업들이 소비자와 강력한 유대관계 구축에 성공했으며, 소비자들에게 좀 더 많은 이익을 돌려주려는 정책과 가치가 자사 브랜드에 대한 고객의 충성도로 크게 보상 받았음을 보여준다.

개인이든 기업이든 자기만의 이기심과 성공을 추구하게 되면 결국, 자신의 성공 조차도 지킬수 없게 되지만, 상대를 배려하며 그들의 필요에 민감하게 반응한 기업들은 롱런할수 있음을 보여주는 대목이다. 성경에 "화평케 하는 자는 복이 있다"고 했다.

이는 남들과 싸워 이겨서, 더 많은 것을 독차지하려는 사람은 결국 이미 갖고 있던 복들도 다 잃어버리는 반면 내가 가진 것을 남과 나누고자 할때, 그리고 내가 할 수 있는 최선의 서비스를 다른 사람을 위해 베풀 때 내 소유가 오히려 더욱 풍성해진다는 신기한 법칙이다. 여기에 지속적인 성공의 황금률이 있다.

"성공하기를 원한다면, 다른 사람을 성공시켜라!"사람과 사람들의 관계를 회복시키고, 연결지어주는 사람은 당장에 그 결과를 볼 수 없지만 종국에는 엄청난 유,무형의 자산과 복을 누리게 된다. 비즈니스

의 세계에 회자되는 '멧칼프의 법칙'이 바로 그것이다.[80]

최선은 그 자체가 이미 성공이다.

당신은 별다른 노력이 없이도 멋진 성공을 하는 경우일 수 있다.
그러나 그것은 최선을 다하였음에도 조금 성공하는 것만 못하다.
당신에게 행복을 가져오는 성공만이 아니다.오히려 최선을
다하였다는 사실 하나만으로도 멋진 행복을 맛보게 되는 경우가
너무나도 많다는 사실을 기억하라.

지미 카터의 자서전 〈Why, not the best?〉에 이런 내용이 있다. 지미 카터는 미 해군 원자력 부대의 책임자였던 하이만 리오 제독과 면담하게 되었는데 리오 장군은 여러 해 동안 그 분야의 책임자였고 더구나 핵 잠수함 부태에서 일하려면 반드시 제독과의 면담을 통해 배속 승인을 받아야 했다. 지미 카터도 예외일 수 없었다.

제독과 인터뷰를 통하여 사사문제를 비롯 해군생활, 음악, 문학, 해군전략, 전자 등 여러분야의 질문들이 있었고 지미 카터는 최선을 다해 대답하였지만 제독의 부연설명은 지미 카터를 능가하고 있음을 깨닫게 되곤 하는 것이었다.

이러는 동안 카터의 온 몸은 땀으로 젖고 긴장 된 모습으로 인터뷰가 끝나기만을 고대하고 있을 때 드디어 마지막 질문으로 느껴지는 질문이 던져졌다. "해군사관 학교에서는 몇 등이나 했나?" 라고 제독이 물었다.

그는 해군사관 학교에 들어오기 전에 조지아 공대에서 4년을 마치고 들어갔기에 비교적 우수한 편이었다. 그래서 자신있게 "네! 820명 중 59등을 하였습니다."고 대답하였다. 잘했네! 라는 칭찬을 기다리고 있는데 제독은 말하기를 "그것이 최선을 다한 결과인가?" 라고 추궁하듯 물어왔던 것이다.

지미카터는 순간 "네"라고 대답했다가 "아닙니다.항상최선을다하지는 못했습니다."라고 대답했다.

이 질문은 지미 카터가 평생 잊을 수 없는 결정적인 질문이 되어 무슨 일을 하든지 항상 자신에게 되묻는 질문이 되었다고 한다.

"Why, not the best?" 당신은 어떤가?

성공형 인생 프레임

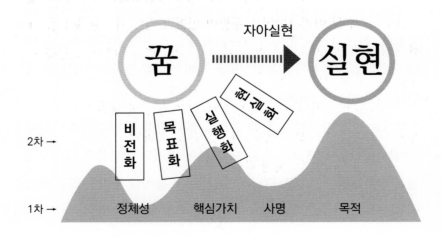

성공형 자아 프레임의 구분과 위치

표출방향 →

성취방향 ↑

자아의 내면		자아의 외면		행복	
구성부	표현부	설계부	실행부	축복	
핵심가치	목적	목표	성공	서술형태	실현
정체성	사명	비전	열정	그림형태	꿈

나만의 거인형 리더십 프레임

자신만의 거인형 리더십 프레임을 서술하여 성공형 인생을 계발하라

먼저, 꿈

당신의 꿈을 서술하라. 상상력을 제한하지 말라. 부끄러움도 분위기도 생각지 말고 허황될 만큼 신나고 부풀어 오르게 하는 꿈을 마음껏 서술하라

_____

_____

_____

_____

_____

_____

_____

_____

_____

아이덴티티, 나의 터닝포인트

첫째, 정체성

나는 어떤 사람이다. 라고 표현하는 것이 자신의 정체를 알리는 것이다. 당신은 정체성을 규명하였는가? 여기에 생각나는 대로 20가지 이상 기록하라. 진정한 자아가 원하는 것이 무엇인가? 나의 내면으로부터 추구하는 것이 무엇인가? 시간제한은 없다. 그러나 떠오르는 대로 즉시 써내려 가라.

1.나는   을(를,이,와)   이(좋,한,같)다.
2.나는   을(를,이,와)   이(좋,한,같)다.
3.나는   을(를,이,와)   이(좋,한,같)다.
4.나는   을(를,이,와)   이(좋,한,같)다.
5.나는   을(를,이,와)   이(좋,한,같)다.

6.나는   을(를,이,와)   이(좋,한,같)다.
7.나는   을(를,이,와)   이(좋,한,같)다.
8.나는   을(를,이,와)   이(좋,한,같)다.
9.나는   을(를,이,와)   이(좋,한,같)다.
10.나는   을(를,이,와)   이(좋,한,같)다.

11.나는   을(를,이,와)   이(좋,한,같)다.
12.나는   을(를,이,와   이(좋,한,같)다.
13.나는   을(를,이,와)   이(좋,한,같)다.
14.나는   을(를,이,와)   이(좋,한,같)다.
15.나는   을(를,이,와)   이(좋,한,같)다.

16.나는   을(를,이,와)   이(좋,한,같)다.
17.나는   을(를,이,와)   이(좋,한,같)다.
18.나는   을(를,이,와)   이(좋,한,같)다.
19.나는   을(를,이,와)   이(좋,한,같)다.
20.나는   을(를,이,와)   이(좋,한,같)다.

둘째, 핵심가치

나에게중요한것은이것이다.라고표현하는것이가치이다.당신은 무엇을 중요하게 여기는가? 당신에게 가장 중요한 가치가 무엇인가? 생명과도 바꿀 수 없는 가치. 평생에 추구할 지고의 가치는 무엇인가? 당신은 이미 책의 과정을 따르면서 작성하였던 중요한 가치들이있다. 그것들을 또한 문장으로 만들었다. 여기서는 당신이 행복하려면 또한 성공하려면 당신이 중요하게 여기는 것을 다른 사람도 중요하게 여겨줄 수 있어야 한다.

고로 다른 사람에게 또렷하게 말할수 있도록 당신의 핵심가치를 서술하라. 한 번에 쓰려고 하지 말라 고쳐쓰고 또 고쳐쓰라. 가치의 내용은 바뀌지 않겠지만 가치의 개념을 표현하고 전달하는 언어와 방법은 얼마든지 바꿀 수 있어야 한다.

_____

_____

_____

_____

_____

_____

_____

셋째, 사명

당신이 무엇을 하는가?를 표현하는 것이 사명이다. 사명은 흔히 가치를 반영하고 내포한다. 그러나 사명은 행위를 중심으로 서술되어진다. 한마디로 사명은 자신을 선언하는 것이다.

핵심가치와 같이 책의 과정을 따르면서 작성하였던 것을 되돌아 보고 수탉이 새벽미명이면 어김없이 지붕위에 올라가 '꼬끼오!' 그 누가 듣든지 아니듣든지 벽창호를 울리듯 당신 자신을 외치는 선언서를 작성하는 것이다.

간단 명료하면서도 평생의 활동을 포함하며 자신의 정체성과 부합되는 사명을 선언하라 그리고 지지를 받을 수 있는 사명이라면 건강한 사명이다.

넷째, 목적

무엇을 얻고자 하는가?를 표현하는 것이 목적 진술이다. 목적이 없으면 목표도 세울 수 없다. 목적이 분명하면 승부욕 때문이 아니라 진실 때문에 행동하게 된다. 목적이 없이 목표만 있으면 거짓열정에 의존해야 한다. 당신은 당신의 꿈을 성취함으로써 무엇을 얻고자 하는가? 여기서 '행복'이라고 말하지 말라 행복은 가치를 만족시키는 것이지 목적이 아니다. 행복은 목적을 이룸으로서 오는 감정이다. 그러나 목적은 보다 구체적으로 표현될 수 있는 실제이다.

다른 첫째, 비전

비전(Vission은 꿈을 그림으로 전환하여 표현하는 것이다. 반면 사명은 꿈을 글로써 표현한 진술이다.

앞의 정체성과 가치는 내면적이고 사명과 목적은 각각 내면 외향성과 내향성이다.

정체성은 자신의 본질이고 가치는 본질을 성숙시키고 고급화 해주는 자원이다. 이 둘은 자아의 내부를 형성한다.

그리고 사명은 자아가 밖으로 행동할 것을 말하며 목적은 자아가 행동하여 내면으로 얻어 올 것을 말한다. 이 넷은 피가 혈소판 적혈구 백혈구 철분으로 구성되듯이 전체적으로 자아를 구성하는 형질이라고 볼 수 있다. 즉 그것이 '나'이다.

그리고 이러한 '나'는 꿈을 꾸는 존재이며 꿈을 시원하게 꿀 수록 잠재능력이 계발된다. 그래서 사람은 꿈을 먹고 자란다고 한다. 이러한 나를 그림으로 표현하는 방식이 비전이다. 이상의 4가지는 인생성공의 절대적 지지대이고 비전은 그 지지대 위해 첫 번째로 세워야 할 성공기둥이다. 그래서 다른 첫째라고 붙였다.

다른 첫째로 시작되는 비전, 목표, 실행 그리고 활성화는 점진적인 것이다. 이전의 4가지는 자신을 깨닫고 잠자는 성공을 위한 기본 토양 작업인 거인 프레임의 바탕을 형성하는 것이었다면 여기부터 다시 시작되는 4가지는 거인 프레임의 기둥을 형성하는 점진적인 단계를 밟게 된다.

이제 자신의 꿈을 비전으로 전환한 것을 보여주라.

꿈은 혼자의 것이지만 비전은 함께 추구하게 만드는 것이다. 당신의 꿈을 다른 사람들도 함께 추구할 수 있는 것으로 또 함께 추구할 마음이 생기도록 보여주라. 설명하려 하지말고 그림처럼 보여줄수 있도록 해주어라. 이 책에 그림이 나오는 것은 설명을 하려는 것이 아니라 설명을 한 눈에 보여주려는 것이다.

이제 비전을 그려보라. 그림으로 그리든지, 도표로 그리든지 설계도처럼 그려도 좋다. 설사 글로 쓴다 할지라도 그림을 상상할 수 있도록 표현하라.

회사마다 심벌이 있거나 상징마크가 있는데 이것은 주로 가치를 담아내고 있다. 여기에 비전이 담아내진다면 가치가 미래지향적으로 적용하고 변화하는 시대에 빨리 적응할 수 있다. 만약 마크를 볼 때 가치와 함께 비전이 생각난다면 매우 훌륭한 것이다. 이제 비전을 표현하여 보라

다른 둘째, 목표

목표는 타켓이다. 비전을 성취하고자 하면 성취에 필요한 각각의 타켓들을 확인하여야 한다.

당신은 이 책의 과정에 따라서 목표를 찾는 것과 설정하는 법을 이미 터득하였을 것이다. 그렇지만 모든 목표들에 대한 것은 아니다. 그러므로 여기서는 각각의 영역들을 먼저 구분하되 비전성취에 필요한 영역과 현재 당면한 영역을 그려넣고 어떻한 것들이 목표가 되어야 하는지 찾아내라.

영역별 목표측정을 위한 도구

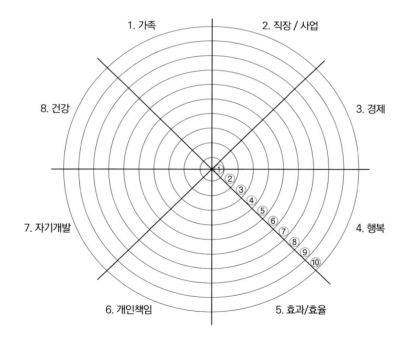

내가 맞딱뜨려야 할 영역과 목표들

1. 가족영역의 목표
    1) _____
    2) _____
    3) _____
    4) _____

2. 직장영역의 목표
    1) _____
    2) _____
    3) _____
    4) _____

3. 경제영역의 목표
    1) _____
    2) _____
    3) _____
    4) _____

4.

다른 셋째, 실행

실행을 위해 존재하는 것이 목표이다. 실행할 수 없는 목표란 있을
수 없다. 설정된 목표의 실행을 위해 GROW의 방법을 염두에 두고
실행을 위한 목표체크표를 작성하라

특별히 이 책에 벤자민 플랭크린식 성공계발 덕목 SMART 진행표
를 응용하면 실행에 큰 도움이 될 것이다.

2	Specific	Mea- sur-able	Achiev- able	Resulto- riented	Time-bounded 진행확인표							
	실행목표	어느 수준	사용 방법	기대 결과	기 간	월	화	수	목	금	토	일
가 정 영 역	1. 대화	주 3회 이상	토요일밤	아들성격	졸 업							
	2.											
	3.											
	4.											
직 장 영 역	1. 대화											
	2.											
	3.											
	4.											
경 제 영 역	1.											
	2.											
	3.											
	4.											
행 복 영 역	1.											
	2.											
	3.											
	4.											

효율효과	1.									
	2.									
	3.									
	4.									
개인책임	1.									
	2.									
	3.									
	4.									
자기계발	1.									
	2.									
	3.									
	4.									
건강영역	1.									
	2.									
	3.									
	4.									

그리고 실행에 있어서 절대적인 것은 피드백이다. 피드백을 위해 목표 점검을 위한 10가지 리스트를 참고하는 것도 잊지 말라.

_____

_____

_____

_____

_____

_____

다른 넷째, 에너지

에너지는 잠재력이 분출되어 창조적이고 열정이 되도록 하는 것을 말한다. 이를 위해 TMI를 꼭 받아보기 바란다.

위에서 비전을 성취하기 위하여 여덟가지 연관된 영역을 구분하고 각 영역별로 필요한 목표를 설정하였다. 그리고 실행을 위한 방법까지 설계하였다.이제 이 일을 활성화 할동력을 끌어올릴 단계이다. 이 에너지의 분출을 위해 스스로를 동기부여 할 동인을 찾는 일에 매진하였다. 그리하여 의욕 그래프를 그려보는 등 활동을 통하여 당신의 잠재력이 깨어나도록 그리하여 거인을 움직이게 하는 에너지 기폭제를 발견하는 것이 일의 시작에 있어서 첫 번째로 사용할 것이며 성공형 프레임의 마지막으로 점검사항이다.

당신은 이를 위하여 당신만의 인생여정표와 보편적으로 에너지를 분출하게 하는 요인들을 소개한 "에너지 법칙을 가동시켜라"라는 활성화 프레임 부분을 통하여 도움을 받을 수 있다.

당신에게 에너지를 불러일으키는 요소는?
(빠짐없이 생각나는 대로 목록을 작성하라)

_____

_____

나의 잠재력 촉매제들: 응원하는 사람, 다급한 환경, 세분화된 시간, 잘짜여진 체크리스트, 등등

잠재력 촉매제를 통한 활성화

촉매제	잠재력 또는 에너지 활성화 동인을 활용한 나의 추진계획
응원하는 사람	홍길동-가정 영역의 1번째 목표인 아들의 성적 문제를 토요일 오전 까지 알리자
	이순신-경제 영역의 4째 문제를 당장에 알려서 28전 28승의 지혜와 응원을 얻자
	아내-
	조이사-
다급한 환경	재정이 바닥-직원들의 공감을 얻어내 이번 행사를 자원 동참제로 바꿔질 기회로 삼을 수 있겠다.
	장모님의 입원-아내와 아이들이 집을 비우게 됨에 따라 방해없이 밤새 집중하여 설계도를 완성할수 있다.
세분된 시간	이번엔 별 기대치가 없음
체크 리스트	삶의 균형체크-1.집중하느라 보지 못한 영역인 인간관계부분. 즉 동창들과 인맥관계가 허술해지지 않도록 E-mail 보낼것.2.명함이 옛부서로 되어 있는데 다시 만듦.
	자기계발-1.경쟁사의 압박정보에 대처하기 위해 시대 읽기를 향상시키는 것과 2. 자기계발 리더십 세미나에 전문 과정에 등록할 것 3.나의 잠재력이 어떤지 TMI를 구입하여 진단할 것.
	관계역할-1.우리팀의 시너지가 상승하기 위해서는 이변호사와 김의원의 오해를 풀어주면 될것인데 이것은 정박사가 적임자임으로 주중에 정박사에게 부탁해 놓을 것.

잠재력 계발을 위한 진단 모듈

TMI는 자아의 세 영역을 진단하는 각각의 진단검사를 하나의 통합된 모듈로 응용한 것이다.

MMPI

먼저 MMPI 는 자아 보호 기제를 진단하기에 최상의 진단법이라고 할 수 있다. 심리검사의 방법은 합리적 방법과 경험적 방법이 있는데 MMPI는 경험적 방법에 의하여 제작된 검사이다. 누군든지 나 자신이 스스로를 보호하기 위해 내면상태의 움직임이 어떻게 이루어지고 있는지를 알기위하여 검사할 수 있는 매우 뛰어난 검사를 원한다면 MMPI(The Minnesota Multiphasic Personality Inventory)를 사용하는것이 적합하다. MMPI는 세계적으로 가장 널리 쓰이고 가장 많이 연구되어 있는 객관적인 성격검사이다.

원래 MMPI는 1940년대 미국 미네소타 대학의 심리학자인 S. R. Hathaway와 정신과 의사인 J. C. Mckinley에 의하여 비정상적인 행동을 객관적으로 측정하기 위한 수단으로 만들어졌다. 일차적인 목적은 정신과적 진단분류를 위한 측정으로 만들어진 것이지만 병리적

분류의 개념이 정상인의 행동과 비교될 수 있다는 전제하에 MMPI 를 통한 정상인의 행동설명 및 일반적 성격특성에 관한 유추까지 가능하다.

일반적으로 MMPI는 개인의 인성특징의 비정상성 혹은 징후를 평가하여 상담 및 정신치료에 기여하기 위함은 물론, 비정상적이고 불건전한 증상이 진전될 가능성을 미리 찾아내어 예방 및 지도책을 도모하기 위한 검사인데 이 검사를 보완하여 자아의 잠재력이 위축되거나 회피되고 있거나 또는 제한되고 있는 징후들을 포착하고 그 부분에서 부터 내면의 문을 터 주면 시원하게 박차고 나올 재능의 얼굴을 감지할수 있게 하여 준다.

이 검사에는 다음과 같은 척도가 있다.

〈타당성 척도 4가지〉
● 무반응척도(Question Score…?)
● 허위척도(lie … L)
● 신뢰성척도(Validity Score‥F)
● 교정척도(K Score … K)

〈 임상 척도 10가지 〉
● 건강염려증 척도(Hypochondriasis Scale … Hs)
● 우울증 척도(Depression Scale … D)
● 히스테리 척도(Hysteria Scale … Hy)

● 정신병질 척도(Psychopathic Deviate Scale·· Pd)

● 남향성-여향성 흥미 척도(Masculinity-Femininity Scale..Mf)

● 편집증 척도(Paranoia Scale·· Pa)

● 정신쇠약증 척도(Psychasthenia Scale ··· Pt)

● 정신분열증 척도(Schizophrenia Scale ··· Sc)

● 경조증 척도(Hypomania Scale ··· Ma)

● 사회적 내향성 척도(Social Introversion Scale ··· Si)

이상과 같은 척도의 원점수(Raw score)를 표준화 결과 작성된 규준(T점수)에 비추어 성격비교표(profile)에 그려 넣어 해석하게 되어 있다. 프로파일은 삿갓형, V자형, 정적기울기/형 등 여러 형태로 나타날 수 있는데 결과 유형의 예를 하나 들자면 다음과 같다.

예) 삿갓형 프로파일 유형으로 나타났을 때

* L, K가 50이하, F는 60이상 : 신체적, 정서적 곤란을 인정, 이런 문제에 도움을 요청. 문제해결능력에 자신감 결여.
* L, K가 50-60, F는 70이상 : 자신의 문제인정하지만, 이들 문제에 대해 자신을 방어.
* L은 50이하, K 55이상, F는 K와 유사 : 오래 지속된 문제를 가지고 있으나 이에 잘 적용되어 별로 불편을 느끼지 않으며, 그러면서도 문제인정.

MBTI

자아의 선호경향을 진단하는 검사로 MBTI 검사를 사용할 수 있다. 전문화된 많은 검사가 있지만 그럼에도 불구하고 정평이 나있는 검사이며 널리 연구되면서도 DISC 검사와 함께 일반에 가장 친근하게 알려져 있는 검사이다.

이 검사는 나 자신이 마음 깊은 곳으로부터 좋아하는 것이 무엇인지, 선호하는 것이 어떤것인지 알기 위해, 또 어떤것들이 자신을 즐겁게 하며, 무엇을 할 때 기쁨을 느끼는지 어떤 스타일로 판단하는지 등을 알기 위하여 할 수 있는 검사로서 에너지의 방향, 인식기능, 판단기능, 생활양식의 4가지로 표현하여 준다.

MBTI 4가지 대표적인 표현들

외향	E	폭넓은 대인관계를 유지하며 사교적이고 정열적이고 활동적인 타입이다.
감각	S	오감에 의존하며 실제의 경험을 중시하며 지금, 현재에 초점을 맞추고 정확하며 철저하게 일처리를 한다.
사고	T	진실과 사실에 주관심을 갖고 논리적이고 분석적이며 객관적으로 판단한다.
판단	J	분명한 목적과 방향이 있으며 기한을 엄수하고 철저히 사진계획하고 체계적이다.
내향	I	깊이 있는 대인관계를 유지하며 조용하고 신중하며 이해한 다음에 경험한다.
직관	N	육감 내지 영감에 의존하며 미래지향적이고 가능성과 의미를 추구하며 신속, 비약적으로 일처리한다.

감정	F	사람과 관계에 주관심을 갖고 상황적이며 정상을 참작한 설명을 한다.
인식	P	목적과 방향은 변화가능하고 상황에 따라 일정이 달라지며 자율적이고 융통성이 있다.

책의 앞부분에서 소개했던 것처럼 성공형 인생을 경영하기 위한 거인형 프레임을 구축하기 전에 가장 먼저 잠재력을 확인하지 않으면 안된다. 그것은 유전을 개발하기 전에 그 유전의 매장량을 확인하는 것과 같은 이치이다. 매장량에 따라 유전의 모양과 규모가 결정되어야 할 것이듯이 잠재력이 어떤지와 잠재력의 방향성등이 파악된 만큼 새로운 인생을 위한 8가지 성공프레임을 제대로 세울 수 있기 때문이다.

이미 밝힌 바 있듯이 MBTI는 일반에 유행처럼 번져 사용되고 있다. 그러나 그것을 유용하게 사용하는 것은 많은 사람이 사용하는 것과는 별개이다. 이것은 지극히 개인적이고 개별적이다.

MBTI를 여러번 검사해 본 사람은 거의가 경험한 사실이겠지만 MBTI를 검사할 때 마다 약간씩 다르게 나타날 때가 있다는 점이다.

가령 처음 검사할 때 INTJ였던 것이 몇개월 후 ISTJ로 바뀌는 현상이 있음을 목격하는 것은 그리 어렵지 않다. 물론 이것이 선호경향이 바뀔 수 있기 때문에 바뀌는 과정중에 있는 상황이 반영된 것이라고 생각하고 그렇게 이해하면 그뿐이다. 그러나 간단한 응용으로 보다 세밀하게 검사할 수 있는 응답지가 있다면 당신은 그것을 마다할 필요가 있겠는가?

이 새로운 응답지는 나의 선호 경향이 바뀔수 있겠는지에 대하여 또는 INTJ와 ISTJ사이에 어느정도의 간격이 있는 지를 미리 알 수 있다. 그것은 기존의 응답지가 제공하는 지식에 의해서는 이미 바뀐 다음에 서야 알 수 있는 것이었다. 즉 단순히 바뀌는 과정이었는가보다 라고 생각하고 넘어갈 점이었던 것이다. 다행히 Form-K에서 당신은 보다 유용한 진단 결과를 얻을 수 있다. 그러나 TMI의 보완을 사용해 본다 면 당신은 보다 신뢰있는 진단이었노라고 반응하게 될 것이 틀림없다. 그러나 약간의 보완을 거치면 전혀 새로운 선호결과가 나올 수도 있다.

이와 같은 일이 일어나는 이유는 무엇때문인가? 대답은 의외로 간 단하다. 그것은 응답을 요구하는 방식에 의하여 주로 발생되고 있는 데 즉 오른쪽 아니면 왼쪽으로 치우쳐 답해야 하는 강제성이 적용되고 있는 점을 간과할 수 없다. 혹시 당신은 응답을 하면서 양쪽다 해당사 항이 없는 문제앞에서도 어느 한쪽을 선택해야 하는 강요적 문항에 대 답하지 않았던가? 이 새로운 응답형식을 응용하면 간단히 해결된다.

그리고 이것은 절대로 새로운 것은 아니다. 즉 당신은 그런 문항 앞 에서 약한 점수를 부여함으로서 당신이 강하게 선호하는 점과 약하 게 선호하는 점 차이를 보다 구체적으로 표현할 수 있는 것이다. 아 무쪼록 이러한 문제를 보완하기 위해 간단히 수정한 응답지의 효능 은 기대이상이다.

새 응답지의 특징은 우선 선택을 하되 좌나 우를 선택해야 하던 기 존의 방법과 달리 좌 우 모두를 선택하는 것을 가능하게 한다. 또한 기 존의 응답지는 선택된 것이 점수로 환산될 때 덜 좋아한 것과 더 좋아 하는 것에 상관없이 일방적인 점수를 부여하는데 반해 새로운 응답지

는 더 좋아하는 것이 많은 점수를 덜 좋아하는 것에 적은 점수를 줄 수

있다. 이것이 나중에 합산할 때 ENTJ 와 INTJ 또는 INTJ와 ISTJ와

같은 구분을 보다 분명하게 해준다.

물론 기존 방법도 나중에 그래프를 통해 양방향의 거리사이의 가까

운 정도로 해석하는 여러기준이 있지만 이것은 이미 유도되어진 선호

경향을 가지고 해석하는 것이 될 수 있기에 모든 진단이 그렇듯이 진

단의 처음 부분에서 먼저 면밀하게 점검되어야 한다.

당신은 아래의 도표들을 통하여 기존의 방법과 새로운 보완방법에

대하여 알 수 있도록 설명하였다.

외향	〈기존 표시와 환산〉		〈보완한 새 방법〉	
번호	S	N	S	N
1	2		5	4
2		2	1	4
3	2		3	1
4		1	1	5
5		2	1	2
6	2		3	2
7		2	4	5
8	1		2	1
9	1		2	1
합계	계8점	계7점	22	25

구체적인 환산방법은 생략하고 이해를 돕기 위해서 간단한 예를 들면 위의 도표와 같다.

기존방법에 의하면 각 문항은 2또는 1이나 0의 점수로 환산된다. 그리하여 도표와 같이 합계가 나오고 많은 점수를 득한 쪽이 바로 자신의 선호유형이 되는 것이다. 그러나 기존의 S형의 사람이 새로운 보완에 의하면 N형의 사람이 된다.

번호	S type	표시	N type	표시
1	난 친구들에게 내가 직접 보고 들은 것에 대해 얘기하는 걸 좋아한다.	0	난 친구들에게 내가 상상으로 생각한 것을 얘기하는 것을 좋아한다.	
2	친구들과 함께 공부하면 잘된다.		나 혼자 공부하면 더 잘 된다.	0
3	나는 실제 사실에 대한 책을 좋아한다.	0	나는 공상으로 지어낸 이야기를 좋아한다.	
4	나의 생각이나 느낌을 다른 사람들에게 얘기하는 편이다.		나의 생각이나 느낌을 내 마음속에 간직하는 편이다.	0
5	나는 친구들과 함께 즐기는 놀이가 좋다.		나는 나 혼자 재미있게 하는 놀이가 좋다.	0
6	나는 많은 친구들에게 얘기하길 좋아한다.	0	나는 친한 친구들에게 얘기하길 좋아한다.	
7	어려운 일을 부딪히면 하던 일을 잘 못한다.		어려운 일을 만나더라도 하던 일을 마저 끝낸다.	0
8	생각과 느낌을 말로 표현하는 것이 편하다.	0	생각과 느낌을 글로 표현하는 것이 편하다.	
9	주위사람들은 내가 활발하다고 말한다.	0	주위 사람들은 내가 얌전하다고 말한다.	
	나의 인식기능은?		s-5개 n-4개 이므로 S형	

문항 내용에 대한 내 선호표현	기존방법	새방법
1번 문항은 직접 본 것은 매우 좋아하고 친구들에게 상상 애기도 꽤 즐긴다.	0 - /	5 - 4
2번 문항은 함께하면 매우 안되는 성격이고 혼자하면 꽤 잘된다.	/ - 0	1 - 5
3번문항은 실제 사실은 그저 좋아하긴한다 그러나 상상은 영영 재미없다.	0 - /	3 - 1

가령 왼편의 기존방법으로 합산하면 S형 이 나오지만 오른 편의 새로운 방법은 N형이 나올수 있다. 왼쪽은 하나를 일방적으로 선택하여 나온 점수인 반면 새 방법인 오른쪽은 양쪽을 동시에 선택할 수 있는 인간의 실제 특징을 더욱 반영할 수 있게 하여 1-5점의 점수를 선호하는 정도에 따라 점수를 줄 수 있게 하였다.

MBTI가 대중화된 점은 놀라운 일이다. 그러나 그 사실이 보다 현실적이고도 실제적인 유익으로 연결되지 않는다면 새로운 놀이나 유행적인 흥밋거리로 운명을 다하게 될 지도 모를 일이다. 그러나 나는 이것이 보다 가치있고 현명하게 사용될 수 있다고 보기에 연구자들과 보급하는 이들에게 갈채를 보낸다.

MBTI에 대한 질문지와 응답지는 한국심리학회를 통하여 구입할 수있다. 그러나 새로운 보완된 응답지는 다음 페이지에서 그 형식을 예시한다. 이미 구입한 질문지가 있다면 당신은 본 책의 보완된 응답 방법을 응용함으로서 기존형으로 표기할 때와 보완형으로 표기할 때의 차이를 맛볼 수 있을 것이다.

이것은 당신의 선호경향을 보다 실제적이고 정확하게 파악할 수 있도록 도와준다. 본 책에서 이것이 의미하는 바는 당신의 자아가 선호하는 것을 앎으로 잠재력을 보다 선명하게 들여다 보는 것이다.

이에 대한 좀더 상세한 설명이나 안내를 받기 원한다면 본 리메이크 연구소로 문의할 수 있다.

MBTI 성격유형검사 응답지

					남녀 = 여남		
1	2 a b 2	2	2 a b 2	3	1 2 b a 2 1	4	2 a b 2
5	1 a b 2	6	1 b a 2	7	2 2 b a 1 1	8	2 a b 1
9	2 a b 2	10	2 a b 2	11	2 2 b a 2 2	12	1 b a 1
13	2 b a 1	14	1 a b 2	15	0 0 b a 2 1	16	2 a b 2
17	2 b a 1	18	2 b a 1	19	0 0 b a 2 1	20	1 a b 1c1
21	2 a b 2	22	1 b a 0	23	1 1 a b 0 0	24	0b1 c a 1
25	1 a b 1	26	1 a b 1	27	2 1 b a 0 0	28	1 a b 2
29	1 a b 0	30	1 b a 0	31	2 2 b a 0 1	32	1 a b 1
33	1 a b 1	34	1 b a 2	35	2 2 a b 1 2	36	1 b a 1
37	2 b a 1	38	1 b a 0	39	2 2 a b 1 2	40	0 a b 2
41	0 a b 2	42	2 a b 0	43	1 2 a b 2 2	44	1b0 c a 1
45	1 a b 2						1 b a 1
49	1 b a						a b 1
53	1 a						b 1
57	1						1c1
61							
65							
69							
73							
77							
81							

MBTI 응답지의 정본은
한국심리검사연구소 또는
기타 정본 보급처를 통하여
구입하십시오.

정밀형 응답지는 판매하지 않습니다.
본 세미나에 참가하시는 분들게만
현재 무료로 사용법을 가르쳐드립니다.

기존선호경향	E:	I:		S:	N:		T:	F:		J:	P:
	( )			( )			( )			( )	
보완선호경향	E:	I:		S:	N:		T:	F:		J:	P:
	( )			( )			( )			( )	

* 주의 1-5점까지의 점수를 주되 기존방법을 위해 표기하고 싶은 경우는 점수가 높은 쪽을 표기하면 되고 동점일 경우는 점수와 상관없이 한쪽을 선택하여야 합니다.

기존방법합계내는 법

체크쪽 해당 점수를 아래로 더하십시요.

MBTI 인도자의 안내를 받으십시오.

정밀 합계내는 법

1단계. 해당번호의 점수와 여러분이 기록한 점수를 곱하여 번호옆에 기록함

2단계. 옆에 기록한 점수를 세로로 계산하여 합계를 냅니다.

3단계. 본 응답지 활용법을 익힌 MBTI 인도자의 안내를 받으십시오.

MSGI

추진력을 확인하는 검사로서 자신이 열정을 일으키는 동인을 영역별 동기별 탐색 문항에 대답함으로서 확인하게 된다. 이것은 인간의 영적인 동기부여를 가져오는 것에 대한 진단까지를 포함하는데 자신에게 열정을 일으키는 소스가 어디에 어느방향에 있는지를 알 수 있게 해준다.

동시에 목표를 향하는 방향에 추진력이 극대화 되는 여부를 발견함으로 엉뚱한 일에 대한 열정, 달성할 수 없는 목표에 대한 도전등으로

인한 에너지의 소진 및 탈진을 막아 준다.

　나아가 자신의 내면에서 지원받으며 즐거워하는 취향에 따라 일을 함으로 회사에서도 즐기면서 자신의 일을 할 수 있게 되고 목표를 달성하게 된다. 그리고 달성한 목표로 인하여 허탈과 공허가 아닌 보람과 긍지의 여운을 삶의 재산으로 가질 수 있도록 인도한다.

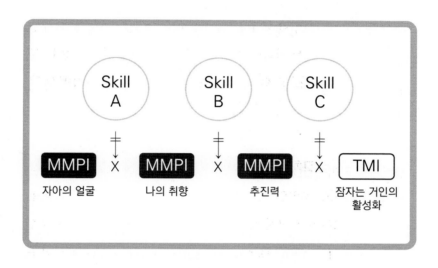

Remake코칭 과정안내

헨리 포드는 "사람이 배우기를 그치면 죽은 사람이다"라고 했고 링컨은 "나는 항상 배우는 사람이다." 고 했으며, 괴테는 "가장 유능한 사람은 배우는 사람이다."고 했다. 성공은 자기를 계발하는 사람에게 맺어지는 열매이다.

자기계발 리더십 코치

리더십 코칭이란 무엇인가? 라이프 코칭과 비즈니스 코칭을 보다 잘할 수 있도록 역량을 강화시켜주는 것이 리더십 코칭인데 코치는 코칭이라는 스킬로서 상대방으로 하여금 해답을 찾아낼 수 있도록 도와주는 사람이다.

그리고 리더십이란 한마디로 개인의 이끄는 능력과 분위기와 환경을 주도하는 능력이다. 여기에 자기 중심적 리더십이나 비즈니스를 위한 리더십의 구분은 목적에 어떤 것이 붙어지느냐에 달려있다. 리더십에 목적이 붙을 때 드디어 리더십이 방향을 갖게 된다고 할 수 있다

또한 리더십은 사람이 모인 곳에서는 항상 누군가에 의하여 요구되어지는 것이다. 설사 혼자있을 때 조차도 리더십은 자신의 인생을 결정해

나가는 능력으로 항상 작용한다.이런 의미에서 리더십의 개발은 모든 사람에게 있어서 필연적일 수 밖에 없다. 그러므로 리더십 코칭은 개인의 역량강화와 조직문화의 활성화를 이끌어 내는 것을 프로세스의 목표로 설정하게 되는 것이다.

또한 이 책에서 말하는 자기계발 리메이크 코칭의 목적은 성공적인 변화의 목표들을 달성하도록 돕되 개인의 잠재능력을 이끌어 내어 자신의 탁월한 능력을 갖춘 상태의 시각으로서 현실을 성공적으로 이끌어가는 능력을 지니도록 하는 것이다.

전에 체험한 과정모듈은 이미 나타난 상태나 현실에 의존하는 것이 아니라 나타나지 않은 엄청난 잠재역량을 퍼올려 주는 것에서 출발한다. 그리고 경쟁력 강화가 아니라 나 자신의 천부적인 행복 가치를 위하여 삶의 방향과 열정을 쏟게한다는 점이 탁월하게 구별된다고할 수 있다.

물론 동떨어진 것을 계발하는 것이 아니라 모든 인류가 인정할만한 공유할 수 있는 것을 중심으로 계발의 방향을 잡게 됨으로 나의 성공을 주변에서 조차 기대하도록 하는 효과를 얻게 된다.

자기계발 리메이크 코칭(Remake Coaching) 의 목적은 성공적인 변화의 목표들을 달성하도록 돕되 개인의 잠재능력을 이끌어 내어서 그 자신의 탁월한 능력을 갖춘 상태의 시각으로서 자신의 현실을 바라볼 수 있게 하는 것이다. 그리고 본인만의 핵심가치와 성공역량에 따라 발견하고 설정한 목표를 성공적으로 이루어 나가는 능력을 지니도록 하는 것이다.

이 과정을 소개하는 까닭은 8가지의 성공형 인생프레임을 구축하는 데 잠재능력을 극대화한 상태에서 거인형으로 새인생을 설계할 수 있도록 도울 수 있기 때문이다.

나는 GROW 정형질문 75가지를 만들었다. 이 책을 체득한 후 기로에 설 때마다 GROW 정형질문을 대입하면 바이블이 레마로 다가올 때처럼 다시 심장이 뛰었다. 당신과 당신의 자녀에게 주는 선물이고 싶다.

GROW코칭 정형질문
목표Goal

목표를 설정하거나 주제를 명확하게 하는 질문을 사용한다. ● 무엇을 얻고자 하는가? ● 얻고자 하는 목표는 무엇인가? 1. 당신이 이야기하고 싶은 내용은 어떤 것인가? 2. 그 일을 통하여 어떤 결과를 얻으면 행복하겠는가? 3. 당신에게 일어나기를 바라는 것이 무엇인가? 4. 진정으로 중요하게 여기는 것이 무엇인가? 5. 이것을 안하면 어떤 점이 문제가 되는가? 6. 당신이 애정을 쏟고 싶은 것은? 7. 어떻게 변화하고 싶은가? 8. 오랜기간동안 떠나보내지 못하고 있는 생각은?	S pecific 9. 무엇부터 변화시켜야 할까요? 10. 어떤식으로 바뀌었으면 합니까? 11. 그 목표는 당신에게 무엇을 가져옵니까? M easured 12. 어느만큼 이루고자 합니까? 13. 달성하면 어떤 무습(상태)가 되겠습니까? 14. 그것은 무엇무엇과 연결됩니까? A chievable 15. 그것을 이룬 모델은 어떤 것이 있습니까? 16. 구체적인 계획안을 작성해보실 수 있습니까? 17. 예상되는 어려움은 어떻게 극복하실 수 있습니까? R elevant 18. 그것을 이루려면 어떤 것들이 더 필요합니까? 19. 그것을 이루기 위해서는 어떤 준비를 하셔야 합니까? 20. 목표를 이루기 위해서 정리해야 할 어떤 것이 있습니까? T imed-Limited 21. 그 목표를 언제까지 이루기 원하십니까? 22. 그 때까지 이루기 위하여 어떤 준비를 하셨습니까? 23. 아직 덜 된 준비는 언제까지 갖추실 수 있습니까?

GROW코칭 정형질문
현실Reality

현재 상황을 파악하고 실제적인 영향이 있는 것들을 구별한다.

● 현실에서 어려운 점은 무엇인가?
● 목표를 방해하는 것은 무엇인가?

24. 현재 무슨일이 일어나고 있는가?
25. 그것은 어떤 영향을 미치고 있는가?그 일을 통하여 어떤 결과를 얻으면 행복하겠는가?
26. 이 일에 관련된 것은 무엇무엇이 있습니까?
27. 당신이 기울이고 있는 노력들은 어떤 것입니까?
28. 관련된 사람들은 이 상황을 어떻게 이해하고 있습니다.
29. 현재 당신이 느끼는 환경은 어떻습니까?
30. 당신은 누구와 함께하고 싶습니까?
31. 무엇이 당신을 어렵게 한다고 생각합니까?
32. 당신은 지금 어떻게 스트레스를 받고 있습니까?

A ttentiveness

33. 현재 상황과 관련이 깊은 것들은 어떤 것들입니까?
34. 현재 상황에 대하여 당신은 구체적으로 어떤 느낌을 받고 있습니까?
35. 이 상황에서 기대되는 것은 무엇입니까?

B lessedness

36. 당신이 당면한 현실에서 발견한 지혜가 있다면 어떤 것들이 있습니까?
37. 이러한 상황에서 성공한 모델이나 사례를 어떤 것들을 알고계신가요?
38. 현실의 상황에서 당신에게 가져오는 유익한 면을 뽑아본다면?

C reativeness

39. 현재 상황을 유용하게 사용할 수 있는 방법이 있다면?
40. 이러한 현실에서 당신만의 블루오션이라면 어떤 것들을 상상할 수 있겠습니까?
41. 창조적인 도움이 될 만한 도구나 자원이 있다면 어떤 것들이 있을까요?

GROW코칭 정형질문
대안Option

가능한 많은 대안과 방법을 도출하고 가장 강력한 현실적인 것을 선별한다.

● 당신이 선택할 수 있는 대안은 어떤 것이 있는가?
● 새로운 관점에서 접근할 수 있는 것은?

42. 당신이 접근할 수 있는 다른 방법이 있다면 어떤 것?
43. 관점을 바꾸면 생각해 볼 만한 것들이 무엇이 있는가?
44. 당신이 사용하지 않은 방법이나 자원은 어떤 것들인가?
45. 당신이 잘하는 점은 무엇무엇이 있는가?
46. 실행에 옮길 수 있는 것들은 어느 것들인가?
47. 당신이 좋게 여기는 방법을 선택한다면?
48. ~을 위해 필요한 것은 무엇입니까?
49. 현재 당신이 할 수 있는 실제적인 것은 어떤 것일까요?

N ow

50. 현재 할 수 있는 것은 어떤 것들인가?
51. 지금 시작하면 유익할 것이라고 생각하는 점은 무엇인가?
52. 당신이 현재에 최선을 다하는 모습은 어떤 모습이면 좋겠는가?

E ffective

53. 그러한 방법을 사용하면 어떤 현상이 나타나겠는가?
54. 그것은 어느 정도의 달성이 가능하겠는가?
55. 이를 위해 당신은 어떤 지지(자원)를 얻을 수 있겠는가?

W illing

56. 그 방법을 선택하고자 하는 동기는 무엇인가?
57. 그렇게하면 누구누구가 기뻐해 줄 수 있는가?
58. 언제부터 실행할 수 있도록 준비되겠는가?

GROW코칭 정형질문
과업Work

자신이 진정으로 해야하는 일인지를 명료하게 하고 실천에 옮길 수 있는도록 지지한다.

● 이 일을 어떤 순서로 하고자 하는가?

● 무엇이 이 일을 당신으로 하여금 하게 하는가?

59. 하필 당신이 이것을 하려는 동기가 무엇인가?

60. 언제부터 실행하려고 하는가?

61. 이 과업으로 인하여 예상되는 기쁨이 있다면?

62. 당신이 기어이 해냈을 때 어떤 일이 벌어질 것 같은지요?

63. 당신의 인생(계획)에 이 일은 어느정도의 순위가 있는가?

64. 이 일을 하도록 의욕을 일으키는 동기가 무언가?

65. 당신이 이 일을 하는 것은 어느면에서 훌륭한 모습인가?

66. 이것을 지금 해야하는 명확한 근거를 가지고 있는가?

T ime-line

67. 당신은 언제시작해서 언제 마치고자 합니까?

68. 그 기간안에 흐트러질 만한 일이 생기면 대안적인 계획도 있습니까?

69. 꼭 마무리할 수 있도록 시간관리 체크는 어떤식으로 하고자 합니까?

R einforce

70. 이 과업이 당신의 인생에 어떠한 유익을 가져옵니까?

71. 이 일을 시작하기 위해 사용할 수 있는 자원은?

72. 성공적으로 마치고자 할 때 지원자(지지자)는 어떻게 확보하려는가?

Y ard

73. 당신이 이루고자하는 그 곳의 현재실태는 어떠한가?

74. 과업진행의 모습은 어떤모습의 청사진이 되겠는가?

75. 과업수행에 있어서 분담해야할 인물과 역할은 어떻한가?

(잠재력 자극과 생각의 점프를 위하여 대상별 수정 질문이 필요할 수 있습니다.)

코칭장학을 위한 Resource 상승스킬

목표 : 사람은 누구나 다른 사람에 비해 한 두 가지 좋은 점이나 잘하는 점이 있다. 그 사람
의 내면에 있는 이러한 리소스(자원)가 성공과 변화에 훌륭하게 활용된다. 이러한 리소스를
발견하도록 도움으로서 자존감을 양성화시키고 행동의 변화를 이끌어 낼 수 있다.

● 목표Goal. 선생님은 근래에 성공했다고 느낀 때는 언제입니까?
→ 그 때에 선생님은 어떻게 성공할 수 있었다고 생각하십니까?
  그 때처럼 성공하기 위해 지금은 어떤 것을 준비할 수 있습니까?

● 현실Reality. 선생님이 성공했을 때에 느꼈던 성공의 가장 중요한 요소는 어떤 것이었습니까?
→ 그 요소가 지금은 성공적으로 작용하고 있는 것 같습니까?
  그 요소가 작용하도록 하려면 어떻게 하면 될 것 같습니까?

● 대안Option. 클레임이 걸렸을 때 어떤 마음가짐으로 처리하였습니까?
→ 그런 마음가짐은 어떻게 나올 수 있습니까?
  그런 마음가짐을 지니려면 어떻게하면 좋습니까?

● 과업Work.선생님이 장차 성공하게 된다면 어떤 요소가 가장 크게 작용할 것 같습니까?

→ 그 요소를 어떻게 사용하실 수 있습니까?

  그 요소를 어떻게 계발하실 생각이십니까?

● 지지Push.주변사람들이 선생님께 부탁한 것을 해주셨을 때 만족도가 높은 것은 어떤 것들입니까?

→ 무엇 때문에 그렇다고 생각하십니까?

  그 요인이 어떻게 쓰이고 싶습니까?

* 코치는 많은 대화를 능가하는 훌륭한 질문을 위해 오히려 시간을 보냅니다. 적은 말에 힘이 실릴 때 그것이 리더십인 것은 누구나 알고 있으니까요.

참고문헌

1. 곽종운, "플러스 인생을 경영하라",(예영커뮤니케이션 2004) p65.

2. http://www.etnews.co.kr/news/detail.html

3. 강문호 "위에서 정상을 본다",(한국:국민일보사,1999) p55.

4. http://kr.blog.yahoo.com/hhj2002w/459.html?p=1&p-m=l&tc=17&tt=1135172476

5. Walther P. Kallestad "당신의 꿈을 키우라",(한국:두란노,1995) p25~26. 함택역.

6. 전광, "백악관을 기도실로 만든 대통령 링컨", (한국:생명의 말씀사,2003) p177.

7. 신경직 "21세기 비전을 가진 사람"(한국:은혜출판사 1997) p153.

8. Robert Schuller, Power Thoughts for Power Living (Nework:HarperCollins,1993)
p203~204.

9. http://www.dal.co.kr/blog/archives/000742.html

10. Anthony Robbins "네 안에 잠든 거인을 깨워라"(한국:씨앗을 뿌리는 사람2003 이우
성역) p188.

11. "위의 책" p189~191.

12. John C. MaxWell "인생성공의 법칙"(한국:비전과리더십, 2005) p280~290

13. Gary R. Collins "크리스천 코칭" (한국:IVF 2004) 정동섭역, p117.

14. Anthony Robbins "위의 책" p473~474.

15. "위의 책"

16. Laurie Beth Johns "기적의 사명선언문"(한국언론자료간행회, 2000)송경근역, p17.

17. http://www.womanbiz.or.kr/found/bizcolumn3-0102.html

18. http://www.okshinhan.com/company/company_01.htm
19. http://www.dymac.co.kr/content/tema/view.as-
    p?num=41&page=2
20. http://www.careercoach.pe.kr/bbs/view.php
21. HBR Sep.- Oct. 1996에 게재된 "Building Your Company's Vision"
22. Hirotada Ototake, "오체 불만족" (서울:창해 2002) 전경빈역,
    p214~224.
23. http://www.christiantoday.co.kr/template/news_view.htm
24. 한홍 "사자의 심장을 가져라"(두란노,2004) p62.
25. http://jygo.net/~ict/anni/12_05.htm
26. http://www.sbnews.co.kr/kfsbnews/opinion/view_news.asp
27. Laurie Beth Johns "위의 책" p15.
28. "위의 책" p19~21.
29. http://www.kisdi.re.kr/kisdi/fp/yard/essay/EssayView.jsp?idx-
    =258&kind=1
30. http://www.reportworld.co.kr/data/293/F292024.html
31. http://cafe.daum.net/fpuser
32. Rick Warren "새들백교회이야기"(한국:디모데 1997) 김현회,박경범역.
    p48.
33. John C. Maxwell "열매맺는 지도자" (한국:두란노 2005) 오연희역.
    p94.
34. Rick Warren "위의 책" p108
35. Walther P. Kallestad "위의 책" p126~142.
36. 강문호 "위의 책" p59.
37. John C. MaxWell "위의 책" p58~60.
38. "위의 책" p63~65.
39. Daniel Goleman, Emotional Intelligence (New York: Bantam
    Books, 1995) p86.
40. 강헌구, "아들아 머뭇거리기에는 인생이 너무짧다1"(서울:한언2001)
    p118~119.

41. "위의 책" p104.

42. "위의 책" p161~162.

43. "위의 책" p136.

44. 강문호 "위의 책" p47.

45. John C. Maxwell "위의 책" p38.

46. 강헌구, "위의 책" p147.

47. "위의 책" p150.

48. Jack Canfield and Mark Victor Hansen, "꿈을 도둑맞은 사람들에게",(한국:현재

2001)김재홍역, p144.

49. "위의 책" p146~148.

50. Gary R. Colins, "크리스천 코칭",(한국:IVP 2004)정동섭역, p188.

51. Jack Canfield and Mark Victor Hansen, "위의 책" p49.

52. Charles P. Garcia, "내 안의 성공코드를 찾아라,"(서울:김앤김북스, 2005) 정재창역,

p291.

53. Jack Canfield and Mark Victor Hansen, "위의 책" p111.

54. Jack Canfield, Mark Victor Hansen and Les Hewitt, "인생의 맥을 짚어라,"(서울:창작

시대 2003) 김희정역, p146.

55. "위의 책" p85~97.

56. http://www.crmpark.com/portfolio131.htm

57. Charles P. Garcia, "위의 책" p41.

58. http://cafe.naver.com/successland.cafe.

59. http://www.sciencetimes.co.kr/data/article/11000/0000010257.jsp

60. http://book-shop.daum.net/books/book_73.detail_search.asp?-goods_id=0100004836558.

61.http://www.sbnews.co.kr/kfsbnews/opinion/view_news.asp?org_date=20030324095824.

62. 임복만, "당신은 비전이 있습니까?",(서울:쿰란출판사 1996) p142-143.

63. Hirotada Ototake, "위의 책" p189-191.

64. http://blog.naver.com/nayaleejk

65. Og Mandino, "Unversity of success", (New york, Bantam and Books, 1982) p182-
183

66. http://www.hellodd.com/Kr/DD_News/Article_View.asp?Mark=11313

67. http://www.fgnews.co.kr/html/2005/0726/05072609323113110000.htm

68. http://www.cgntv.net/news_column/education/education_sub_21.htm

69. "위와 같음"

70. http://www.mcgrow.co.kr/menu_l.htm.

71. Max Lucado, "폭풍의 눈",(서울:생명의 샘 1993),이정선역, p156-160.

72. Charles P. Garcia, "위의 책" p57.

73. 데일 카네기, "성공하는 사람들의 용기와 확신의 삶",(서울:기독태인문화사 1995)
p131.

74. Charles P. Garcia, "위의 책" p58-60.

75. Paul Tournier, "모험으로 사는 인생",(IVP1999),정동섭,박영민역, p208.

76. "위의 책" p208-209.

77. John C. MaxWell "위의 책" p208.

78. Charles P. Garcia "위의 책" p178.

79. John C. MaxWell "위의 책" p210.

80. http://kr.blog.yahoo.com/designsori/147.html.